U0820388

西方语言学名家译丛

姚小平　主编

论语言、思维和现实
——沃尔夫文集

〔美〕本杰明·李·沃尔夫　著

约翰·B. 卡罗尔　编

高一虹等　译

商務印書館
创于1897 The Commercial Press

edited by John B. Carroll

Language, Thought, and Reality: Selected Writings of Benjamin Lee Whorf

Twenty fourth printing, 1998

Copyright © 1956 by the Massachusetts Institute of Technology

All rights reserved.

本书中文简体字版根据麻省理工学院出版社

1998 年第 24 次印刷版译出

《西方语言学名家译丛》总序

西方语言学史上的重要著作，过去国内已译出不少，尤以商务印书馆的一批最具规模，传布最广。如赫尔德《论语言的起源》(1772)、洪堡特《论人类语言结构的差异及其对人类精神发展的影响》(1836)、索绪尔《普通语言学教程》(1916)、萨丕尔《语言论》(1921)、布龙菲尔德《语言论》(1933)，无一不是世所公认的经典作品，译本均已收入"汉译世界学术名著"，成为国人认识西方语言思想的梯航。名作要著的翻译，是考察西方语言学史的一项基础工作，在这方面我们已经取得的成绩不可谓小，但有待进行的工作仍然很多。仅举西方语言思想史上经常征引的一些著作，惠特尼《语言的生命和生长》(1875)、保罗《语言史原理》(1880)、甲柏连孜《语言学的任务、方法和成就》(1891)、浮士勒《语言学上的实证主义和唯心主义》(1904)、博厄斯《美洲印第安语言手册》(1911)、叶斯柏森《语言的本质、发展和发生》(1922)、乔姆斯基《笛卡尔语言学》(1966)等等，我们都知道这些作品值得译介，却始终未见译出。即便是洪堡特、萨丕尔、布龙菲尔德，虽然各有汉译名著行世，其单篇的论文仍需要逐一译解，辑录成书。

以往国内翻译西方语言学名著，对单篇的作品着眼较多，于名家的文集则下力不足。专著固然能凝聚一位学者的思想观点，但文集自有文集的好处，为专著所不能取代。与专著相比，文集的时间跨度更大，收取的作品更多，因此更能展示学者一生思想发展的轨迹和学术成长的历程。弗斯的《论言语》(1930)值得一读，而他的《语言学文集》(1957)选收撰于1934—1951年的文章，涵盖了更多的话题、更丰富的内容，更不能不读。有些学者终其一生，也没有一部专著行世，这种情况下相关的文集就尤其不能缺少。以美国人类语言学家沃尔夫为例，今人欲了解他的语言相对论，不必四处寻觅他的论文，只需找到卡罗尔编辑的《论语言、思维和现实——沃尔夫文集》(1956)，就有了一册既权威又方便的沃尔夫理论读本。

本系列所收的各家文集，有些虽有原语的集子可资参照，而翻译时未必悉数采纳，或有增补、或予删汰，内容编排上会做一些调整；有些文集并无原本可据，属于自行编选，则收录哪些、舍弃哪些，要求编者斟酌后再做选择。无论有无原本、怎样选篇，编辑一部文集必定有一些讲究，能显出编者的意图、趣识和眼力。在选篇、译解、注释诸方面，各本集子的编者享有充分的自由，本系列的创设无非是要提供一块园地，供有志于译介的语言学者聚首耕耘。至于这块园地的总体建设，谨试提三点：

致力发掘确有史料价值的作品，尤以迄今尚无汉译的论著为首选；

将各时期开一派天地、领风气之先的代表人物作为基础，兼采当代有特出创为的研究者；

以梳理语言思想、贯达人文哲理为鹄的，兼纳各家分析技艺。

中国现代语言学起步于译介，一个世纪以来也从未中断过译介。译介不只是为当世服务，也是为了认识过去，为探求学术的本源铺筑道路。译介之难之苦，实过于自由撰著，好在终有一些学者不惧艰辛，甘尝苦味，所以译事不会告断，永远不会。这项译事，这个系列，就期待着这样的同人来参与。香港海德基金会、湖南教育出版社曾经支持过本系列部分书籍的翻译和梓行，感念旧谊，犹不能忘，愿以更多更好的译作答谢朋友们的信托。

姚小平

2010年晚夏于北外语言所

目　录

* 括号中标明的是文章的写作年份。

译 序

一

沃尔夫的名字，总是与“沃尔夫假说”或“萨丕尔-沃尔夫假说”联系在一起。这一假说的“学名”叫作“语言决定论”、“语言相对论”。决定论即语言决定思维；相对论即思维相对于语言而存在，语言不同的人，思维亦不同。大凡对语言与思维、语言与文化感兴趣的人，很少有不知道这一理论的。“假说”看起来有悖常理，加上沃尔夫是学化学出身且终生做防火保险员，虽曾师从萨丕尔但从未获取任何语言学学位学衔，所以他的思想似乎带上了某种怪诞的、江湖的色彩。西方的社会和人文学科中，不少教师乐于在讲课时谈论沃尔夫，有些还津津乐道于“空汽油桶”引起火灾的趣闻（见《习惯性思维、行为与语言的关系》）。这一趣闻广为流传，乃至造成一种假象，好像沃尔夫的思想不过是偶然地生发于一只空汽油桶，且仅仅存放于这空桶之中。他的文字著述反倒于多数人遥远而陌生。而对于广大中国读者来说，即便诚心诚意地想走近沃尔夫，也难以找到途径。沃尔夫的思想难免被极端化、简单化、刻板印象化，它像是一颗口香糖，被许多人惬意地玩于舌尖，随之唾于身后。然而按照沃尔夫本人的说法，他的思想（于西方人）是一粒

“苦药丸”(见下文),在龇牙咧嘴捶胸顿足之后,尚需耐着性子细细品味、咀嚼和消化。今天,我们十分高兴有机会将沃尔夫的原著译成汉语,将其精神营养奉献给中国读者。

沃尔夫44岁便英年早逝,生前没有机会将自己的思想系统地梳理,写成专著。在他身后,约翰·卡罗尔将其部分文章集结成《论语言、思维与现实》,由麻省理工大学出版社于1956年出版。文集中共包括写于20世纪20年代末至40年代初的文章18篇,有些当时已经发表了,有些尚未发表。这本文集可说是沃尔夫公开发表的唯一主要著作,读者可以从中比较系统地了解作者的主要思想、其材料基础和理论概括、其结论和发展过程。在此基础上,便可以独立于以往的种种解释和评论,与作者更直接地对话。

西方学者对于沃尔夫思想的阐释经历了一个变化的过程。50年代,沃尔夫假说引起了许多人的兴奋和兴趣。在当时盛行的行为主义及其实证主义方法论影响下,人们试图设计出精确的实验,以检验该假说的“真”或“伪”。文集编撰者卡罗尔在序言中对有关研究方向的预见和建议以及为沃尔夫所做的辩护,便明显地打上了这一时代的烙印。从这一时期开始,西方学者对沃尔夫假说的研究基本上沿着实证主义的道路发展,在颜色词与颜色认知、虚拟式与“反事实假设”、数字系统与数字认知、词汇与物体分类等方面已经进行过一系列实验、讨论和争鸣。实证研究有了一些结果,但也出现了不少问题。其一,不同研究的结果之间相互矛盾,难以得出明确的结论。其二,即便实验本身有了明确结论,也难以证明或推翻“沃尔夫假说”之宏观理论。其三,有关研究涉及文化优劣的比较,引起民族情绪矛盾。有人甚至提出,任何语言相对论的研究都可能会引起文化之间的优劣比较,从而在本来就充满敌意的世界中制造更多的麻烦。因此,对语言相对论的实证检验走入低谷。20世纪90年代以后,对于沃尔夫假说的讨论热度又有回升。有人试图将实证主义发挥至极端,设计出更加严密的科学实验。亦有人反思以往的研究思路,指出“语言相对论”不过是沃尔夫丰富思想的一部分;他的整体思想体系应归纳为一个“沃尔夫理论结”。还有一些人对“沃尔夫假说”的表述方式本身提出质疑和追问,认为这未必是沃尔夫本意。于是,出现了回到文本、阅读原著的呼吁,沃尔夫已发表的著述和未发表的手稿、信件,成为一些学者的关注焦点。(本人曾就西方有关研究做过综述,文载《外语教学与研究》2000年第2期)

我国对于萨丕尔、沃尔夫思想的介绍始于50年代末,是民族语言学界从苏联学者那里进口的。在当时的历史背景中,这种介绍从一开始就裹挟于批判之中,或者说只有批判,并没有相对完整、客观的介绍。语言相对论被贴上“反动的种族主义”、“唯心主义”的标签。经过“文革”的沉默,在80年代改革开放、重新引进外来思想的形势下,沃尔夫假说再次引起了中国学者的注意。民族语言学者试图借鉴这一理论,分析和解释少数民族语言的调查材料;在中国本土新兴的“中国文化语言学”,视萨丕尔-沃尔夫的美洲语言人文主义为主要理论源泉之一,以支持中国语言与文化独特性的观点;由外语教学界引进的“跨文化交际学”,将沃尔夫所述语言与思维差异作为跨文化交际的前提,同时又当作必须逾越的障碍,其目的是促进文化之间的沟通和理解。出于不同的目的和视角,人们对沃尔夫思想的阐释和评价并不相同,甚至完全不同。已经出现的批评和争鸣,大多有关语言决定论、语言相对论之“对”与“错”,以及语言相对论极端性之谬误。不过,这些议论的文献基础，大多是对沃尔夫思想的简单介绍或概括性评论。（参见本文集译者之一吕珺的硕士论文《语言相对论在中国》，北京大学英语系，2000 年）在借鉴思想资源以建构理论大厦或指导具体实践时，理应对资源本身有一透彻了解，并在此基础之上评估其价值。而这一切，都需以阅读核心著作为基础。

二

如果细读文集，读者便会注意到，沃尔夫的思想中有一些看似矛盾的方面，难以简单地纳入刻板印象中的"语言相对论"框架，并由此接受"对"与"错"的评判。以下举两例。

1. 知识与价值，"求真"与"求善"

沃尔夫声称语言学是一门"精确的科学"，将它与数学、物理学相比较。在《作为精确科学的语言学》一文中，他将语言的结构规律用数学公式表示，论述其精确性：

> 语言学公式虽然不是数学公式，但仍然十分精确。需要记住的是，以上结构式与英语（或其他一些语言）中处理词义的一些语法型式相比，就像一个简单的加法与一整页微积分相比。……

作者对语言学特性的描述，是以自然科学为参照的。例如他这样描述语言学的"实验性"：

> 语言学也是一门实验性科学。它的数据来自控制条件下长期的观察。如果这些条件被系统地改变，就会产生确定的不同结果。实验是在一整套理论指导下进行的，与物理学、化学实验一样。通常情况下，语言学实验不需要机械设备，而是

运用和发展技术。实验并不一定意味着量化。语言学中很少会用到测量、称重、读指针等方法，因为在型式的王国中，量和数的作用微乎其微。型式的王国中没有变量，而是从一种结构到另一种结构的突变。数学科学要求精确的测量，而语言学所要求的是精确的"型式化"(patternment)——一种关系的精确性，不考虑维度的关系的精确性。

在沃尔夫看来，语言学甚至比数学更高级，在众多精确学科中处于统领地位：

哲学和数学分析家们对目前的状况帮助不大。他们对语言学本身知之甚少，却在此条件下探究更高领域的语言符号体系。该领域内的大多数现代学者不幸缺少这种基础训练。对语言朴素的基本原理毫无正确认识而试图去研究高级数学公式的语言意义，这无疑会招致失败。……总有一天，语言学会坐在法官的席位上，而其他学科则将其研究结果拿到它的法庭上来，等待它裁决这些结果究竟意味着什么。当这一天到来的时候，语言学就会像其他精确科学一样，拥有自己的宏伟而装备精良的实验室。(《作为精确科学的语言学》)

由此，出现在我们面前的沃尔夫俨然是一个冷面的自然科学家，执著于精确、客观、"硬"的事实和规律。对于他来说，科学研究的目的是求真，即探寻有关事实和规律的知识。

但另一方面，沃尔夫又随处展露他对印第安土著语言的激情，以及对西方种族中心主义的鞭挞。他甚至毫不掩饰自己对这些"原始语言"与欧洲"文明语言"的优劣评判：

欧洲语言及思维习惯处于显赫地位，也是经济和历史原因所致。其文化已经达到现代文明水平的少数几种语言，意欲扩张至整个地球，使成百上千奇异多彩的语言种类遭受灭顶之灾。虽然这一企图是事实，但依此声称这些欧洲语言代表了某种优越性是毫无根据的。只需对无文字体系的语言，尤其是美洲的语言进行初步的科学研究，就会发现情况恰恰相反，这些语言中有许多比我们的语言精确、细致得多的关系系统。同许多美洲语言相比，英语、德语、法语、意大利语中对概念的形式系统化显得低级、拙劣。举个例子，当我们说"我看见它是红色的"(I see that it is red)和"我发现它是新的"(I see that it is new)时，为什么不采用另一种方式，像霍皮人那样来表达两个句子中感觉渠道(视觉，seeing)的关系，使其出现在意识层面？我们把两种很不相同的关系混在一起，变成由"that"表达的某种模糊联系，而霍皮语则表明，在第一种情况下，"seeing"在意识中呈现了关于"红色的"感知；在第二种情况下，"seeing"呈现的是没有说明的一些迹象，从中推衍出了"新"的性质。如果把句子改成"我听说它是红色的"(I hear that it is red)或者"我听说它是新的"(I hear that it is new)，我们欧洲人还会死抱着蹩脚的"that"不放，而霍皮人则用另一种关联方式，不去区分"红的"和"新的"，因为两句在意识中呈现的是一种语言报道，既非感知，亦非推理证据。在此，比起自鸣得意的英语，霍皮语是不是显示出更高的思维层次，对情境更富有理性的分析？结论当然是肯定的。在这方面以及许多其他方面，英语较之于霍皮语就像是笨拙的短棒之于轻捷的短剑。(《原始社群思维的语言学考察》)

沃尔夫并未专门研究过汉语，但他在题为《思维：四海之内皆兄弟》的短文中援引了赵元任的观点以说明汉语的独特性，并由此明确指出，有必要认真研究包括汉语及其思维方式在内的他民族语言和思维方式：

> 汉语中没有表示“word”的词。最贴近的是“字”，翻译过来是“word”，但实际意义是“音节”或“音节成分”。许多这样的成分从不单独出现，而只能与几个其他成分结合而构成词，就像“pyrometer”（高温计）中的“pyr-”（高温）那样。词汇单位意义上的词可以以一个或两个音节的形式出现，不过汉语的书写传统是将每一个音节都分开的，因而词与词之间的界限也就相当模糊。这一观点是由耶鲁大学的赵元任博士在题为《汉语中词的概念》的论文中提出的（美国语言学学会会议，罗得岛州普洛维顿斯，1940 年 12 月 30 日）。我们对于汉语语法性质的认识才刚刚开始，赵博上等人已经推翻了汉语是单音节语言的论点。在同一个会议上，耶鲁大学的 G. A. 肯尼迪博士在《汉语的复杂定语表达方式》一文中指出，汉语中没有关系从句，相应的逻辑关系是由另一种秩序系统支配的。如果将表达这一逻辑的“的”翻译成“-ish”，那么“The House that Jack Built”（《杰克造的房子》）在汉语中就相当于“This is Jack-ish build-ish house; this is Jack-ish build-ish house-ish in-ish lie-ish malt”（这是杰克的建造的房子；这是杰克的建造的房子的里面的放着的麦芽），等等。
>
> 我们还没有充分意识到，如果我们没有能力理解其他国家兄弟的认知和情感，全世界兄弟团结合作的理想就不会实现。西方人已经通过美学和文学，对东方人的情感有了一些

> 了解，但这还远不足以在思想之鸿沟上架起桥梁。真正东方形式的科学思想以及对自然的分析，其逻辑思维基础究竟是怎样的类型，我们仍知之甚微。这就需要对当地语言的逻辑进行语言学研究，而且必须意识到，这些逻辑与我们自己的思维习惯有着同等的科学效力。（引自编者前言）

在写给印度某通神学刊物的另一篇文章中，沃尔夫又借用印度哲学的概念明确指出，语言的理解有助于跨文化交流的实现，有助于民族之间平等的兄弟之情：

> 这种对语言的理解，将促使我们达到人类兄弟情谊的一个高级阶段。这是因为，对于多种语言的科学的了解（并不一定学会讲这些语言，分析其结构即可）乃是人类兄弟情谊之一课。这种情谊是人类的普遍准则——作为"意之子"（Sons of Manas）的同胞之情。它使我们超越自身的种种界限——文化、民族、被贴上"种族"标签的生理特征，等等。置身于千姿百态的语言系统当中，欣赏它们的规律、和谐、系统之美，体味它们各自的微妙以及对现实分析之透辟，我们会发现：人人平等。那些物质文化、野蛮、文明、伦理道德等等的进化阶段，与这一事实毫不相干。对一个文明的欧洲人来说，这种平等非常不可思议，令人震惊，简直就是一粒苦药丸！（《语言、心理与现实》）

由此，我们又看到沃尔夫炽热的一面。

沃尔夫究竟是一个客观、精确的形式主义语言学家、自然科学家乃至"科学主义者"，还是一个具有博爱之心和"终极关怀"的文化人类学家、人文社会学者或"人文主义者"？"语言相对论原则"是知识的创造，还是价值的倡导？是求真，还是求善？

2. 相对主义与普遍主义

沃尔夫素来以相对主义思想著称，他的名字在人们心目中与语言相对论有着对应联系，就像爱因斯坦与其相对论一样。尽管沃尔夫本人从未明确地提出"语言决定论"，但对于"语言相对论原则"，他的确有清楚的论述：

> 由此即引出了我所说的"语言相对论原则"(linguistic relativity principle)，用通俗的语言来讲，就是使用明显不同的语法的人，会因其使用的语法不同而有不同的观察行为，对相似的外在观察行为也会有不同的评价；因此，作为观察者他们是不对等的，也势必会产生在某种程度上不同的世界观。(我在四月份的文章中，已经对这一观点做了更为正式的阐述)这种世界观是朴素的、未经概括的。人们可以对孕育了这种世界观的基本语法型式进行更高层面的特征概括，从而由每一种朴素的世界观发展出一种清晰的科学世界观。由此看来，现代科学的世界观是根据西方印欧语言的基本语法特征概括而成的。当然，这并不是说这种语法导致了(caused)科学的产生，它只是影响了(colored)科学。(《作为精确科学的语言学》)

这一相对主义思想，贯穿沃尔夫的所有研究。但同样贯穿其所有研究的，还有看似与相对主义对立的、有关语言和思维的普遍主义思想。

在对霍皮语的研究中，沃尔夫描述了两种特殊的动词形式——"瞬止体"和"链续体"，认为这两种相互关联和对照的语法范畴精确地表述了某种物理现象，因而具有普遍性：

> 我们已经看到霍皮语如何细致地描绘出可被称为"原始

> 物理学”的特定领域，看到它如何根据形变过程的基本类型将所有振动现象加以分类，其分类具有高度的一致性和真正的科学精确性。霍皮语对自然界某个领域的分析可以自由延伸，总体上与真正的物理学并行不悖。这种延伸非常适合用来分析完全属于现代科学技术世界的大量现象——机器和机械装置的运动、波的过程和振动、电力现象、化学现象。（《霍皮语动词的瞬止体与链续体》）

同样，沃尔夫认为，在霍皮语中发现的“隐型”具有普遍的语法学和心理学意义，不失为人类共同的思维方式之基础。

> 可以看出，在霍皮语这样的语言中，语法形式的意义是隐型和显型相互作用的结果，而不是显型单独作用的结果。这个概念当然也适用于霍皮语以外的许多其他语言。到目前为止，语言学家的研究几乎完全局限于显型；对隐型的研究开拓了更注重心理因素的语言学发展时期。（《关于霍皮语言学的讨论》）

沃尔夫认为，有必要进行“世界范围的语言调查”，以找到人类共同的语言机制。他为文化人类学的田野调查编制了一份调查提纲。“毫无疑问，他想使自己提出的这个提纲成为一个标准框架，以指导这种大范围语言调查中具体语言的材料采集”（编者按，《语言系统轮廓之构想》）。在《语法范畴》一文中，沃尔夫特别讨论了“隐型”、“显型”等语法范畴的普遍意义。他在文章开篇说：

> 人们似乎有一种自然倾向，喜欢使用传统语法的术语，如动词、名词、形容词、被动语态等，来描述印欧语系以外的语言。这种倾向极有可能引起误解。我们十分需要采用某种方

法来定义这些术语，以便我们能够利用它们带来的便利，并在可能的情况下，将它们以科学的、一致的方式应用于外语。为做到这一点，我们必须采用全球视角来观察语言现象，重新审视在语言中发现的各类语法范畴，在某种新的意义上建构和修订概念，增加必要的术语。这些对外语的观察方式同样也适用于英语。(《语法范畴》)

在一份研究基金申请中，沃尔夫更加明确地阐述了他的普遍主义思想。他在详细论述了对墨西哥语言学某些特殊现象的研究计划之后，这样描述研究的最终目标：

接下来的工作，是用这些原则找出所有言语行为的原始基础。可以说，这是为一门新的科学打下基础。虽然这一切都是将来的事，但我觉得它们近在眼前。更远一些的将来，我们也许可以应用这门新的科学，重建原本可能存在的人类共同语，或者完善一种较为理想的、以声音的原始心理意义为基础的自然语言，也许它将成为未来的共同语，同化我们目前所有的语言；或者换一种方式表述：所有语言都将还原为这种共同语。(引自编者前言)

阅读这位相对论倡导者的文集时，读者不仅会想到萨丕尔、洪堡特，而且很容易联想起索绪尔、乔姆斯基、荣格、弗洛伊德。我们可能感觉，与其说这是关于印第安语言及思维特性的描写，不如说这是一部普通语言学著作，甚或普通心理学著作、哲学著作。沃尔夫是否有两副面孔——一副是相对主义的，关注特性的，另一副是普遍主义的，关注共性的？它们是否反映了沃尔夫思想中的矛盾，或是构成了具有内在逻辑的悖论？沃尔夫是在指明通天塔之建造被废止的事实，还是试图重建通天塔？他奉献给我们的智慧是解构的还是建构的？他比我们更成熟，还是更童真？

沃尔夫的思想中还有不少谜，等待读者去玩味和解读。

三

文集的翻译是在多位学生、朋友的共同努力下完成的，译者除我本人之外还有吕珺、李育超、周雷、董锡燕、刘鸿勇、申小龙、李朝、沈英英、王志欣。原著的序、编者前言、正文的前三篇、最后两篇以及《美洲印第安人的宇宙模式》是我译的，其他每篇的译者名字注于文后。全书由我统一校订。每篇文章的英文标题见篇首脚注。一些中国读者不常见的人物、概念等，在文中加有译注。专有名词及术语的译法，在书后附有译词对照表。在全书校订过程中，清华大学外语系程慕胜教授花了许多时间帮忙解决疑难问题，北京大学外语学院赵振江教授帮助翻译了书中的西班牙语部分。对文集的翻译给予直接帮助的其他专家学者还包括：北京大学外语学院张保胜教授、刘意青教授、沈弘教授、王文融教授、段晴教授、Nathan Fairey 先生；中国社会科学院语言所研究员赵世开先生。我代表所有译者深深地感谢他们。我们还要特别感谢本套丛书的主编姚小平先生以及商务印书馆的同人，是他们为我们提供了机会做这样一件有意义的事情。与此同时，我本人将为全书译文中可能出现的任何错误和不妥之处负责。恳请读者在阅读过程中给予批评指正。

记得马丁·布伯说过，翻译是译者与作者的“我-你”对话，是跨越时空的精神“相遇”。在不可不谓艰苦的翻译和校订过程中，我真切地体验了许多——轻松的愉悦、智性的乐趣、豁然的启迪、深深的感动。为此鲜活的精神相遇，我最要感谢的，便是本书的作者。

高一虹

2010 年 11 月 29 日

序

一

历史上偶尔会出现这样的人：他们能在以往看来毫不相干的事物之间捕捉住某种联系，由此为人类提供新的知识维度。揭示了时空相对性的爱因斯坦便是这样一个人。在另一个领域较为微观的层面上，本杰明·李·沃尔夫也是这样一个人。作为伟大的社会科学家，将来他也许会与弗朗兹·博厄斯、威廉·詹姆斯等人齐名。

沃尔夫捕捉住了人类语言与思维之间的关系，揭示了语言究竟如何构筑我们内心深处的思想。

> 我们因此有了一种新的相对论原则。根据这一原则，同样的物质证据，并不能使不同的观察者得到同样的宇宙图像，除非他们的语言背景相似，或者可用某种方式校准。

沃尔夫认为，印欧语言——英语、法语、德语、俄语、拉丁语、希腊语等，是可以大致校准的；但是汉语、玛雅语、霍皮语等语言结构的校准，如果不是完全不可能，也是十分困难的。讲汉语的人对自然和宇宙的切分不同于讲西方语言的人，而各种美洲印第安人、非洲人以及讲其他语言的群体，其切分又是另外的样式。

在语言学这门相当新的学科当中，沃尔夫是一位深刻的学者。在我看来，人们之所以对他争论不休，原因之一是他并非科班出身。他在麻省理工学院接受的是化学工程的训练，掌握了一套实验室的研究方式和参照框架。他的语言学研究完全源自内心，某种内在的驱动力使他投入了语言研究——并不是掌握多种外语，而是探寻(任何)语言的"为什么"和"怎样"，以及语言作为意义载体的能力。

作为作家，我一直对语义学感兴趣，这门学问有时被定义为"对意义的系统研究"。我相信，知道自己在说什么，对作家来说有好处。沃尔夫将语言学作为意义分析的工具，对语义学做出了重要的贡献。任何一位认真研究交际和意义的学者都不能忽略他；也许还可以说，任何哲学科学家或科学哲学家都不能忽略他。沃尔夫大胆宣称，语言学"对有关思维的理论，说到底，对所有人文学科，都起着根本性的作用"。他也许是正确的。科学的每一项重要突破，例如量子力学，都涉及某种交流的危机。科学家必须首先向自己解释新的发现，然后再向其他科学家解释。

根据我的理解，沃尔夫提出了两个重要的假设：

第一，所有较高层次的思维都依赖于语言。

第二，人们习惯使用的语言的结构影响人们理解周围环境的方式。宇宙的图像随着语言的不同而不同。

二

第一个假设已经找到了很多有力的科学支持。例如，生物学家朱利安·赫克斯利宣告，"词语概念的进化，打开了所有人类思维未来成就的大门”。沃尔夫认为，语言集中体现了人类的优点。其他生物也有粗略的交流系统，但没有真正的语言。无论是哺育后代，组织群体，还是传承文化，语言对于人类都至关重要。赫克斯利甚至提出，须依赖语言进行的文化适应，也许正在取代生物进化过程。当下一个冰纪逼近的时候，人类会将空调的生产升级，而不是长更多的体毛。

哲学家和生物学家都认为，理性思考的能力是“人的特性”。人类并非靠尖牙利爪、藏身之术、善逃之足或单纯的力量来保护自己，而是要靠思考来拓展生存空间。思想是人类赖以生存的主要武器。

也许每个人都有过这样的体验：突然涌起的头脑风暴来不及诉诸语言。在我的写作之中这种体验很频繁。但是我必须将这些突如其来的灵感表述出来，变成文字以清醒地反思、讨论，然后才能够处理它们。未经语言表述的灵感在写作中不会有任何结果。

也许我们可以用开车来比喻沃尔夫的第一个假设。在直路上，光波和声波就足以引导把握方向盘的手，然而在行驶到交叉路口或在地图上找方位的时候，纯粹的条件反射动作就不够了。一只聪明的黑猩猩也许能学会应付前一种情况，但永远应付不了后一种情况。

三

对于逻辑和理性的探索是希腊人最先开始的，他们勤于思考，而不愿进行实地观察和实验室工作。[①] 古希腊的智者显然是爱琴

---

① 历史学家詹姆斯·哈维·鲁宾逊将此归咎于奴隶数量的众多。

海的麦迪逊大街小伙，他们教给年轻人如何在论辩或法律官司中战胜对手，如何在政治角逐中选用最有效的口号。亚里士多德发明了三段论，并创立了三个思维规律，其首是我们有些语义学家反对的同一律：A 即 A，从现在到永远。

希腊人毫不怀疑，语言的背后是普遍的、纯洁的理性本质，为天下人共有，至少为所有思想家共有。他们相信，词语不过是这种深层精华的表达媒介。由此，用一种语言表达出来的某个思想，能够翻译成任何其他语言而保持意义完整。

这一观点持续了 2500 年，尤其是在学术界。沃尔夫用其第二个假设向它提出了尖锐挑战。他认为，“当语言变化时，我们对宇宙的认识也随之改变。”

联合国资深译员的丰富经验为沃尔夫的理论提供了有力支持。美国国务院的埃德蒙·S. 格伦在一项洛克菲勒基金的支持下，审阅了大批联合国文件译本，寻找因语言而引起的概念差异。[①] 格伦先生的调查中有一例，英国发言人说“我假定”；法语译成“我推论”；俄语译成“我考虑”——至此，假定的概念已随风飘逝！

在单独审视了 20 个类似的案例之后，格伦先生总结说，在这些案例中，虽然译文表面上看来通顺流畅，但“讲俄语和讲英语的代表之间交流程度是零”。

西方民族都讲某种印欧语，如果他们之间尚存在交际困难的话，那么迥异的语族之间（例如霍皮印第安语和英语）存在更深的鸿沟就不足为奇了。沃尔夫奋力耕耘的正是这个领域，并以此为

① 彼得·T. 怀特，《译员：语言学家十外交家》，载《纽约时报》（*New York Times*）1955 年 11 月 6 日版。

主要基础建立了语言相对论的概念。

在英语中我们说“看那个浪头”(Look at that wave)。但是在自然中浪头从来不是孤立的现象。讲霍皮语的人说“看那一溅”。霍皮语中的这个词,最接近的英语对应是“溅击”(slosh),它暗示了运动的整体性,因而对波浪之物质运动的反映更为贴切。

在英语中我们说“亮光闪了一下”(The light flashed)。必须有某物在那里做闪现的运动;“亮光”是主语,“闪”是谓语。然而现代物理的发展强调场的作用,与主-谓构架相悖。讲霍皮语的印第安人用一个词 *Reh-pi*(闪光)表示整个过程,没有主语,没有谓语,没有时态成分,由此看来,他们是更高明的物理学家。我们还经常在自然中发现神秘的物体在闪光或创造其他奇迹。是不是由于我们语言当中的一些动词前面一定要有名词做主语,我们就一定要造出这样的概念?

霍皮人关于事物的思维,永远包含时间和空间两个方面,在他们的世界观当中,这两个方面从不独立存在。所以,他们的语言不需要时态也可以充分表达意义,并使人们习惯用时-空概念思考。为了正确地理解爱因斯坦的相对论,西方人必须放弃其自然语言,采用微积分语言。而根据沃尔夫的理论,霍皮人头脑中有某种生来俱在的微积分。

与美洲印第安语言的灵活性和直接性相比较,在处理某类现象时,“英语、德语、法语或意大利语对于思维的形式系统化显得拙劣而空洞”。沃尔夫指出,我们西方人对阴阳性的区分以及非黑即白的内在逻辑,存在着很大问题。

> 比起自鸣得意的英语,霍皮语是不是显示出更高的思维层次,对情境更富有理性的分析?结论当然是肯定的。在这

方面以及许多其他方面，英语较之于霍皮语就像是笨拙的短棒之于轻捷的短剑。

在表述其他现象的时候，或许英语是短剑而霍皮语是短棒。两种语言都在很长的发展时期当中自然而然地适应了本族人的经验和问题，我们无法说一种语言比另一种更高级、更成熟。这是因为，人类诸社会虽然在人造物品的供应和消费方面有很大差异，但是由语言所反映出来的人类思维能力，却没有原始与文明之分。……“在原因、动作、结果、动力或能量的特质、经验的直接性方面，在思维功能的所有方面或者说在理性的精华方面，美洲印第安语言和非洲语言有许多精致而具有逻辑美的概念区分。”

读者会在卡罗尔先生所写的精彩传记中看到，沃尔夫在对印第安语言的早期研究当中注意到，某些玛雅碑文与特波兹特兰村一个阿兹特克庙中的碑文有相似性。我也在那一年，即 1930 年，爬上了那座石神龛，尽管不是为了研究象形文字。沃尔夫将阿兹特克语研究与玛雅语、霍皮语研究结合了起来。他发现，霍皮语是三种语言当中最微妙、表达性最强的，并编写了一本至今尚未出版的霍皮语词典。对于自己所研究的印第安语言，他有时似乎显得热情超过了冷漠的科学理性，对此我们完全可以原谅。

四

以上引文大多取自沃尔夫 1936 年写的一篇文章，也是首次发表于本文集，文章的主题是原始群落的思维过程。沃尔夫曾计划将此文寄给 H. G. 威尔斯和 H. L. 门肯，以及萨丕尔等著名语言学家。我真希望沃尔夫的这一愿望能在他生前得以实现，因为这篇文章集中展示了他杰出的特质——学养、创造性想象、语言相对论思想，以及对未来的期望。在我这个外行看来，该文的精髓可概括如下：

> 世界上不存在抽象的普遍的人类思维。
>
> 讲不同语言的人，所看到的宇宙不同，对它的评价也不同，这种差异有时小，有时大。思维相对于所掌握的语言而定。不存在原始落后的语言。
>
> 我们有必要研究那许多未开垦的语言，发现其世界观。它们其中的一些正面临消亡的危险。
>
> 通过这样的探索我们也许会发现，有可能建立一种国际语言。有朝一日，所有民族的人都能最大限度地使用语言，思维也因而比现在有效得多。

从理论上讲，这似乎是语言相对性的终结，但是这并不意味着山峰已被踩在脚下。下一个伟大任务，将是设计新形式的语言，使我们离现实更近，驾驭能力更强。“在展望未来时，我们的视野中必须有人类的精神成长。”

本杰明·李·沃尔夫的精神成长竟被如此永远地中断了。这对我们所有人都是极大的遗憾。

斯图尔特·蔡斯

1955年11月23日

于康涅狄格州乔治城

前　言

一

本杰明·李·沃尔夫在他的事业中显示出两种素质。一方面,他是一位具有专门才能的商人。他所接受的良好训练、知识以及应用能力,他的敬业精神和洞察力,对任何商业机构都十分宝贵。另一方面,他又是天才而勤奋的学者。如果没有他,一些学术研究领域可能会被完全忽略,例如对已经遗失的玛雅文字系统的研究,对墨西哥阿兹特克语以及亚利桑那州霍皮语的研究。无论是商人还是学者的经历,都可单独成为吸引人的传记题材。而沃尔夫传记的长久魅力在丁,商人和学者两项事业齐头并进,在商业活动中做出业绩的同时,学术成就也达到了非凡的高度。他甚至并没有正式学术研究的一般前提条件:高级学位。然而他以语言与思维、语言与认知关系的假设,向当代有关人与文化的研究提出了富有挑战性的问题。

本杰明·沃尔夫于 1897 年 4 月 24 日生于马萨诸塞州的温斯洛普,父亲是哈利·丘奇·沃尔夫,母亲是萨拉·爱德娜·(李·)沃尔夫。他是早期美国移民的后裔,祖上从英国来到美国,登陆后便在普洛温斯城和海湾殖民区的其他地方住了下来。在英国,“沃尔夫”一姓最多的地方是约克夏的西瑞丁，这个姓或许与当地的沃尔夫河有一点关系。

本杰明和两个弟弟都很像父亲，每人各自继承了父亲某一方面的特点。本杰明是家里的“知识分子”，喜欢看书和思考。生于1903年的约翰后来成为知名的艺术家，其水彩画尤受赞赏。生于1906年的理查德，是舞台剧和电影界优秀的演员、导演。

父亲哈利·沃尔夫集知识分子、艺术家、戏剧家三者于一身。他曾是麻省理工学院的学生，不过时间不长，学习也不投入，据说他不想致力于所学的工程专业。此后他进入了商业艺术或者他称为“设计”的行业，以发挥自己的画图才能和丰富的想象力。得以保留至今的他的作品中，有环绕在某名牌清洁剂包装罐上的一串荷兰小女孩。他精通当时迅速发展的照相平版印刷术。但是，他不想局限于职业范围之内，而是将艺术才能运用于许多领域，其中最主要的是舞台设计。他还为宗教和慈善团体编写和导演戏剧。轻喜剧式歌剧《博比·沙福德》的脚本便是他写的，该剧曾在波士顿上演。他还很喜欢用图示方法做各种内容的讲演，而且很有吸引听众的诀窍。1934年逝世之前，他正在写一部关于马萨诸塞州沿海地区的手稿，内容包括地理、历史、动物、植物等方面。

孩子们出世之前，哈利·沃尔夫夫妇就住在温斯洛普郊区一幢并不奢华的房子里。房子在半岛上，北临波士顿湾。房内有哈利·沃尔夫收集的大量绘画、书籍、手稿、化学品、照相器材，以及许多杂七杂八的东西。对孩子们来说，这是一个十分刺激兴趣和思考的环境。三个孩子都有超乎寻常的好奇心，喜欢打破沙锅问到底，他们有利用这些环境和条件的天赋。与两个弟弟一样，本杰明从小就掌握了相当的绘画技巧，但最吸引他的还是那些化学品、颜料、照相器材。他喜欢做各种实验，例如让各种液体颜料在同一个容器中形成不同的层次。也许是童年化学实验经历的影响，本杰明后来决定到麻省理工学院学习化学工程。

本杰明的中学时代是在温斯洛普的公立学校度过的。据那里的老师同学说，他的学业一直很好。这一阶段他还养成了集中精神的习惯，有时甚至显得心不在焉。有一次，他被派到地窖装煤。他拿了煤斗，到地窖装满了煤，不过没有把煤送到厨房的炉边，而是径直走回了自己的房间（他长大之后，成年朋友有时也抱怨，与本杰明在街上相遇，他好像完全没有看见似地从他们身边走过）。本杰明算不上身高体壮，但对自己的勇武有足够的自信，常常在邻居欺负弟弟的时候挺身而出。他还特别喜欢跟小自己六岁的约翰玩智力游戏，其中最爱玩的一个是解密码，本杰明几乎总能将弟弟设计的最复杂的密码解读出来。一个人独处的时候，本杰明会如饥似渴地读书，有时也写打油诗让自己开心。

1914 年，本杰明从温斯洛普中学毕业，进入麻省理工学院学习化学工程（X 课程）。他在麻省理工学院的学业很一般，成绩单上没有一个最高等级的分数（H，相当于现在的 A），即便英语作文和法语也是这样。当然，这本身也说明，大学学习成绩与后来的成就之间并没有固定可靠的联系。由于在预备军役夏令营染上了一种奇怪的病，四年级的秋季学期本杰明缺了不少课，第二年夏天不得不补课。为此，他直到 1918 年 10 月才获得化学工程学士学位。

我们不太清楚在麻省理工学院学习的时候，沃尔夫为自己的职业做了怎样的计划。他很可能是想在某个化工厂做一个工程师。不过他后来的职业与众不同，正如他写信向母校校友会抱怨的那样，他成为专家的那门行业，当时即便在麻省理工学院也没有成为一个独立的工程领域。1919 年,他从麻省理工学院毕业不久,便被哈特福德火险公司选中,参加防火工程的培训。从那时起直到他去世,沃尔夫在这个公司工作了 22 年。该公司董事会主席 C. S. 克雷默在回忆中写到:“他是由公司的一位负责人 F. C. 莫尔先生选中的,莫尔本人也毕业于麻省理工学院,他负责的保险业务范围是有自动喷水装置的建筑。”沃尔夫从莫尔的防火工程人员培训班结业之后,就被派到公司在哈特福德的总部,协助公司视察美国东北部保险客户的防火状况。当时公司正在搞一项本行业中的创新,将防火工程视察作为对保险财产所有者和政策制定者的一项服务。沃尔夫很快熟练地掌握了这项需要频繁出差的业务。“在极短的时间里,”克雷默在回忆中写到,“他就成为我印象中最细致而又最有效率的防火视察员……他非常讲求工作实效,并将自己了解的信息传授给各种制造业的工程师和技术人员。”对于那些使用化学过程进行生产的工厂,沃尔夫逐渐积累了专门的视察经验。

有一次视察一个化工厂,厂里的人不准沃尔夫进入某个地面厂房,因为里面有秘密生产过程。他找了厂长,厂长也坚持说外人不得入内。沃尔夫问:“你们制造的是某某产品吧?”答:“是的。”话音未落,沃尔夫抄过一沓纸,迅速写下一个化学公式,递给厂长说:“我想生产过程是这样的。”厂长惊讶地问:“沃尔夫先生,你怎么知道的呢?”沃尔夫平静地回答:“你们不可能有其他的方法。”不用说,他顺利地进入了那间厂房。

在化学制造业沃尔夫很受尊重,所以很多人都渴望得到他的建议。在视察康涅狄格州一座非常复杂的化工厂时,他建议管理人员在采取安全措施之前放弃某个生产过程,并告诉他们如何具体操作。厂方将安全措施完善之后，并没有立刻恢复生产，而是等了好几天，直到沃尔夫再次来厂做了检查，告诉他们可以开工。

沃尔夫赢得尊敬的原因不仅是他的专业技术，而且还有他为公司吸引业务的能力。对于那些只了解沃尔夫语言学成就的人，这也许不可思议。一次，沃尔夫被一些公立学校请去做防火视察。这些学校与他所在的哈特福德公司本来只有很少业务，可是由于沃尔夫的建议给学校董事会的印象极深，他们决定指定哈特福德公司为他们做保险业务。这让当地的火险代理人十分惊讶，因为他自己觉得与这个学校的董事会拉业务是件很困难的事情。

沃尔夫的工作受到老板的赞赏，1928 年他被任命为特别代理，1940 年被选为公司的助理秘书。公司可能为他在语言学、人类学领域的成就感到骄傲，曾数次慷慨地准假给他做语言学调查。[①] 不过沃尔夫对于公司的价值，首先是他对雇主非凡的实际贡献。沃尔夫能在两个完全不同的领域做出突出的成绩，实在是很了不起。在生命中的某些时期，他的学术作品与终日做研究的教授不相上下，可是他每个工作日的八小时是花在防火工程职业上的。沃尔大的朋友们不太理解，他为什么不放弃公司的工作。在生命的后来几年，他好几次接到学术或研究机构的聘任，但是都一一谢绝了。他说从商的好处是能过舒适一些的生活，并且有更多的自由，以自己的方式去做知识领域的探索。

保险业工作、语言学研究、广泛的阅读，这一切好像还不足以占满他的时间，沃尔夫还用相当一部分时间参加社区活动。例如，

---

① 不过，沃尔夫在外出时经常将防火视察与语言调查结合起来。1930 年他去墨西哥做田野调查的过程中，视察了公司在墨西哥城的代理机构，并将自己的发现和建议写成一份相当全面的报告。

他做过哈特福德商会的防火委员会委员。从 1928 年开始，他还为各种社团组织做演讲，并受到越来越广泛的欢迎。①

1920 年，沃尔夫与西莉亚·伊内兹·佩卡姆结婚，他们生了三个孩子：雷蒙德·本、罗伯特·佩卡姆、西莉亚·李。正如自己的父亲那样，沃尔夫好像有磁力似的，能在孩子身上引发出像自己那样不倦的好奇心和非凡的想象力。

根据沃尔夫自己的说法，他直到 1924 年才开始对语言学感兴趣。不过，他对知识的热情探索有着清晰可循的轨迹。孩提时代，沃尔夫在着迷于化学实验的同时，还如饥似渴地读书。他对中美洲史前史的兴趣，是读了普雷斯科特的《攻占墨西哥》之后产生的（据说读了好几遍）。一次，他父亲写了一部关于玛雅公主的话剧，并自做舞台设计，为此收集了玛雅考古学的各种书籍。这一设计无疑展现了玛雅庙宇的门面装饰，小本杰明被父亲的设计成果深深吸引，可能从那时起，他就开始猜测玛雅象形文字的意义。儿时解读密码的爱好，或许强化了这一好奇心。不过即便如此，他对玛雅文字的兴趣也沉睡了相当一段时间。当时的本杰明开始用大量的时间钻研自然科学。他对植物学很感兴趣，学习了数千种植物和树木的英语、拉丁语名称。（沃尔夫一直保持这一兴趣。1930 年，在去墨西哥的途中，他做了有关墨西哥花卉的烦冗的笔记。直到 1936 年，他还在一个语言学笔记本中插空写过几页关于植物学术语和问题的"测验"。）有一段时间，沃尔夫还迷上了与科学完全相反的占星术，为朋友算命成为他的一大乐趣。在某段青少年时

---

① 我本人结识沃尔夫，便是在他 1929 年 12 月 1 日为哈特福德儿童博物馆做讲演的时候，当时我是听众之一。讲演的题目是《墨西哥的阿兹特克和玛雅印第安人》，广告上说这是个"粉笔演讲"。

期，他几乎成了一个病态的写作狂。17岁时他开始写日记，并终生保持这一习惯。他发明了一种密码，有时用来掩盖日记的某些内容；他也用同样的密码，将自己的梦记录在一系列《梦书》之中。

在哈特福德安定下来不久，沃尔夫开始对科学和宗教间的矛盾产生越来越浓厚的兴趣。他自己的宗教背景是美以美圣公会，由此深受原教旨主义的影响，然而这一倾向有时与当下的科学发展潮流相悖。沃尔夫深深地关注这一矛盾，曾就此写过一部13万字的手稿，是一本关于宗教哲学的小说。书稿于1925年完成，曾送至几家出版商，每次都立刻遭到拒绝，抗议也毫无用处。同一时期，他还写过稍短的一篇手稿，题为《我为什么放弃了进化论信仰》。审阅手稿的是一位有名的遗传学家，其反馈非常客气。开头说，第一眼看上去，这篇稿子像是出自怪人之手，但文中表现出相当强的技巧和洞察力，说明事实并非如此。可是接下去，他对沃尔夫的观点一一做了批驳。

这段时间里，沃尔夫通过阅读认识到，要解决宗教和科学在解释宇宙和进化方面的矛盾，关键是要对《旧约》做深入透彻的语言训释。于是，他从1924年开始研究希伯来语。

沃尔夫对语言的兴趣源于宗教，这一点可能会使一些人感到惊讶。不过我们也要提醒读者，语言和宗教之间一直有着相当密切的联系。以七十子希腊文本《圣经》为代表的语文著作、乌尔斐拉创造哥特文字母并将《圣经》译成哥特文的事实、17和18世纪教士对成百种非欧洲语言的研究、当代对语言有研究的教士极为科学的调查，所有这些都清楚地展示了语言与宗教的联系。不过至少在一般意义上，沃尔夫对《圣经》的任何翻译本都不感兴趣。他深信，人类的、哲学的基本问题可以通过对《圣经》语义的重新探索得到解决。我们并不清楚这一信念是不是他自己得出的，但可以看出，1924 年前后他读的一本书可能强化了这一信念，而且肯定加深了他对语言学的兴趣。在首次收录于本书的一篇文章中，沃尔夫本人证实了这一点。这本书很少为当代学者所知，其作者是一位法国 19 世纪的戏剧家、语文学家、神秘主义者，名叫安托尼·法布尔·多利维(1768—1825)，书名为《本来面目的希伯来语》(*La langue hébraïque restituée*)，1815—1816 年间出版于巴黎，共有 2 卷。这部著作很少见，沃尔夫读到的很可能是 1921 年出版的英译本，因为他的笔记中出现过译者娜扬·路易丝·雷德菲尔德的名字。[①]

根据《19 世纪大百科词典》(*Grand dictionnaire universel du XIXe siècle*)，法布尔·多利维留给后人的名声是"疯子，或者异想天开的人"。他在戏剧领域没有突出的成就，晚年退休后写了大量的语文著作。《本来面目的希伯来语》是他在这一领域的主要著作。在这本书中他试图指出，通过透彻地分析三字母的希伯来字根结构，可以挖掘出《创世记》的隐含意义。他认为，希伯来语的每个字母都有内在的意义，例如，字母 Aleph 在他看来"象征着思想的坚实、整体性及其决定性原则"。又如，字母 Yodh 的意思是"表现"，因此 Aleph-Yodh 的部分词根"表明"的是"意愿所向、所在、所活动之场所"。他从字母 Tsadhe 中概括出"终结"的象征，因而认为 Aleph-Yodh(或 Waw)-Tsadhe 的三字母字根表示"任何趋向于终结的意愿"。法布尔·多利维将这一字根原则应用于整个希

① 雷德菲尔德小姐有一段时间住在哈特福德，她还翻译了法布尔·多利维的另外一些作品。

伯来语法，以及数百个希伯来字根的解释。他的全部努力，一方面是为了从语言学的角度探索语言的规律（他说在选择一种语言作为研究基础时，很难在中文、梵文、希伯来文当中做出选择），一方面是为了满足自己的愿望，发现摩西创世论的秘密意义。在他本人热心提供的英译中，《圣经》的第一段是这样的："At-FIRST-IN-PRINCIPLE, he-created, Ælohim (he caused to be, he brought forth in principle, HE-the-Gods, the-Being-of-Beings), the-self-sameness-of-heavens, and-the-selfsameness-of-earth."［首先-在原则上，他-创造了，Ælohim（他引起了，他从理论上生产了，他-上帝，存在的存在），天-的-自我相同，以及-地-的-自我相同。］①他自得地评论说，这并不是他自己根据"主观臆测和可能性"捏造出来的系统，而是"摩西本来的语言，我是按它的结构规律来解读的，经过艰苦努力，已经达到了满意效果"。

尽管法布尔·多利维离奇的发现并不令人信服，沃尔夫对他的书似乎印象很深，后来曾将他评价为"有史以来最有力量的语言思想家"。沃尔夫认为，虽然对法布尔·多利维的《圣经》训诂不能过于认真，但他的"词根象征"实际上预示了现在我们所说的音位。最吸引沃尔夫的是法布尔·多利维的方法。例如，为了找到希伯来字母的"意义"，法布尔·多利维系统地比较了有这些字母出现的许多字根。就好比为了找到英文字母"M"的意义，从所有以 M 开头的英文词中，总结出一个一般意义。这样一来，mother（母亲）和 murder（谋杀）这样风马牛不相及的词语，也可以概括出共

① 比较："In the beginning God created heaven and earth."（起初，上帝创造了天地。）(*Tyndale's Old Testament*. Translated by William Tyndale, 1992. New Heaven & London: Yale University Press.)——译者注

同的意义！这种方法不能不加限制地使用，法布尔·多利维走得太远了。但是，这种分离因素的方法，原则上与当代语言学寻找音位和词位的方法是相通的。我们会看到，沃尔夫在某些方面采用的方法与法布尔·多利维很相似，例如他早期的玛雅象形文字研究，以及一些尚未发表的阿兹特克语结构研究。两人的研究方法还有另一深刻的相像之处，即对内在意义大胆而富有洞察力的探寻。法布尔·多利维用丰富的想象力寻找局部希伯来字根中的隐含意义，同样，沃尔夫也竭力从有限的语言事实中概括出根本意义。

法布尔·多利维的著作激发了沃尔夫的兴趣，他更广泛地阅读了有关语言研究的著述。馆藏丰富的沃金森图书馆是他经常光顾的地方，该馆是哈特福德一座学术研究性的图书馆，落成于1857年。生于英国的一位哈特福德富商希望自己的城市能有一座图书馆，为读者提供广泛的参考资料，该馆便是根据他的遗嘱所建立的。偶尔光顾那里的主要是宗谱学或艺术历史学者，因为在此可以找到10多万卷尘封的历史资料。该馆位于一座名为沃兹沃思图书馆的城堡式建筑中，同一建筑中还有哈特福德公众图书馆，以及康涅狄格州历史协会的藏书。[①]沃尔夫下班后经常去沃金森图书馆，至少在那时，那里的宁静和书香特别适合凝神阅读思考。图书馆的第一任馆员是詹姆斯·哈蒙德·特朗布尔，他同时也是研究美洲印第安民俗的学者。1863年至1893年他在图书馆就任期间，为该馆收集了一整批美洲印第安人种学、民俗学、语言

---

① 1952年，沃金森图书馆迁至哈特福德的三位一体学院，一个宽阔而现代化的新地方。

等方面的资料，这一馆藏相当可观，可与名牌大学的图书馆媲美。这些丰富的资料唤起了沃尔夫对墨西哥古文物和民俗的兴趣，特别是对阿兹特克语（那豪特尔语）的兴趣，以及后来对玛雅象形文字的兴趣。我们并不清楚，究竟是什么引起了沃尔夫对阿兹特克语的特别研究兴趣。也许是由于对那豪特尔语的某种解释，让他想起《本来面目的希伯来语》一书中的观点。无论出于什么原因，沃尔夫对阿兹特克语的研究始于 1926 年，而对玛雅文的专门研究可能直到 1928 年才开始。他不仅常去沃金森，而且利用频繁出差哈特福德之外的机会，顺便光顾任何可去的图书馆。他进步很快，并开始与许多墨西哥考古学和语言学者建立联系，包括布鲁克林博物馆的赫伯特·J. 斯平登和哈佛大学的艾尔弗雷德·M. 托泽。根据斯平登博士的建议，他开始尝试翻译一页古老的墨西哥手稿，手稿的复制件存于哈佛大学的皮博迪博物馆。翻译的成果，便是 1928 年 9 月他在第 23 届国际美洲人大会上宣读的论文，以及他所发表的第一篇学术论文：《从阿兹特克语角度看托尔特克衰落时期的历史》(1928)，[①]文中显示了一个古文物研究者对托尔特克人历史和年代记的兴趣，以及一个语言学家的骄傲——用沃尔夫自己的话来说，就是让古怪的阿兹特克词语“老老实实把秘密亮出来”。这篇在大会宣读的论文引起了与会者的兴趣，年轻的保险代理由此受到大家注意。报纸报道说，他“揭开了困惑着其他学者的谜”。大约与此同时，他完成了另一篇阿兹特克语译文，即发表于 1929 年的《韦尔马克的统治》。

① 见本书“参考文献”部分沃尔夫的著作目录。此后还有一个短小的目录，列出了书中提到的有关文献。

上述文章的发表，不过是这段时期最初、最轻松的工作成果。此时沃尔夫还在钻研比较语言学。除了与少数学者有交往，他基本上无师可循。与他有来往的学者包括斯平登和托泽，还有宾夕法尼亚大学的J.奥尔登·梅森。沃尔夫是在1928年夏首届语言学会上认识梅森的。在国际美洲人大会上，沃尔夫除了宣读有关托尔特克人历史的论文外，还宣读了另外一篇论文，题目很直白：《阿兹特克语言学》。虽然该文并没有引起很多人注意，但更贴近沃尔夫真正的研究兴趣。在此文中沃尔夫断言，阿兹特克语是一种"基本词根合成语"(oligosynthetic language)，这一命名的意思是说，该语言所有的词都由相当少的一部分因素构成，也许只有50个基本的单音节词根。在已发表的文章提要中他说："每个词根都有一个一般性概念，此概念能在较广范围进行调节而不失基本意义。"那么，在阿兹特克语中发现的这些词根，是否也出现于与它相联系的其他语言？沃尔夫的探索很快有了答案。他在特佩卡诺语、皮马语、阿兹特克语——所有墨西哥语言当中发现了亲属关系。托泽和斯平登相当看重他的发现，1928年底，他们建议他向社会科学研究委员会申请一项研究基金，用来获取所需的资料，并做更深入的研究。沃尔夫却说，他愿意用这笔经费去墨西哥做田野调查，为沃金森图书馆寻找古阿兹特克语手稿，因为该馆的一位董事很希望能丰富阿兹特克语馆藏。不过托泽认为，如果沃尔夫要去墨西哥，他最好去调查现代那豪特尔语。沃尔夫欣然同意。在1928年12月6日写给梅森的信中，沃尔夫谈到申请一事时说，"我不知道自己能否得到这笔经费，因为基金本来是为那些有博士学位的人准备的，例外也有，但很少，很难争取到，需要有极好的推荐。"他递交社会科学研究委员会的基金申请有两个附件，一是研究计划概述，二是一篇近乎完成的文章，题为《那豪特尔语和皮马语的基本词根合成性比较——以特佩卡诺语为特别参照》。在第一个附件中，沃尔夫自认是个幻想主义者，但他也许觉得，计划的内容一定会赢得基金审批委员会的兴趣：

如果能得到这笔研究基金，我将用它从事和发表有关墨西哥语言学的研究，使基本词根合成性这一课题受到关注，吸引其他研究者。底层成分与这些语言相同的语言，其研究者很可能对此项研究感兴趣。

我的研究受到较多关注之后，下一步便是引起人们关注希伯来语和闪语族中我称为二元组（binary grouping）的现象。我本人正在做这方面的研究，并将继续努力，以吸引闪族语研究者的兴趣。

二元组问题受到关注之后，我会将二元原则与基本词根合成原则结合起来，以找到希伯来语和闪族语的更深层的规律。

接下来的工作，是用这些原则找出所有言语行为的原始基础。可以说，这是为一门新的科学打下基础。虽然这一切都是将来的事，但我觉得它们近在眼前。更远一些的将来，我们也许可以应用这门新的科学，重建原本可能存在的人类共同语，或者完善一种较为理想的、以声音的原始心理意义为基础的自然语言，也许它将成为未来的共同语，同化我们目前所有的语言；或者换一种方式表述：所有语言都将还原为这种共同语。这些现在看来好像是幻想，但在其他领域，每当发现了某种坚实的、指引方向的规律，科学便会出现显著的成就。我相信我的工作正是在揭示这样的规律，它并不比其他的科学发现更令人不可思议。研究的最终成果,是发现《圣经》之宇宙哲学中深刻的心理意义、象征意义和哲学意义,这也是我的研究的出发点和最初的灵感源泉。

在第二个附件的开头几段,沃尔夫进一步解释了基本词根合成性:

基本词根合成性指的是这样一种语言结构:几乎所有的词都可以还原为很少数量的词根或重要因素。无论在人们看来这些词根或因素是否是原始的,是否先于相关的语言而存在,是否独立存在过,它们都作为组成部分隐性地存在于整体的、从未被拆分的词语当中。

这种结构的存在得到那位墨西哥那豪特尔语和阿兹特克语作家的肯定,他做过大量的研究,基本词根合成性这个术语就是他提出来的。……简而言之,研究的结论是,在那豪特尔语当中,几乎所有我们所知的母语词汇都是由不超过35个词根的各种结合或语义延伸构成的。这位作家倾向于将这些词根称为"因素"(elements),每个因素都表示某个一般意义,这一意义由中心向外逐渐变化,与周边领域有关的意义联系起来。这35个因素(现在看来这一数目增加的可能性很小)是从大量的词根分析中得出来的,我已将它们列在……本文的附录中。这些因素能够解释成千个那豪特尔词语的意义,包括最近才了解到的许多词语。而且,我发现越来越多的证据表明,这些因素可视为现代语言的祖先,正是在这些原始词根的基础上,发展出了目前的语言。我原来曾认为它们是同化逆构的结果,这一看法越来越站不住脚。很显然,摆在我们面前的是有规律的结构,是意义与唇、舌、喉的系列动作(即元音与辅音)之间的一一对应关系。这种结构和对应关系,可能具有重要的语言学、语源学和心理学意义。

沃尔夫认为,"二元组"指的是希伯来词根内在结构的一个原则,正如他在一篇未发表的手稿中所说:"一个二元组就是一组闪族语词根,它们都有某两个辅音组成的序列,这个二元组包括该语言中所有包含这一序列的词根,而且,这些词根总是用来表达很有限的几种意义,很少有例外。"

与沃尔夫早期对法布尔·多利维的热情联系起来看,以上引文非常有意思。还应当指出,沃尔夫开始将基本词根合成性原则应用于他对玛雅文的最初研究,关于这方面他曾于 1929 年 12 月在美国语言学学会(当时他刚刚成为该学会的成员)的会议上宣读过一篇论文,题为《玛雅文的词干序列》。在交给会议筹委会的该文提要中,沃尔夫谈到,玛雅文以 *QE*- 开头的词干大部分都有"转"的语义。他还指出,"其他类似的序列还有许多,例如 *QI*-意为辐射、发光、燃烧、分散;*QO*- 和 *QU*-意为向内;*BI*-意为移动;*TA*-意为连接;*TZA*-意为到一起或者使……到一起;*MA*-意为通过。简而言之,'意由音定'。"

社会科学研究委员会对沃尔夫的研究基金申请给予了积极的肯定。于是,沃尔夫开始计划墨西哥的田野之行。他向公司请了数周假,便与妻子、岳母一起,于 1930 年 1 月起程去墨西哥城。途中,他在路易斯安那州图雷恩大学的中美研究系停留了几天,做有关研究。一到墨西哥城,他便向几位精通阿兹特克语的墨西哥人寻求帮助,特别是墨西哥国家博物馆的马里阿诺·罗哈斯教授。在他们的帮助之下,沃尔夫找到了几位极好的语料提供人,他们所讲的阿兹特克方言与蒙提祖马时期曾在特诺奇蒂特兰(现在的墨西哥城)一带流行的古阿兹特克语方言相近,在多年之后应是在世者当中最相近的了。这些语料提供人住在联邦区的一个名为上米尔帕的郊区,沃尔夫正是对这些人的方言做了详细的语言学描写,其成果作为遗著于1946年发表于霍耶尔的《美洲土著人的语言结构》。与此同时,沃尔夫还在墨西哥农村四处寻找有启示意义的考古材料。他曾在一个可俯视特波兹特兰村的残庙中进行他的语言学研究,在那里似乎是于偶然之中发现了一组以前从未受到学者注意的雕刻图形。凭着敏锐的观察力以及对阿兹特克语和玛雅图形艺术的熟悉,他几乎立刻看出,这些图形与阿兹特克历中"纪日符"的一般形式不大相同,与玛雅文字有相像之处。沃尔夫认为,这一发现说明"那豪特尔语象形文字与早期玛雅象形文字之间有肯定的、清晰可见的联系",他以此为基础,写成了《中墨西哥双语混合铭文》。此文在本书得以重印,它典型地表现出沃尔夫的研究方法,也是与他后期玛雅象形文字研究有关的最早的公开成果。

从墨西哥归来后的几年中,沃尔夫集中精力整理此行收集的大批材料。他不仅需要对上米尔帕的阿兹特克语进行语言学分析,而且还急需对墨西哥和玛雅纪日符的发现做进一步的研究,因为纪日符的这一发现,证实或修正了他以前的一些想法。这一时期他发表了一系列关于玛雅象形文字的文章。首先是由哈佛大学皮博迪博物馆发表的《玛雅文中一些字的语音价值》(1933),接着是《玛雅文及其解读》(1935)。在哈佛大学托泽教授鞭策下完成的这些早期论文中,沃尔夫详细阐释并用材料证明了自己的观点:玛雅文至少在部分意义上是拼音文字。他还从玛雅古籍抄本中选出一篇简单的文字,提供了翻译样本。关于玛雅文是拼音文字的假设,至少在50年前就被有关学者放弃了,所以沃尔夫的材料至少在当时得以发表，肯定是引起了许多关注。后来的那篇《玛雅文及其解读》是对一篇评论文的回应，评论文发表于《玛雅研究》，作者是理查德·C. E. 朗。沃尔夫在文中不仅反驳了朗所提出的许多具体问题，而且试图指出，朗的方法是根本错误的，此外他还提供了另一篇玛雅文的翻译样本。文中还提到，他正在写一篇文章，题为《解读玛雅文的第一步》，希望能尽快发表。我们在沃尔夫留下的许多文章中找到了这部手稿，它至今未发表也未完成，只是其中的部分内容在 1940 年科学大会上宣读的论文中有所反映。本书重印了这篇会议论文，题为《玛雅象形文字语言部分的解读》。1933 年之后，玛雅文化研究者对沃尔夫的研究成果反应相当冷淡，对此沃尔夫非常失望。他完全相信，自己的语言学研究方法是解读玛雅象形文字的关键。1940 年宣读的那篇文章，显然是他为自己的研究方法争取支持的最后努力。

墨西哥之行以前，沃尔夫好像与那些后来交往甚密的语言学同人接触极少，无论是面对面的交谈还是书信来往。他的学术交往基本局限于一批墨西哥考古学专家，其中无人在普通语言学方面有较高水平或兴趣。由此看来，沃尔夫在普通语言学和语言学田野方法方面完全靠自学达到的造诣，的确让人惊叹。不过，如果不是最终遇到了爱德华·萨丕尔(1884—1939)，沃尔夫的才华也许永远不会充分开花结果。萨丕尔不仅是美洲印第安语的重要权威，而且也是一般语言科学的重要权威。沃尔夫当然了解萨丕尔的著作，他无疑以极大的兴趣读过萨丕尔的《语言论》(1921 年纽约版)。沃尔夫首遇萨丕尔是 1928 年 9 月在国际美洲人大会上，当时他们只有简短的交谈，后来在 1929—1930 年间科学协会的几次会议上，又有过进一步的接触。不过直到 1931 年秋，萨丕尔从芝加哥大学到耶鲁大学任人类学教授，讲授语言学课程，沃尔夫才有机会与他有密切接触，他及时地注册了萨丕尔在耶鲁所教的第一门美洲印第安语言学课程。在沃尔夫的文章中有一篇学期论文手稿，题为《阿萨巴斯卡语言的结构》，萨丕尔为该文的评分是"A"，并给予很多赞扬。沃尔夫虽然名义上注册于一个博士学位项目，但从未获得也从未争取更高的学位，学习对他来说纯粹是为了精神追求。沃尔夫平生第一次接受的正式语言学训练有了明显的成果。早期他曾对"基本词根合成性"、"二元组"以及其他一些标新立异的语言学理论很有兴趣，现在这些兴趣有所减弱，至少他学会了从萨丕尔等经验丰富的语言学家的角度，来观察那些理论（我没有看到沃尔夫在1931年以后的任何著作中提到基本词根合成性）。更重要的是，他有机会接触到当时最先进的语言学理论和方法，以及当时大家认为最需解决的问题。另外，耶鲁大学的学习机会使他结识了一批萨丕尔的学生，包括莫里斯·斯沃德斯、斯坦利·纽曼、乔治·特拉格、查尔斯·沃格林、玛丽·哈斯，以及沃尔特·戴克。这些人数量不多但学术追求执著，后来都对语言学或者人类学有重要贡献。1937—1938年间，沃尔夫在耶鲁大学任人类学讲师。

与萨丕尔的接触，大大强化了沃尔夫发展美洲印第安语言学这一领域的愿望。在1933年发表的有关玛雅象形文字的一篇文章中，沃尔夫曾感谢萨丕尔在解释符号零方面的某个建议。不过在犹他-阿兹特克语系的深入研究方面，萨丕尔可能给予了沃尔夫更多的影响（犹他-阿兹特克语系包括许多语言，萨丕尔已经找到了它们之间的联系）。他特别鼓励沃尔夫研究与阿兹特克语有远亲关系的霍皮语。1932年12月，沃尔夫在新哈芬召开的美国语言学学会大会上宣读了题为《犹他-阿兹特克语系的特点》的论文。他对犹他-阿兹特克语言学(霍皮语除外)的进一步研究,可见克罗伯在《墨西哥的犹他-阿兹特克诸语言》一书中的综述,以及沃尔夫本人的另外几篇文章,包括《犹他-阿兹特克语系比较语言学》(1935)、《阿兹特克 TL 的起源》(1937),以及与乔治·特拉格合作的《犹他-阿兹特克语系与塔诺语系的关系》(1937)。在这些文章中,沃尔夫划出了一个大语群,他称为大佩纽蒂语群,包括佩纽蒂语系、犹他-阿兹特克语系、玛雅语系,以及米塞-索克-瓦维语系。后来,他又试图用这个框架修正萨丕尔对美洲印第安语的分类。

在沃尔夫所做的这些语言学研究当中,最知名的莫过于霍皮语的研究了。也许是由于萨丕尔的帮助,沃尔夫认识了一位母语是霍皮语的人,此人当时住在纽约城,来往还算方便。从 1932 年春开始,沃尔夫用萨丕尔为他争取到的一笔并不多的研究津贴,以及萨丕尔传授的田野研究方法,开始了对霍皮语的深入研究。沃尔夫和他的语料提供者穿梭于纽约和沃尔夫所住的维德斯菲尔德之间,1938 年,沃尔夫还有机会在亚利桑那州的霍皮文化保护区度过了不长的一段时间。到 1935 年,他已经草拟了一部霍皮语的语法和词典。1939 年末他曾对霍皮语语法做简略描写,收录于霍耶尔的《美洲土著语言结构》(1946)。但除此文之外,沃尔夫在霍皮语研究方面的主要成果都未面世。不过仍很庆幸的是,沃尔夫生前发表过两篇关于霍皮语的技术性文章:《霍皮语动词的瞬止体与链续体》(发表于 1936 年,此前作为论文于 1935 年 12 月在美国语言学学会的会议上宣读),以及《霍皮语的几种动词范畴》(1938)。这两篇文章都不长,但很有影响。从文中可以看到,后来在广为人知的文章中得以发展的一个观点，开始是如何使作者激动的：霍皮语奇异的语法可能说明，母语是霍皮语的人具有完全不同的感觉和看待事物的方式。在《霍皮语动词的瞬止体与链续体》一文中他断言："事实上，霍皮语能比我们最新的科学术语更好地处理……振动现象。"此文之后他又写了《美洲印第安人的宇宙模式》(大约写于 1936 年，但直到 1950 年才发表)，探索霍皮语动词系统在霍皮人时空概念方面的含义。对于霍皮语的研究肯定还影响到这一时期的另一篇文章，《原始社群思维的语言学考察》(首次收录于本书)。《霍皮语的几种动词范畴》一文讨论了霍皮语中几种有关事件种类和方式的有趣区别，英语对这些种类和方式是不加区分的。《霍皮建筑术语中的语言学因素》一文(写于 40 年代初期，直到 1953 年才发表)提出，霍皮人的思维自动区分土地、房屋等的"占有"(occupancy)或者说占有发生的地方和用这块地方所做的事情，而讲英语的人将两者混为一谈，例如"学校"既是一个机构，又是一个建筑(的确，我们几乎本能地以为，一个机构必然存在于某个建筑之中)。沃尔夫最有名的作品，也许莫过于 1939 年写的那篇《习惯性思维、行为与语言的关系》，以及 1940—1941 年间在《技术评论》上发表的三篇文章，这些在相当程度上都以他的霍皮语研究为基础。关于这些名篇有两点需要说明：其一，这些晚期文章是以早些时候扎实的语言分析为基础的；其二，它们所表达的语言相对论观点绝非全新，其雏形至少在 1935 年准备的材料中就已经很明显了。

麻省理工学院《技术评论》上的三篇文章，以及发表于印度通神学刊物的《语言、心理与现实》，都是为一般读者而写的。沃尔夫无疑希望语言学为公众所了解，他采用的方法过去很少有人试过。

也许可以说，他是第一个做现代语言学科普工作的人。然而他也明白，语言学要传达的信息必须对大众有吸引力，否则它的普及便不可能，且没有什么意义。在他看来这一信息就是：语言学与我们思维的方法和内容息息相关。

读者也许会感兴趣，沃尔夫为什么会写《技术评论》上的那些文章。早在1932年，沃尔夫与该刊的编辑小基利安（现在麻省理工学院的院长）通过信，当时这位编辑已经注意到沃尔夫关于墨西哥纪日符的文章。基利安约沃尔夫撰文描述墨西哥之行，并问他是否发掘出了任何与"工程、建筑、应用科学的历史有关的材料"。沃尔夫几乎是用鄙夷的口气回答，他的墨西哥之行"与工程、建筑或应用科学毫无关系"，"调查完全是在科学精神的指导下进行的，不过不是自然科学，而是社会科学"。他最终还是同意写一篇关于墨西哥之行的文章，但不知出于什么原因，这篇文章好像并未写成。除了与基利安的联系之外，沃尔夫还于1939年后期与卡尔·T.康普顿院长有过交往。沃尔夫首先给康普顿写信，为的是他在填写校友部发放的问卷时有"一点小小的困难"：问卷上没有提到保险、保险工程、防火等领域，沃尔夫认为在工程职业中应该有这些领域的地位。他希望康普顿院长能够注意到这项明显的遗漏，并且详细地描述了自己的工作。他还借这封信的机会谈到，他从事的其他活动，也就是对美洲印第安语的研究，也不能归入问卷划定的任何职业类别。康普顿院长在回信中解释说，问卷没有明确列出某些领域是出于篇幅限制，而非有意排除。他表示对沃尔夫职业之外的爱好很感兴趣，希望沃尔夫能够同意将写给学校的信发表在《技术评论》上。沃尔夫同意了，他的信经压缩后发表于该刊1940年的1月版。在为此事进行的通信中，当时《技术评论》

的编辑小法塞特于1939年11月14日写信给沃尔夫说:“对任何负责组稿的刊物编辑来说,你的语言学研究都提出了一种非常有趣、令人兴奋的可能性。‘既然对现实的分析是一个语言问题,这种分析的相对性又只有通过研究语言表达的巨大差异才能看到,那么我们就应该看到,语言差异的研究与科学对宇宙和人的探索密切相关。’你在10月来信中的这一论述,我想也许可以挖掘、扩展成一篇文章投给《技术评论》,一定会很有意思。你认为如何?”回答当然是肯定的,沃尔夫很快于1940年1月30日投出了第一篇文章《科学与语言学》,该文不久便在《技术评论》面世。文章引起热烈反响,无论是订有《技术评论》的读者还是得到复制件的读者,都希望作者能继续就此撰文。于是,沃尔夫于1940年9月16日投了第二篇文章《作为精确科学的语言学》,1941年2月14日又投了第三篇文章《语言与逻辑》。此时沃尔夫的健康每况愈下,身体的虚弱可从笔迹中明显地看出来。

这段时间里,沃尔夫既要撰写以上这些杰出的文章,又要与病魔斗争,但他还发展了另外一个兴趣。由于长子向沃尔夫描述了自己所听的一个讲座,沃尔夫结识了弗里茨·孔兹。弗里茨·孔兹是知名演说家、作家,现在是综合教育基金会的执行副主席。孔兹与沃尔夫有许多共同爱好,根据孔兹先生写给我的信,他们二人对印度哲学和形而上学思想有特别的兴趣,正是这一兴趣使两人成为相当密切的合作伙伴。在此基础上,孔兹建议沃尔夫写一篇关于语言学的文章,投给在印度马德拉斯出版的一个通神学刊物,由此便有了题为《语言、心理与现实》的文章。当时孔兹正在筹建一个新的刊物,名为《现代思想新潮》。1940年末至1941年初这段时间里,沃尔夫为该刊头几期的出版帮了大忙。这一刊物相当有趣且很有特点，它像是银行之间的票据交换所，自然科学、社会科学、人文科学、数学、逻辑、哲学等各个领域的思想和信息都可在此流通，文章的作者大都是该刊的订阅者（目前仍在出版，不过形式有所改变）。当时《现代思想新潮》以油印形式发行，不同颜色的纸张表示不同的主题。沃尔夫在第一期中有数十页长的文字，包括很有创见的书评，还有短小的论文提要，其主题各种各样："老迦勒底的胡里人"、"缩小的玻璃"、"关于'更湿'的水的证明"。其中有一篇书评，评的是两本关于原始社会经济的书，书评的题目很耐人寻味，叫作《我们可以结束为结束所有战争而进行的所有战争中的战争》（We may end the war that is within all wars that are waged to end all wars）。沃尔夫写道："这些书为我们提供了非常好的研究实例，此类研究正逐渐动摇经济学中的旧式唯物主义理论。马克思的共产主义和私有资本主义都建立在同样的基础上，即刻板化的、物质形式的经济学。而作者用无可辩驳的科学阐释说明了一个事实：经济行为受到文化的制约，而不是机械的反应。这些成果可能预示着一个新时期的到来。"类似的可引之文还有许多，从中可见沃尔夫博大的人文主义胸怀和广泛的社会关怀。沃尔夫也没有忽略让《现代思想新潮》读者关注语言学的意义。在一篇题为《思维：四海之内皆兄弟》的短文中，他描述了在参加一个科学会议时引起自己兴趣的一些事实：

> 汉语中没有表示"word"的词。最贴近的是"字"，翻译过来是"word"，但实际意义是"音节"或"音节成分"。许多这样的成分从不单独出现，而只能与几个其他成分结合而构成词，就像"pyrometer"（高温计）中的"pyr-"（高温）那样。词汇单位意义上的词可以以一个或两个音节的形式出现，不过汉语

的书写传统是将每一个音节都分开的,因而词与词之间的界限也就相当模糊。这一观点是由耶鲁大学的赵元任博士在题为《汉语中词的概念》的论文中提出的(美国语言学学会会议,罗得岛州普洛维顿斯,1940年12月30日)。我们对于汉语语法性质的认识才刚刚开始,赵博士等人已经推翻了汉语是单音节语言的论点。在同一个会议上,耶鲁大学的G.A.肯尼迪博士在《汉语的复杂定语表达方式》一文中指出,汉语中没有关系从句,相应的逻辑关系是由另一种秩序系统支配的。如果将表达这一逻辑的"的"翻译成"-ish",那么"The House that Jack Built"(《杰克造的房子》)在汉语中就相当于"This is Jack-ish build-ish house; this is Jack-ish build-ish house-ish in-ish lie-ish malt(这是杰克的建造的房子;这是杰克的建造的房子的里面的放着的麦芽"),等等。[①]

我们还没有充分意识到,如果我们没有能力理解其他国家兄弟的认知和情感,全世界兄弟团结合作的理想就不会实现。西方人已经通过美学和文学,对东方人的情感有了一些了解,但这还远不足以在思想之鸿沟上架起桥梁。真正东方形式的科学思想以及对自然的分析,其逻辑思维基础究竟是怎样的类型,我们仍知之甚微。这就需要对当地语言的逻辑进行语言学研究,而且必须意识到,这些逻辑与我们自己的思维习惯有着同等的科学效力。

---

① 《杰克造的房子》是一首广为流传的英语童谣,其特征是一连串定语从句叠加式地向右伸展。开头几句是:This is the house that Jack built. This is the malt that lay in the house that Jack built. This is the rat that ate the malt that lay in the house that Jack built. ...——译者注

沃尔夫与病魔做了长期而勇敢的斗争，在此过程中他从来没有放松自己的研究和写作。1941年7月26日，他终于离世而去，年仅44岁。沃尔夫所创造的成就远远超过他本人的了解，然而这不过是他能够做的很少一部分。不少报刊先后对他的逝世发表了有编者评论的讣告，包括几个学术刊物、当地的报纸，也包括《纽约时报》等重要报刊。

在结束这篇传记之前，我很想简短地谈一谈沃尔夫的性格和工作习惯。他最主要的一个特点是，无论做什么事都能高度集中注意力。他从不草率地处理任何事情。他用铅笔写的手稿，字迹总是整齐清晰，从中可看出作者的一丝不苟；他的学术手稿和信件几乎都是自己打字，打印稿中很难找到打字错误。无止境的工作于他来说是一种乐趣，他有数不清的笔记本，发表的文章只不过是手稿的很少一部分。必要时，他总是毫不犹疑地用普通书写或临摹的方法，将整页整页详细的语言文本抄录下来。沃尔夫的文字表达很有艺术性，令人信服而且轻松自如，初稿往往经很少几处修订就是成稿。可是他几乎总是先用铅笔打草稿，然后再打字，即便写信也如此。尽管从外表看他从无倦意，这种对学术的不懈奉献显然消耗了沃尔夫的体力和健康。他习惯工作至深夜，休息时只是打个盹儿，或者在机械式大钢琴上弹几段古典音乐。他对上下班的时间比较随便，上班和下班都经常较晚，不过工作时的效率很高。在体育锻炼方面他爱好散步，经常步行7～8公里路从办公室走回位于维德斯菲尔德的家，途中有时在沃金森图书馆停一停。

沃尔夫很少社交，不过与语言学同行的交往是例外，他们也很愿意与他交往。沃尔夫总是充满快活的好奇心，总有一些新鲜有趣的想法。正如我在另一处回忆中所说："沃尔夫是一位安静、喜欢沉思的老师，他会沉默很长时间，独自在心中搜索什么，回忆什么，或者寻找一个问题的答案。不过，当他将自己的新想法说出来给我听的时候，他的表达是那么流畅清晰，让我有近乎敬畏之感。他的行为方式既不像学者也不像商人，他只给人留下这样的印象——平静、稳重、轻松的灵感。他从不刻意寻求自我，总是慷慨地将自己非同一般的看法与他人分享。”

二

本书取名为《论语言、思维和现实》，是因为沃尔夫曾希望以此为名写一本书，在他身后留下的遗稿中，有这本书的简略提纲。沃尔夫本打算将这本书献给已经去世的萨丕尔和法布尔·多利维，会在书中阐述语言学如何与我们关于外部现实的思维有关。沃尔夫的笔记还显示，这本书是作为大学教材而设计的，章节末尾会有相应的测验题，在附录中还会有拉丁语、希腊语、希伯来语、科塔语、阿兹特克语、霍皮语、肖尼语、俄语、陶斯语、汉语、日语的简略样本。当然，这本书并没有写成，然而我相信这一书名对本文集是适用的。与沃尔夫称为语言相对论原则有关的文章，几乎都收在此文集中。语言相对论至少是一个假设，根据这一原则，语言影响人对现实的理解方式，以及由此而来的行为。这本文集还收入了中美语言学和普通语言学方面的一些文章，它们被认为是沃尔夫在有关领域最有趣也最有用的著述。

考察沃尔夫的整个著述进程，我们会发现从他很早的思想开始，也许从他语言学研究的第一步开始，就有了贯穿后来一系列著述的主题。如前所述，早在 1925 年，沃尔夫就试图证明法国神秘主义者、希伯来语学者法布尔·多利维的理论，即某些希伯来字母以及字母的结合含有神秘的、基本的词根意义。为了证明这些，沃尔夫经常试图在看起来不相关的概念之间发掘微妙的深层语义相似性。这便是沃尔夫语言学研究的第一步——透过枯燥、坚硬、孤立的词的表面，挖掘出隐藏着的基本意义。我们看到，沃尔夫非常关注基本心理机制，他曾在一篇我取名为《论概念之间的联系》的文章中，对语言给思维造成的约束表示不安。该文将在本书中首次面世，它写于 1927 年，是给心理学家霍勒斯·B. 英格利希的信。英格利希先生刚刚编了一部心理学术语词典，沃尔夫显然是想向他提供一个术语，以表述概念之间的一种新的联系。沃尔夫正在探索的概念或术语，比现有语言中的任何术语都更加一般、更加抽象。在一篇尚未发表的简短笔记中，沃尔夫还抱怨说，没有任何当代心理学流派能对他有帮助。这篇笔记也收录在本书中，其题目《对心理学的一点看法》是后加的，有较大任意性。尽管对心理学如此不满，沃尔夫本人的研究很靠近心理学。对于词根意义的探索使沃尔夫经常走上旁路，甚至他对阿兹特克和玛雅语言学的研究也是如此。在本书收录的两篇有关玛雅象形文字的文章当中，这种倾向只透露出一点迹象。如果我们收录其他一些未发表的文章，例如本书参考文献目录中列出的《玛雅语及某些玛雅象形文字中的词干系列》，这一倾向便会一目了然。沃尔夫似乎有时会给自己过多的自由，将他人看来完全不相干的论点联系起来，这不免有些令人遗憾。譬如在《词干系列》中，他举了一系列玛雅词根的例子，说其中包含了“各种关于‘散’的意义：驱散、消失、散开、辐射、照耀”。当沃尔夫把手稿拿给萨丕尔看时，萨丕尔的评论是：“很遗憾，我无法由衷地说，我同你一样清楚地感觉到 sa-系列的一致性。比如，说‘沙子’、‘白色’、‘织布’、‘许多’和‘脱节’具有共同的‘散’的心理基础，似乎纯粹是主观想象。”[①]沃尔夫也意识到有必要为语义推理找到客观依据，在他未发表的文稿当中，有一篇简短的实验设计。在实验中，被试将看到一组带有字母串 *ZE-* 的阿兹特克词语，以及在英语中的对应词义。被试需要为这些词做语义归类，做出以下选择：(1)*ZE-* 只有一个贯穿所有词的意义；(2)*ZE-* 有两种、三种或更多独立的意义；(3)*ZE-* 与意义没有任何联系。沃尔夫显然未能实施这一实验计划。

还须指出，沃尔夫早就注意到，或者说他认为自己注意到，希伯来语、阿兹特克语和玛雅语的构造机制，与后来他称为“均质欧洲语”的英语等语言截然不同。他将希伯来等语言称为“基本词根合成”语，也就是说，语言的词汇是由少量因素合成的。在 1928 年宣读的一篇有关阿兹特克语言学的论文中，他提出：“每一个因素都有如下特点。第一，它是一个非常简单的发音行为；第二，它是与这个发音行为有关的一个总体概念，或者相互关联的概念群。”他认为自己已经能够将阿兹特克语的词汇分解成至多 35 个这样的词根。接下来他说：“应该注意到，这种基本词根合成现象在尚待探索的语言-心理学领域开拓了一片新的疆土。在这里我们看到，一种语言的概念世界分布于 35 个基本因素概念，就好像为我们提供了一幅有关实际概念或思想王国的地图，或设计计划。以前，概念分布于一系列范畴，而那些范畴是某些哲学家主观内省的结果。这张语言的概念地图却不是。我们获得它，就像获得自然

① 关于 sa-系列的材料在发表之前又有较大的改动。发表的正式文章题为《一些玛雅文字的语音价值》(1933)，第 11 页。

事实一样。那些仍然模糊的轮廓,还等待我们用实验和归纳的方法去考察。"从这些相当大胆的观点中我们可以看出两点:其一,某种语音象征主义的倾向,即声音和意义之间可能存在某种内在联系(超越于任何语言中已经建立的任意关系);其二,某种依稀可见的语言相对论的雏形。语音象征主义的问题多年来一直困扰着语言学家和心理学家。萨丕尔对这一论点持同情立场,他曾做过一个实验,其结论倾向于肯定。[①] 当代心理学家至今仍在探讨这一问题。而根据沃尔夫早期基本词根合成理论中已经蕴涵的语言相对论思想,问题的关键,是可能与特定语言因素相联系的某个"总体概念,或者相互关联的概念群"。从这点出发,到断言具有不同语义搭配的语言会为可能的概念王国提供不同的"地图",或用沃尔夫后来的表述:不同的语言"对经验的切分"也不同,二者之间仅一步之遥。

在师从萨丕尔之前,沃尔夫的语言相对论思想并没有完整地形成。直到开始分析霍皮语这种语法比阿兹特克语甚至玛雅语复杂和微妙很多的语言,他才开始感觉到,可以用更加鲜明有效的方式来发展语言相对论的思想,即不仅仅注意语言之间在构词方面的差异,而且也注意语法结构方面的差异。本书中关于霍皮语的几篇文章充分显示了这一点。这些文章报告了沃尔夫在霍皮语动词的时态系统以及名词分类等方面的发现,很有启发性。

除了早期的宗教关怀之外,沃尔夫对语言学的总体展望出于他对意义之基本问题的关注,或者我可以说是出自对心智活动基

① 萨丕尔,《关于语音象征主义的一项研究》,*Journal of Experimental Psychology*,12:225－239 (1929)。

本机制的关注。他于1936年写了一篇很有趣也很有启发性的文章,题为《原始社群思维的语言学考察》。该文首次收录于本文集。沃尔夫在文中强调,"语言学本质上是对意义的探寻"。他写道,语言学"真正的任务",是"以某种'金光',照亮笼罩在某一群体语言之上的浓重黑暗,从而照亮其思想、文化、人生观。这种被人称为'金光'的东西,便是意义的变形原则"。沃尔夫更关心的是内容而非过程。也就是说,他更感兴趣的是思维的抽象内容,而非思维的过程。这一指导思想将他引向了充满"内容"的语言学,而不是关注刺激-反应之一般机制,相对来说"没有内容"的心理学。沃尔夫似乎真的相信,思维的内容影响思维的过程,或者说不同的内容会产生不同类的过程,所以如果不考虑内容,对过程的概括就是不可能的。他相信,思维内容方面的差异及其在思维过程和行为方面的相应结果,一般可以通过比较不同的语言结构而深刻地揭示出来。至少在语言学层面上,他天才地捕捉到了语言结构中明显的或微妙的,然而是可证明的差异。可是他并不就此满足,而是试图找到进一步的证据,说明与语言差异相关的行为差异。这一努力也许并未完全成功,但无论怎样,我们从1939年夏的一篇文章中可看到他的尝试。文章题为《习惯性思维、行为与语言的关系》,收在萨丕尔纪念文集中,这是他就此问题为语言学同行所写的最后一篇文章。不过有关语言相对论的最吸引人的论述,见于本书最后四篇以普通人为主要读者对象的文章。

沃尔夫的语言相对论理论,或者更严格地说,萨丕尔-沃尔夫假说(因为萨丕尔无疑参与了这一思想的建构),不用说已经引起广泛关注。早至1941年,《技术评论》上诸篇文章的各种重印本(见《运用中的语言》,Hayakawa,*Language in Action*,"每月一书"系列)就使很多普通人以及语言学家、人类学家、心理学家注意到沃尔夫的研究。人们不禁要问,为什么即便对非专业人员,语言相对论也有如此的魅力。也许这是因为语言相对论向我们揭示,我们一生一直在不知不觉中被语言的诡计欺骗,语言结构的诱导使我们只能按某种既定方式感知现实。这就意味着,一旦意识到这一诡计,我们就有能力以一种新的眼光来看世界。当然,如果肤浅地理解语言相对论,由此将文化之间、民族之间交流的失败合理化,那显然与沃尔夫的初衷相去甚远。沃尔夫真正期待的是,人们充分意识到语言的相对性,从而改用谦卑一些的态度来看待一向被认为很优越的均质欧洲语,并且更能够接受人类思维"四海之内皆兄弟"的观点,正如他以此为题撰文所说的那样。不过,即便对土著语言的研究并非为了在不同文化之间的思想鸿沟上架设桥梁,沃尔夫仍然会断言,对这些语言的"逻辑"的考察,有利于我们理解自己的思维习惯。

的确,语言相对论至今还没有得到充分证明;同样,也没有足够的证据能将它驳倒。人们似乎基本同意,语言之间有许多奇特的差异,不过这些语言结构的差异是否与观察和建构世界方式的实际差异有联系,仍是悬而未决的问题。对这种联系持十分肯定观点的包括克拉克洪和莱顿(1946)、劳拉·汤普森(1950)、霍耶尔(1953)、克拉克洪(1954)。例如克拉克洪和莱顿提出,纳瓦霍语同我们的语言差异极大,要想理解纳瓦霍人的思维,就必须理解他们的语言结构。他们举例说明,纳瓦霍语与英语之间的翻译有极大困难。这实际上是说,两种语言几乎是在完全不同的世界中运作。霍耶尔说,纳瓦霍语动词系统所蕴涵的世界观(人们只"参与"或者"被卷入"行为,而非主动发起行为),与纳瓦霍神话中的被动性以及普遍存在的命运未卜或不安有关。

另一方面,有两位学者对沃尔夫的研究方法和结论提出尖锐的批评。一位是伦纳伯格(1953),另一位是福伊尔(1953)。伦纳伯格主要攻击的是方法。首先,他从几个方面批评沃尔夫在比较语言差异时经常使用的翻译方法。他认为,语言在表述某个事件(例如擦枪)时的巨大差异,并不一定对应于对那个事件的感知差异;这种语言差异可能只是该语言内部象征方式的演化结果,一般不为讲这种语言的人所察觉,正像我们说"breakfast"(早饭)的时候,并不会想到这是"停止斋戒"(break a fast)。第二,伦纳伯格强调,必须分别观察和描写语言事件和非语言事件,然后才能将它们联系起来。在论证两者之间的联系时,必须采用常规的证明方式。否则,语言相对论就会陷入循环的窘境,至少是同义语重复,因为"世界观"差异的唯一证据就是语言差异。身为社会哲学家的福伊尔认为,如果由原因来推论结果,那么,讲不同语言的文化不会对空间、时间、因果关系以及物质世界其他基本因素有看法上的差异,因为对这些因素的正确认识是生存的基本条件。

关于语言相对论在以上以及其他逻辑、方法、心理学等方面遇到的问题,语言学家、人类学家、心理学家和哲学家已经召开了一个专门的会议深入讨论(霍耶尔,1954),所以此处不赘述。然而对于该会议上基本否定的、悲观的基调,我认为有必要反驳。对于萨丕尔-沃尔夫假说,目前所做的适宜的研究还非常少。布朗和伦纳伯格(1954)的实验报告显示,对颜色的识别和记忆能力与语言中具体的色彩词汇有关。除此之外,还几乎没有研究能够充分检验语言结构与非语言行为的相关性。关于进行此类研究的许多建议,可参见奥斯古德和塞比奥克(1954)的文章。

在关于萨丕尔-沃尔夫假说的讨论中，还有一个更深入的问题没有得到充分重视，即，语言相对论可能并没有表面显现的同义语重复问题。有人提出，说语言差异表现了行为或“世界观”的差异，不过是同义重复。还有人提出，必须找到与语言差异相关的非语言行为。这样做当然很好，不过，将相关的非语言行为排除在外，仅仅研究语言差异，这并非没有意义。如果我们相信存在着某种隐蔽的、间接的行为，包括思维状态、概念集合、态度、“冥想过程”，等等，我们就必须承认，除非通过语言的描述，这些行为基本上无法从外界观察到。实际上，无论我们是否相信隐蔽思维过程的存在，我们不得不承认各种形式的言语反应(verbal responses)的重要性，因为它们是研究感知和认知的主要材料。

假设我们已经发现，我们可以通过变换环境条件，使讲某种语言的人在语言描述中做相应的变化。例如，我们可能发现，可以用这种方法控制词语的选择，即，在一组词语中(每个词都代表一种环境刺激)哪个被用来做句子的主语，描述特定情境。进一步假设，当我们用讲另一种语言的人做被试时，无法引起与环境条件相应的句子结构变化——在描述情境时，所有被试都选择了代表同样一种刺激的语言表达方式作为句子的主语。而且，被试解释说，用其他表达方式来做句子的主语“不自然”，或者“没有意义”。这样，语言行为之间的差异本身就很有意思了；我们不得不做出这样的结论：语言结构影响说话者选择句子主语的语言行为。再进一步假设，我们对句子主语的语法意义已经有了一些基本了解，我们便能够比较讲两种语言的人的认知过程。比如，如果句子主语的语法意义是“被视为潜在施事的实体”，那么我们就可能通过证明得出结论说，讲第二种语言的人不能自然而然地将某些刺激看作

“潜在的施事”。

从某种意义上说，以上证明难免在一些方面有些牵强。因为一方面，我们仍不清楚讲不同语言的人之间是否存在上述差异。另一方面，我们还不大清楚如何辨别与语法范畴相应的行为。不过，沃尔夫根据直觉所提出的正是这种语言差异。他相信语言差异对应于描述事件的方式的差异，而且我们凭直觉可以体会出他所指出的语言现象背后的语法和行为力量。必须承认，对于语言差异以及这些差异对行为的影响，我们才刚刚开始掌握一些具体信息。但是，即使我们掌握了有关信息，其中的许多也将局限于语言行为，以及引发这些语言行为的环境刺激群。

无论语言相对论是否正确，有一点我们需要注意，即，它已经引起以及将来继续引起的兴趣，不应削弱我们对语言普遍性的关注。语言普遍性是指那些能在所有语言中找到的现象，它与语言差异一样具有心理研究的价值。是否所有语言都有主语-谓语的句子结构？是否所有的语言都有某种名词-动词的对立？动词时态系统的哪些特征是所有语言共有的？这些问题的答案将帮助我们对认知的功能做出心理学概括。

沃尔夫早期曾翻译意义模糊的阿兹特克语文本，这一努力开发了中美研究中一个被人忽视的角落，无疑备受赞赏。不过，他对翻译阿兹特克语的兴趣不久就让位于解读玛雅象形文字中的非日历性成分。在这方面，沃尔夫所做研究的价值至少有很大争议。没有人否认，他在这一领域中的观察异常敏锐，他的“侦探眼光”机智锐利。外行人无法衡量沃尔夫为解读玛雅象形文字所做的贡献。以本书中一篇文章的描述为例（《玛雅象形文字语言部分的解读》），沃尔夫的翻译过程无疑有很大的合理性。而且，沃尔夫是那样客观、智慧的学者，他不可能只报告一些任意的、无法验证和概括的主观想法。然而，在沃尔夫生前已有几位玛雅学者提出了批评意见，如朗(1935，1936)和安德鲁斯(1938)，还有J.埃里克·S.汤普森(1950)最近的同时也是最严厉的批评。不过，朗和安德鲁斯的批评主要都是针对细节，其中的一些沃尔夫后来已经做了修正；汤普森似乎没有充分回应沃尔夫对玛雅象形文字研究传统的反思：忽略语言学证据。直到1939年，托泽(1939)仍表示愿意相信沃尔夫主张的观点，玛雅象形文字包含了相当程度的语音成分。对于沃尔夫1940年5月在第八届美国科学大会宣读的论文，杰出的玛雅学者赫伯特·斯平登也给予热情的肯定。我将这篇文章也收录在本书中，因为解读玛雅象形文字的研究进展还极少，而且该文典型地反映了沃尔夫关于玛雅象形文字解读以及一般文字系统问题的观点。

最后，我们不应轻视沃尔夫对普通语言学的贡献。他有关“基本词根合成性”和“二元组”的早期理论无疑过于牵强，他本人在师从萨丕尔之后，除了继续对法布尔·多利维的著作保持敬佩之外，也不再对那些理论感兴趣。然而，沃尔夫用极具个性的敏锐和创造力发展了基本词根合成性理论。他从未有机会发表该理论的成熟版本，也许是一大遗憾，因为我们至少可以想象，在可能包括阿兹特克语和玛雅语在内的一些语言中，词素以下的因素在整个词汇的建构中起着比英语中偶尔出现的“联觉音组”更重要的作用(“联觉音组”之例：有人认为，“spit 吐、splash 溅、spray 喷雾、spout 喷涌、sputter 喷溅、splatter 溅湿”等词当中的 sp，含有“向外的有力运动”之义)。

无论如何，沃尔夫精通语言学的直接描写方法。他对上米尔帕阿兹特克语以及米硕诺伊霍皮语的描绘，可以收录于霍耶尔(1946)书中的文章为代表。这些研究一方面用常规方法做了细致入微的音位和形态描写，另一方面又超乎寻常地注重探索语法范畴的意义。类似的研究方式在本书收录的一些文章中也有所表现：关于霍皮语可见《霍皮语的几种动词范畴》，关于英语以及一般语言可见《语法范畴》。在此，他提出区分显性的和隐性的语法范畴，并首次使用了“隐型”这一概念。我相信可以公正地说，当代语言学对沃尔夫“隐型”概念全部含义的探索还只是刚刚开始。

即使是纯粹的语音或音位问题，沃尔夫的研究也很有创意。“音位变体”这一目前在语言科学中广泛使用的术语，显然是他第一个提出来的。他在《作为精确科学的语言学》一文中提出的英语单音节模式，在当时是对英语音丛事实具有创建的概括。他还写了一篇有趣的文章，描述他自己的(波士顿)英语方言的音位，此文发表于他逝世之后的 1943 年。

无论在何处，沃尔夫都对语言结构有趣而微妙的现象有着超乎寻常的敏锐观察。例如，他以前并没有研究过肖尼语，然而当他积累了一大批关于肖尼语的材料，便能以该语言的构词为例证，得出关于图形-背景关系的几项新发现。读者可参阅本书中《肖尼语词干复合构词中的格式塔方法》一文。好像是要敛集自己对语言结构之洞察的所有基础，沃尔夫曾为人类学田野工作者拟写一个大纲，用以收集新语言的材料。这一大纲曾被默多克在《文化材料大纲》(1938)中提到，但从未正式发表。尽管如此，我认为它至今仍有价值。所以我将它收录于本书，其标题《语言系统轮廓之构想》是沃尔夫原定的。由于是大纲形式，措辞简略，读者无疑需要有相当的语言学水平来捕捉其中隐含的意义。不过它至少可以刺激读者的创造性想象力,这也是沃尔夫做任何事情的特点。

* * *

特别注释

读者须注意,本文集中霍皮语的语音注释,因各篇文章所使用的系统而异。统一这些注释系统需要相当规模的语言学考察,这已超出了本书编者的能力。

* * *

鸣 谢

本书得到许可,收录沃尔夫以前在别处发表过的一些论文,特此向以下人士致谢:

索尔·塔克斯博士,编辑,同意转载《中墨西哥双语混合铭文》;原载《美国人类学家》(*American Anthropologist*)34 卷 2 期。

伯纳德·布洛克博士,编辑,同意转载《霍皮语动词的瞬止体与链续体》、《霍皮语的几种动词范畴》和《语法范畴》;原载《语言》(*Language*)12 卷 2 期、14 卷 4 期、21 卷 1 期。

C. F. 沃格林博士,编辑,同意转载《美洲印第安人的宇宙模式》、《霍皮建筑术语中的语言学因素》;原载《美国语言学家国际期刊》(*International Journal of American Linguistics*)16 卷 2 期、19 卷 2 期。

莱斯利·施皮尔,编辑,同意转载《习惯性思维、行为与语言的关系》;原载《语言、文化与人格》(*Language, Culture, and Personality*),75－93 页(威斯康星州默纳沙,萨丕尔纪念出版基金,1941 年)。

伦纳德·卡迈克尔博士,斯密生博物馆秘书,同意转载《玛雅象形文字语言部分的解读》,原载《斯密生博物馆报告:1941》(*The Smithsonian Report for 1941*),479－502 页。

斯里·拉姆博士,通神协会会长,同意转载《语言、心理与现实》,原载《通神论者》(*The Theosophist*)1942 年 1 月版。

本文集数篇文章中的插图,是由 J. 马丁·罗斯重新绘制的。他曾根据沃尔夫本人提供的草图,为其 1940、1941 年发表在《技术评论》(*Technology Review*)上的文章绘制插图。

我还要感谢为本书提供必要信息和文件的一些人。乔治·L. 特拉格博士帮助我选择本书的篇目;C. F. 沃格林教授提供了许多珍贵的复制件,诺曼·麦夸文教授借给我《语言系统轮廓之构想》一文的手稿;赫伯特·哈克特教授提供了数篇我可能会忽略的参考文献。

我由衷地感谢沃尔夫家庭的几位成员接受我的采访:沃尔夫的遗孀西莉亚·沃尔夫、沃尔夫的弟弟——马萨诸塞州普洛温斯城的约翰·沃尔夫。沃尔夫的儿子罗伯特·佩卡姆·沃尔夫特别允许我在他家里花几天时间阅读沃尔夫的文章和信件,并允许我借阅数篇手稿,其中一些首次在本书中面世。对此我表示深深的谢意。

约翰·卡罗尔

1955 年 6 月

于马萨诸塞州阿灵顿

论概念之间的联系*

康涅狄格州维德斯菲尔德

沃尔科特·希尔路320号

1927年7月12日

英格利希博士：

您好！我看了您编写的小词典就一直想给您写信，特别是想向您讨教表达某个心理概念的术语。可是我直到现在才有机会写此信，而且不大清楚这段时间能不能在米德尔顿的地址找到您。我想告诉您，我很欣赏您的词典；它不仅十分有趣（对词典来说相当罕见），而且很有价值。不过，在这本词典当中以及其他地方，我都未能找到固定的术语来表达我所感兴趣的一个现象。不知您是否知道或者能够建议这样一个术语。

我一直希望但没有找到一个术语，来表达概念之间的一种联系，或关系、近似性、相似性、关联性。我所知道的唯一表达概念之

---

* On the connection of ideas. 这篇未曾发表的论文是我在沃尔夫的许多文章当中发现的，是一封信的草稿，一半打字一半手写，日期是1927年7月12日。收信人心理学家霍勒斯·B. 英格利希博士当时任教于韦斯利安大学，那时他刚刚出版了一本心理学术语词典。我们仍不大清楚沃尔夫的这封信究竟是否写完、寄出，不过目前就职于俄亥俄州立大学的英格利希博士说，他模糊地记得好像收到过这样一封信。我在必要之处做了少许文字修改。

间联系的心理学术语是“联想”(association),不过这一术语有比较明确的意义,不适合表达我想表达的意思。概念之间的“联系”(connection,在没有更好的术语时让我暂且这样表述),是与“联想”不同的概念。在做有关概念联系的实验时,有必要去除“联想”。“联想”有某种偶然性,“联系”则没有。被试不能像在“自由联想”实验中那样,欣然接受第一个进入意识的概念;因此这一实验可被看作一种“有控制的联想”;然而它在自己的天地中却是相当“自由”的,任何一种联系都可被接纳。

从语言学角度来看,“联系”十分重要,因为它与思想的交流密切相关。联系的一个必要标准是,它必须是别人能够理解的,所以它不能像自由联想那样允许被试个性的参与,在联系中起主要作用的是人们共有的概念库。这一共有概念库的存在似乎还没有受到很多重视,它本身可能有某种人们尚不了解的系统。在我看来,通过语言实现的思想交流离不开这种联系。联系以思想的可交流性为原则,而且在某种意义上,它是进入各种具体语言的普遍语言。

我们来看看联系的具体例子。先想一想“向下”(down)这个概念,然后再想想下面这组概念:“放置、下沉、拖、下落、倒下、凹陷、抑郁、躺。”我将这些概念归为A组。在“向下”与A组每个概念之间显然有某种“联系”。再来想一想包含以下概念的C组:“直立、举起、升起、高、空气、支持、涌起/鼓起/膨胀。”这组的每个概念都与“向上”(up)有“联系”。在一个关于联系的实验中,被试接受“向下”的概念时,可以自由地联系到A组中的任何概念或类似的其他概念,但不能给出C组或类似的概念。但是,如果这只是一个*联想*的问题,被试便可能由“向下”联想到C组中的概念。例如他可能有某次不愉快的船上经历,水面“涌起”(swell)滚滚大浪，由此他得到持续向下的深刻印象。然而这一联想并非联系。此处涉及的是被试的个人经验，而不是蕴涵在共有语言概念库当中的社会或集体经验。而且，联想的原因并非一目了然，需加以个人经验的解释。一般人最直接的理解是，“涌起/鼓起”与“向上”一类概念相联系，而远离“向下”。由此，对联系的进一步定义可能是，它必须在不参照个人经验的情况下就可以理解，而且这一关系是直接的。中介联系，即通过其他联系而实现的联系，可以称为联系链、联系通道，或者“传递”(communications)。

我们还可能找到一组将A组和C组联系起来的B组概念，这样就可以通过各种联系性传通链或通道，由A组概念到达C组概念，从而在不用联想帮助的情况下实现由“向下”到“向上”的纯粹联系。例如：

A	放置	下沉	拖	下落	凹陷	抑郁	躺	向下
	set	sink	drag	drop	hollow	depress	lie	DOWN
B	站立	沉重	拉	悬崖	空间	承受	伸展	
	stand	heavy	pull	precipice	space	bear	extend	
C	直立	举起	升高	高	空气	支持	膨胀	向上
	upright	heave	hoist	tall	air	uphold	swell	UP

被试在“向上”与“向下”的概念集合之间的来往，并不总是经由上述通道，他们可能找到其他途径。例如，被试M. F.的联系是“set-heavy-swell-up”。“set-heavy”之间的联系是这样解释的：“set”蕴涵着很强的固定之义，还有“僵化、凝固、变硬、变稠”之义，例如果冻的凝固(the setting of jelly)，而“heavy”在被试看来不仅意味着“重量”，而且意味着“实体、密度、黏度”，其概念与set很相似。这的确是一种联系。虽然实验者并没有一眼看出这层联系，

但他很快就理解了，并未参照任何个人经验。“heavy-swell”之间的联系也并非一目了然，不过“heavy”基本上表示大的概念，包括“大量、体积、增长”，由此便有“扩大、扩展、膨胀”。这也是真正的联系。这位被试对“up”的一串联系是“up-hoist-pull-drag-down”（向上—升高—拉—拖—向下）。被试 W. W. 的一串联系是“down-drop-heavy-hoist-up”（向下—下落—沉重—升高/举起—向上）。“heavy-hoist-up”之间的联系是这样解释的：沉重意味着承载重量，或者说承载某物的“分量”，基本就像举起这一动作所示。如果这位被试对“heave”（用力举起）这个词比较熟悉的话，他也许会用它取代“hoist”（升高/举起）。

实验也表现出非联系过程。例如，一个年轻人在想到“past”（过去）之后，下一步想到的是“hiding”（隐藏），明显地跳过了同一概念集合中的“before”（在……之前）。如果他能给出满意的解释，这仍然可能是一种联系，但是他能给的最好的解释是，人们的过去大多是不愉快的，所以宁愿忘掉它，也就是将它隐藏起来。也许有人认为这只是用别扭的方式表达联系，但看来并非如此。实验者提示被试，“过去”的意思包括“后退的、退去的、隐退的、隐蔽的”，包括“逝去的、消失的、看不见的、隐蔽的”，也包括“存在（于记忆中）的”，但不包括“明显的、储藏的、积蓄的”，但这位被试没有作出反应，只是坚持“不愉快的过去”这一不大相关的想法。由此我认为，要么他的思维受到以往不愉快经历的影响，要么他想表现成一个看破红尘或愤世嫉俗的人，要么他读过精神分析。总之，这种思维的确属于个人，是联想而非联系。当我告诉他，我需要的是与个人经验无关的联系，他承认这也许与他的联想不是一回事，并由此选择了“在……之前”。

有时,被试会通过联想跳到真正的联系,之后才获得这一联系。例如,智力明显超过平均水平的大学一年级学生 W. W.,这样解释“drag”(拖)和“向下”之间的联系:“拖”意味着“pull”(拉,牵引),而物体“向下”运动是由于被重力引力所牵引。他刚刚参加完物理考试。我问他,如果从来没有听说过重力,是否还会找到这种联系,他说大概不会。我提示说,将来人们也许会证明,重力是物质在外力下被压到一起,那么又会有怎样的联系?这样稍微一点拨,他就找到了真正的联系,也就是语言意义的联系,即“drag”=“trail, dangle”(拖曳、悬垂);“拖着”的东西一般来说是“向下”的,而非“向上”的。这个有趣的当代例子说明,人们不易在所学知识中将理论与事实区别开来,即便特别聪明的学生也如此。(也许正因为他特别聪明?也就是说,如果聪明意味着学习新东西快,那么也许同时意味着接受性强,因而太轻信?)

究竟什么样的术语能比“联系”更好地表达这种密切的关系,您能否建议一下?可以说,这一关系在我头脑中的形象,绝不是各种概念由某种类似小钩扣的联结装置套在一起。我所说的联系是连续性的,各个概念是同一连续体上的相对位置点。假设我们正处在“向上”这个概念的位置上。现在我们开始运动。“向上”的概念是一个范围,我们正在离开这个范围。我们无法确切地知道何处是范围的边界,我们只知道向上的概念与原来有了一点不同,它向上升(rise)靠近。可是当位置的变化或者“运动”达到一定的程度,我们会知道自己已经处在另一个位置,此处的概念是明确的“上升”,而非“向上”。当我们继续运动,“上升”变成了“左”(left),“左”又慢慢地变成“拿着”(carry),“拿着”变成“承住/支撑”(sustain)。这时我们显然已距离“向上”很远。上述概念中的任何一个，都可能由于运动“方向”的变化而过渡到别的概念。“承住/支撑”可能变成“支持/哺育”(nourish)，或者变成“持续”(continue)。“支持/哺育”可能变成“喂”(feed)；“持续”可能变成“长”(long)。

对心理学的一点看法*

心理学已经发展出了一整个研究领域，就其本身来说无疑有用或者说有价值，但它几乎完全不能解释正常人的心智或灵魂。一个人如果想要更深入地理解内心活动的规律或者说形态，就不得不依靠自己艰苦积累而来的智慧，以及天赋的判断力、直觉、同情心、常识，就好像心理学这门科学完全不存在一样。这样的人包括教师、教育学家、社会学家、人类学家、训练员、教练员、推销员、教士、经理、外交家、行政官员——任何必须与人的内心世界打交道的人，特别是扮演某种领导者角色的人。如果他向书本请教，那么心理学课本提供的有关这一领域的信息，远不及不以科学为目的的文学著作，也就是小说家、剧作家、诗人的创作精品。心理学所选择的某些发展道路，使它也许是永远地隔离于真正的心理领域。

首先，实验室中的实验心理学这一"传统流派"有着鲜明的生理学分支特征。它的研究结果和意义完全指向生理学。毫无疑问，研究心理现象的学生了解身体的机制非常重要，但是这些信息

---

* On psychology. 我在沃尔夫的文章中发现了这篇未曾发表过的文稿，是粗略的手写稿。文稿的写作时间不详，但我猜测它与致英格利希的信大致出于同一时期，即1927年前后。文稿的后半部分非常草略，也许这只是沃尔夫想写的某篇长文的提纲。我为文稿加上了标题，并做了极少的文字修改。

不过是辅助性的；关于血液氧化以及大脑和神经反应、感知觉、联想时间等等的细节知识，也大多是次要的。而且，令我们印象深刻且沮丧的是，这一学科积累了大量毫无意义的细节，整体原则十分欠缺。

其次，行为主义流派已经开始暴露它的实际性质——它不过是传统实验心理学在某个实证方面的翻版。我个人相信，在很多方面它比传统的实验心理学有了进步，在某些方面扩展了我们的知识。它帮助我们学会更多地从行为的角度思考，但是，尽管说了和做了许多，它几乎没有教给我们什么新东西。行为主义告诉我们行为如何受到物质方式的控制，这些我们已经基本了解，尽管它的解释更加系统。对真正的心理协调可以施行正向或反向的"条件作用"，这一点我们过去已经知道，但我们特别感兴趣的是正向的、与心理规律相符的"条件作用"。毫无疑问，同样的刺激-反应"条件作用"可使人变成科学家或疯子、领导者或胆小鬼、优秀工作者或保不住饭碗的人、灵活主动的助手或者怨气十足的机器齿轮。但行为主义除了用其术语宣告了一些人们熟知的常识之外，并没有告诉我们怎样去做才能真正符合隐蔽的人类心理规律。

格式塔心理学好像的确发现了有关心理的重要真理，即完形(configurations)在认知领域的重要性。可是，格式塔心理学家集中关注的是为了建立这一理论所需的大量机械的、实验的、个人的材料，这些材料大多主要是对动物有效。当我们试图将完形原则应用于人类生活的理解时，我们立刻会发现，对人类来说，最重要的领域是文化和语言(文化之一部分)的完形，特别是后者。在这里，格式塔心理学家止步不前了。他们既没有时间，也没有相应的语言学训练从事这一领域的研究；况且，他们从传统的实验室心理学那里继承的概念和术语与其说是财富，不如说是包袱。

精神分析是唯一真正涉及心理现象的心理学流派，但它局限于病态和精神错乱的范围，目前已有证据说明，病态心理并非理解正常心理的关键。而且，精神分析如此固着于隐蔽的内心世界，对外部世界几乎不屑理睬，并不断滑入幻想的领域。它的创始人弗洛伊德是个怪才，具有某种天赋，能够统觉深刻而模糊的真理。精神分析过多地打上弗氏的烙印，并且执迷于某些概念，被古怪的教条弄得凌乱不堪。作为临床的一种实用工具它也许会有用一时，但是我认为它不可能成为谨慎、科学、细致地研究正常心理的方法。

上述所有流派的理论都有其用处，不过寻求人类心理知识的人不得不返回头来，依靠有时被称为“传统智慧”的长期积累的大量经验观察、直觉性极强的作家的作品、自己的洞察力，以及从上述所有理论中能够挑拣出的一星半点儿的一般真理。

有一个事实从未被上述任何流派强调，但可以从旁观者的角度看出，即“意义”这一词语表示的原则具有极大的，也许是根本的重要性。我们将会发现，意义与语言有着极其密切的联系：意义的原则是符号象征，而其他的符号象征均从语言这一核心象征中得到启示。

中墨西哥双语混合铭文*

1930年冬季我在墨西哥研究那豪特尔语时，走访了莫雷洛斯州的特波兹特兰村，以及那里的一座残庙。该庙是为古代守护神特波兹特卡特尔修建的，坐落在一座鸟瞰小镇的石山上。在庙里我临摹到一组雕刻的图案(图1)。

萨维尔①、塞勒②、诺维洛③曾经对该庙做过描述，但是都没有讨论庙里的这些图案。从庙的结构看，好像有阿兹特克国王阿维措特(卒于1502年)统治时期的建筑特点④，但是这些雕刻图案的特征，却像比那时早1000多年。这可能是因为在建造这座庙时，其雕刻需恪守艺术传统，也可能这组图案是从本地区早些时的建筑上摹画下来的。图案位于庙的里间内墙，沿着一条更大、更显眼的壁缘装饰上方伸展，形成一条长带。我临摹和分析的只是南半间清晰保留下来的一部分。

---

* A central Mexican inscription combining Mexican and Maya day signs. 原载于 *Amer. Anthrop.*, 34:296-302(1932)。[原标题直译为《将墨西哥和玛雅纪日符相结合的一幅中墨西哥铭文》。——译者注]

① *Bull. Amer. Mus. Nat. Hist.* (1896)；另见 *Monum. Records*, 1898年2月。

② *Bull.* 28, *Bur. Amer. Ethnol.*, 347；"Die Wandskulpturen im Tempel des Pulquegottes von Tepoztlan"(特波兹特兰村普尔克神庙中的壁雕), *Gesamm. Abh.*, 3: 487。

③ "Guia para visitar las principales ruinas arqueologicas del estado de Morelos"(《莫雷洛斯州主要考古遗迹参观手册》), *Publ. Sec. Educacion*, *Publica*, 3(1929)。

④ 见 Seler, *Bull.* 28, *Bur. Amer. Ethnol*。

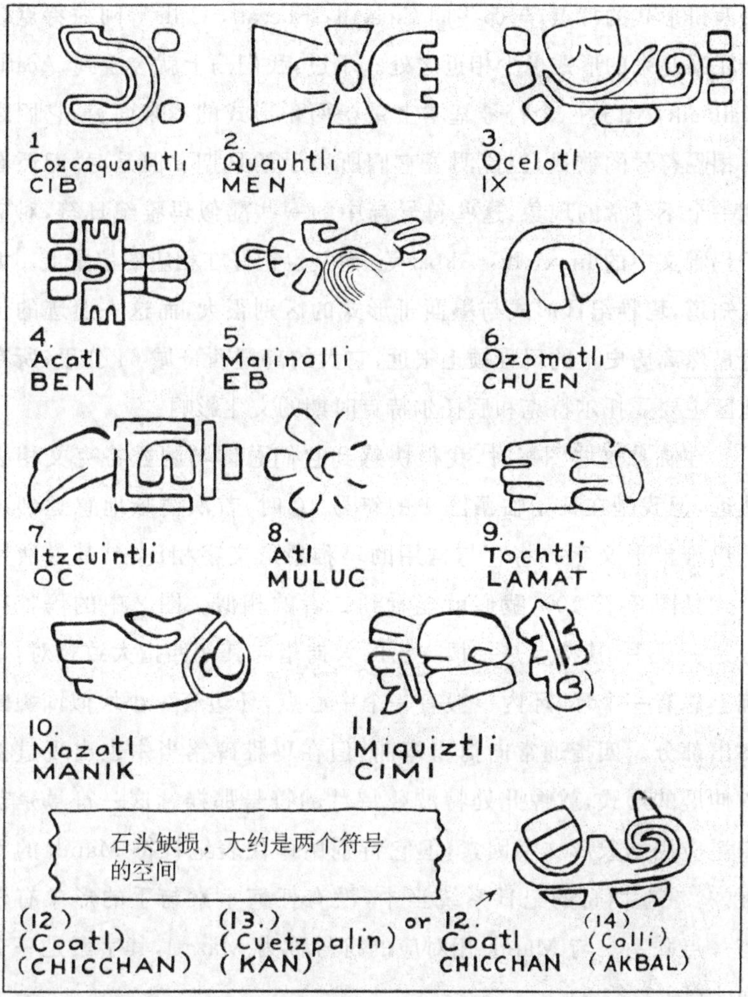

图 1　墨西哥莫雷洛斯州特波兹特兰村特波兹特卡特尔庙中的铭文

根据其风格以及一般概率来推测，我想这些图案在任何学生眼里都像是托纳拉玛特尔的一串纪日符，就像墨西哥抄本中伴随长串图画出现的符号一样。可是这些图案中的许多几乎没有对应墨西哥形式的特点，与那些同 Cipactli，Ehecatl，Calli 等阿兹特克名字联系起来的形式极少相近之处。不过，我们马上就会看到，Acatl，Malinalli，Atl 这三个符号基本上是墨西哥形式的本来面目，它们之间相隔符号的数目，也说明了它们所表示的日期。但是，我们还看到一个不寻常的现象：这些符号当中的一些酷似玛雅纪日符，对应于玛雅文中的 Imix，Ik，Akbal 等，而且也正好在相应的位置上。大家知道，玛雅纪日形式与墨西哥形式的区别很大，而这一遗迹的位置显然离历史上的玛雅领土很远，它大约离墨西哥城 64 公里，所在地区主要受托尔特克和后托尔特克时期的文化影响。

在临摹这些图案时，我很快感到它们总体与阿兹特克文相去甚远，但我是在开始临摹图 1 的符号 10 时，首次清晰地感觉到这是玛雅象形文字。将它与常用的玛雅象形文字相比较（其最通用形式见图 2，符 10），我们就能看到二者的相似。图 2 中的玛雅符号是一只手，其特点是一根突出的大拇指与其他四指大致相对，手腕上总有一个环，环内一般有一个中心点，环边有一小块似饰缀的突出部分。四指通常向拇指弯曲，但在玛雅碑铭当中也出现过四指伸展的形式，就像此处特波兹特兰的符号那样。这一符号是被广泛应用的象形文字因素，但它特别用作代表纪日符 Manik 的字素。[①] 在墨西哥的纪日系统当中，没有任何字素与手的形象有任何一点联系。与 Manik 相对应的符号称为 Mazatl，其字素是一个鹿头（图 2，符 9）。

---

① 字素（grapheme）是根据词素（morpheme）、语义单位（semanteme）类推出来的一个词，它主要表示作为语言学因素存在的书写符号，用以取代“意符”（ideogram）、“形符”（pictograph）以及模糊的“字”（character）。在讨论象形文字时，最好所用的术语对指代过程的性质没有任何预设。

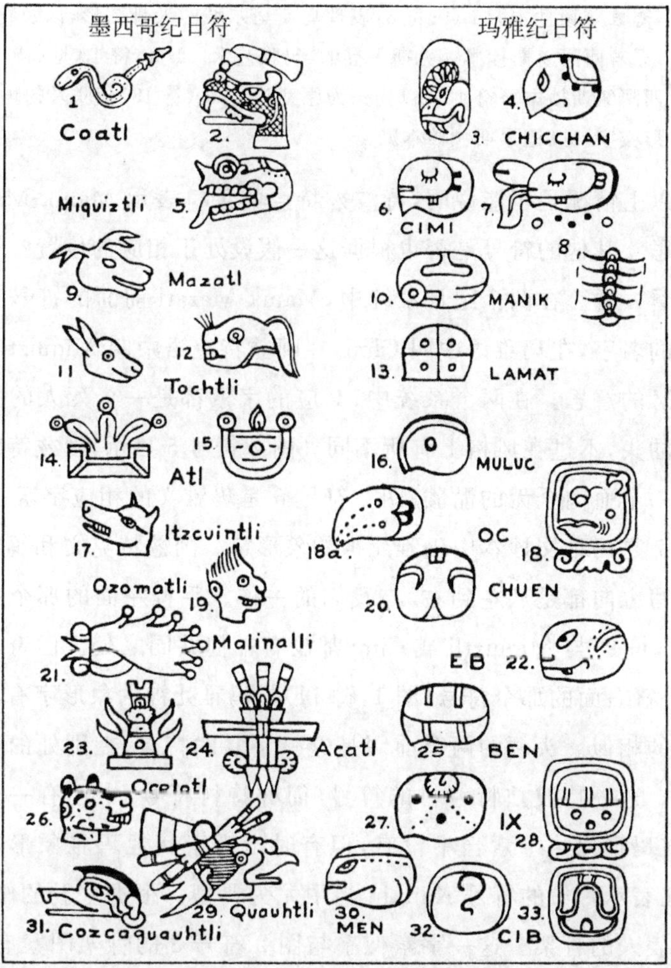

图 2 墨西哥和玛雅纪日符号，从 Coatl-Chicchan 到 Cozcaquauhtli-Cib 顺序排列。出处：符 1、9、11、15、17、19、23、26 见萨贡手稿；符 2、5 见《朱什抄本》；符 12、31 见 Fejervary-Mayer 手稿；符 14 见《特雷里阿诺-瑞门西斯抄本》；符 21、24、29 见塞勒的《碑铭文字》；符 3、4、6、13、16、18、20、22、25、27、28、30、33 见莫利著《玛雅象形文字概论》(符 3、18、28 见 38 页，符 33 见 95 页，其余符号见 39 页)；符 7，死神头的象形文字，见

《德累斯顿抄本》15 页；符 8，表现乌斯马尔城的人骨图形，以及符 32，《派若西阿纽斯抄本》，见斯平登的《玛雅艺术》94 页；符 10 见《特-卡提西阿纽斯抄本》；符 18a，以狗头为原型并与 Oc（符 18）相联系的玛雅象形文字，见《德累斯顿抄本》。

以上情况是否能说明，特波兹特兰的手符表示 Manik-Mazatl 的意思？其他的符号是否也根据这一假设处于相应的位置？让我们来看一看。在两个纪日系统中，Manik-Mazatl 前面的符号有着相似的名字，在玛雅语中叫 Cimi，在阿兹特克语中叫 Miquiztli，都是“死”的意思。在两个系统中，对应的字素都是一个死人的头或死神的头，不过在风格上有所不同。图 2 符号 5 显示，阿兹特克字素是一个血肉全无的骷髅；图 2 符号 6 是玛雅文的相应字素；图 2 符号 7 是玛雅文抄本中玛雅死神的象形字。阿兹特克文和玛雅文的书写方向都是从左到右，与我们的一样。手符左面的那个符号（图 1，符 9）与 Miquiztli 或 Cimi 都没有任何共同之处。但奇怪的是，手符右面的那个符号（图 1，符 11）与玛雅死神的象形字有着极有趣的相似。头颅的两个前缀是这一字素的特点，在别处的确找不到。这一特波兹特兰村的符号（简称特村符号）中还有一个后缀，在玛雅死神字素当中没有，但有时出现于其他玛雅象形字当中，在表示月份的符号 Kankin 当中尤为典型。根据塞勒的解释，它代表人的骨架。这一字素似乎与图 2 符号 8 的骨架图案有关。图 2 符号 8 出自斯平登《玛雅艺术》一书 86 页（图 115），作者在那里讨论了玛雅文化中骨头和死亡的艺术象征。

事实上，我们下面将说明，这一铭文出于某种原因是以相反的方向从右向左书写的，其中的死神符对应于玛雅纪日符 Cimi 或墨西哥纪日符 Miquiztli。一旦意识到这一点，相关研究领域的学生立刻就会注意到另一个十足的玛雅符号，即手符左面的第 9 个符号，图 1 符号 1。在墨西哥纪日系统中，Manik 之后的第 9 个符号称为 Cozcaquauhtli，其字素是兀鹰的头（图 2，符 31），或者一只带项圈的鹰。在玛雅纪日系统中，Manik 之后的第 9 个符号称为 Cib，其字素（图 2，符 32、33）是一条类似问号的曲线，有时也会像是倒写或反写的字母 C。图 1 符号 1 所示的特村符号就是后面一种形式。

图 1 符号 1 曲线旁边的两点是玛雅文的 Cib 没有的，但仍然证实了上述推测。由于 Cib 这一符号经常出现于酒器之上，塞勒认为它与经常出现于阿兹特克人饮具之上的一个相似符号有联系。这一阿兹特克符号称为 ometoch，取自醉神奥梅蒂库特利（Ome Tochtli）的名字，直义是“两只兔子”。醉神通常的形象（例如在萨贡马德里手稿当中，名为 Totochtin）身携一块盾牌，盾牌上有一个符号，与特波兹特兰的符号极为相似。对萨贡图案的阿兹特克语注释说，该神拿的是一个 *ometoch-chimalli*，也就是“有‘两只兔子’标志的盾牌”。图 1 符号 1 当中的两点不过是“两只兔子”数字部分的通常表现形式。奥梅蒂库特利与特波兹特卡特尔被视为同一个或相关联的神，所以出于对他们的特别崇拜，特波兹特兰人可能会采用二神的象征符号作为纪日符，而其他的地方则没有使用该符号。关键在于，特波兹特兰人采用这一符号，本来不应是 *Tochtli*（“兔子”），而应是 *Cozcaquauhtli*（“兀鹰”），因为在所有符号中，只有后者与玛雅文的 Cib 位置相应。

现在让我们来看一看从符号 10 Minik 开始到 Cib 的其他符号。符号 9 的雕刻已经残损不堪，无法清楚地辨认。不过将它与墨西哥系统中的 Tochtli（图 2，符 12）相比较，还是能够依稀看出其形式。

接下来的符号 8 与相邻的符号 7 离得很近，位于墙拐角。如果将它与图 2 符号 14 所示的阿兹特克 *Atl*（“水”）字素相比较，其相似性一目了然。

符号 7 所在的位置对应于阿兹特克纪日系统中的 *Itzcuintli*（“狗”）和玛雅系统中的 Oc。图案中的头更像是巨嘴鸟或类似的鸟而不大像是狗，显然一点不像狗头的自然形象（图 2，符 17），也就是墨西哥系统中这一纪日符的字素。如图 2 符号 18a 所示，在玛雅文抄本当中，看上去像巨嘴鸟的这一约定俗成图案是最常见的象形符之一，而且拜尔[①]已经证明，这一约定俗成的头像是以狗头为原型的。与 Itzcuintli 相对应的玛雅纪日符是 Oc，有两种不同的字素形式。其中玛雅抄本中的形式与特村符号无相似之处，但玛雅碑铭当中的形式（图 2，符 18）可与特村符号相比。另一个可比之处是，玛雅系统中狗的象形符总有一个内含两叶图形的后缀，而特村符号也在头的图形后附有一个方框，方框内有个两叶图形。

符号 6 与玛雅文的 Chuen（图 2，符 20）有某些相似之处，而与阿兹特克系统中的 Ozomatli（图 2，符 19），即猴子头部的自然形象有很大不同。

符号 5 与阿兹特克系统中同一位置上的字素相似。虽然它已经磨损，好像还有一部分被挖掉，留下一个洞，但是仍可辨认出舌形细丝饰带的图形，这一部分是墨西哥纪日符 Malinalli 的典型特征（图 2，符 21）。符号 5 与玛雅系统中的对应形式（Eb，图 2，符

---

① *Amer. Anthrop.*, 31 (1929).

22)没有相似性。

从符号4当中,可看出墨西哥系统中相应位置纪日符 Acatl 某些形式的区别性特征(请特别注意图2符号24所示图形)。玛雅系统中相应位置的 Ben(图2,符25)则很不一样。

符号3相当奇怪。它显然不像图2符号26当中的墨西哥纪日符 Ocelotl,一种美洲虎的头。但它与玛雅纪日符 Ix(图2,符27、28)也没有明显的相似之处。不过,它十分有趣地蕴涵了 Ix 的两个因素。Ix 字素的主要特征是三个点,而特村符号的左边有三个突出的大点,右边有三个稍小一些的点。玛雅抄本中 Ix 形式的另一特征是两条相交的虚线,而特村符号当中有一个盾牌形图案,内有位置相似的两条线。

符号2既不像玛雅系统当中的 Men(图2,符30),也不像阿兹特克系统中 Quauhtli 的通常形式——老鹰的头。但是塞勒[①]描绘过 Quauhtli 的一种形式(图2,符29),其中老鹰所戴头饰的主要特征与特村符号有一些有趣的相似点。这样我们就回到了前面讨论过的符号1,Cib。在它后面还有一个我没有画出来的符号,由于过于残缺,无法辨认,也无法用明确的线条描绘。我看不出它与阿兹特克系统的 Olin 和玛雅系统的 Caban 有什么明确的特征相似。

符号11 Cimi 后面的长方形表示什么?此处的石头已经不见了,出现了空缺。在空缺之后还有一个符号,即符号12。我们无法得知空缺之处原来是否刻有符号,有几个,不过我推测,这段空间只够刻两个符号。如果空缺中有两个符号,那么第12个符

① *Caractère des inscriptions Aztèques et Mayas*(《阿兹特克和玛雅铭文的特征》)。

号就应该是第 14 个，也就是阿兹特克系统中 Calli 或玛雅系统中 Akbal 的位置，不过二者与实际出现的符号均无任何共同点。该符号是一个抽象化的蛇下颚，这是中美洲艺术常见的主题。所以我想，空缺当中本来就没有任何符号，空缺后的符号就是出现在 Cimi-Miquiztli 前面的纪日符，相对于玛雅系统中的 Chicchan（图 2，符 3、4）或阿兹特克系统中的 Coatl（蛇）（图 2，符 1、2）。这一特村符号的抽象化程度，要高于通用的阿兹特克纪日符。

诺维洛的下述一段话，讲的可能就是这些图案：

"还有其他一些至今无法解读的象形符号，其中的一些与玛雅象形符号相似。"

他在论述玛雅文化的影响时还说：

"在特拉微卡（特波兹特兰和宫契卡尔科）的遗迹中，似能看出玛雅文化的影响，因为众所周知，这一文化兴盛于公元开始几个世纪的墨西哥。"

他还告诉我们，从古玛雅王国之地——墨西哥的恰帕斯州和危地马拉远道而来的香客，经常朝拜特波兹特兰的神庙。

像 Cib 和 Manik 这些由字素表示的纪日符，一般会出现在遥远的中美洲，雕刻在古老的玛雅王国的记时柱上。然而我们却在离墨西哥城不远的地方，在玛雅王国之后 1000 多年建成的阿兹特克庙当中，发现它们与普通的阿兹特克符号混杂在一起，这的确出人意料。而且，这串符号为什么倒序排列？此处我能想到的唯一参照是玛雅的倒推记时：在向过去推算天数时，玛雅碑铭会将数字倒排。向过去推算的意思是，为了从一个日期推算出过去的另一个日期，需要从已知日期当中减去而不是加上总的天数。这段特波兹特兰铭文，是不是要刻意表现托纳拉玛特尔回归历史传统？

我们首次得到了这样的证明：在那豪特尔象形文字和早期玛雅象形文字之间，有着明确的、清晰可证的联系。墨西哥和玛雅字素之间的这种联系，在其他地方也有表现。对于这一整体研究课题，我希望另有机会从语言学的角度做深入探索。

霍皮语动词的瞬止体与链续体*

霍皮语中的动词有特别丰富的体(aspect)和语态(voice),极具表现力。这包括九种语态:及物、不及物、反身性、被动、半被动、结果性、扩展性被动、所有性、停止性;九种体:瞬止体(punctual)、持续体、链续体(segmentative)、瞬止-链续体、起始体、渐进体、空间体、投射体和延续体。本文只谈其中的两种体。也许有人会注意到,霍皮语中不存在完成体和未完成体。事实上,动作的完成与未完成对比没有任何的形式化。动词的体所表现的,是现象在"点"和"范围"位置方面的各种对比,无论现象处于时间之维、空间之维或时空两维之中。霍皮语还有三种时态:事实时(现在-过去时)、将来时、普遍时(常用时)。霍皮语中动词分为七种类型或词形变化形式,各种形式的屈折变化系统稍有不同。第一种类型涵盖的词最多,也最富于创造性,并且含有为其他六类所没有的几种范畴,链续体是其中之一。

第一类动词中的简单词是具有"辅音-元音-辅音-元音"形式的纯粹词根,为第三人称单数、不及物语态、瞬止体、现在-过去时。重复此词根,加上表示持续的后缀-ta,就构成了链续体。简单词

---

* The punctual and segmentative aspects of verbs in Hopi. 原载 *Language*, 12: 127-131(1936)。此文曾于 1935 年 12 月在美国语言学学会会议上宣读。

的意义随之有所改变，其特征如下：词根所指示的现象，在瞬止体表现为一个点，变为链续体后，就成为某个庞大现象的重复性的、相互链接的组成部分。这个庞大的现象通常主要在一维内延伸开去，无论是时间维、空间维，还是时空维。下面的例子可以较好地表达这种变化的性质：

haˈrï　弯成一个圆弧　　*harïˈrïta*　处于蜿蜒的线上，不断地呈现圆弧（如装饰中的回纹）

hoˈʻci　构成一个尖锐的锐角　　*hociˈcita*　呈“之”字形

paˈʻci　被刻上 V 形凹口　　*paciˈcita*　呈锯齿状

pïˈva　被冲成沟　　*pïvaˈvata*　以一个又一个冲成的沟向外扩展，沟壑纵横（地面）

caˈmi　被从边缘砍进（体内）　　*camiˈmita*　被加以边饰，沿着边缘砍削而成

在这些以及其他类似的例子中，所述现象需有坚硬或半坚硬的物质作为其表现场。在这种情况下，瞬止体不及物语态在某种程度上具有被动语态的特征，[1]链续体表示现象在空间之维增加，像几面镜了之间的烛火 样。在这两种体上呈现出的现象，是在坚硬物质中产生并保留下来的某种结果。这样，我们看见的是这一结果在空间维度中的静止画面。

不过，让我们设想一下，如果动词词根所表示的现象要求非坚性的或运动的物质作为其表现场，如一种液体，或一组运动的粒子，会怎么样呢？在这种情况下，词根所示的物质的形变将不是永

---

① 它并非真正的被动语态，因为未暗示任何外在的施事；也并非静止语态（至少不是普通意义上的），因为它不带有时间上的持续之义；亦非真正的主动语态，因为动作与结果集于一身。

久性的，而是使物质产生振动或跳动。从英语的角度来看，其不及物性不再像是被动语态，而显然是主动语态，并且，瞬止体所指示的将是形变或扰动过程的一次波动，而链续体则将表现振动之波或场，它在空间延伸，同时也在时间上延续。由此：

wa'la （如一种液体）产生一朵浪花，喷溅一次

wala'lata 在波浪中颠簸；掀起排浪

nö'ŋa 几个（物体或人）出现

nöŋa'ŋata 不断地大量涌出或喷出（如喷泉）

要注意的是，对运动物质的现象来说，链续体既在时间上表现延续，与瞬止体的暂时性相对照，又在空间上表示延伸，同瞬止体的"定点"位置相对照。有些现象既能够表现于运动的物质，亦能表现于坚硬的物质，尤其是那些以某种轮廓来定义的东西，例如，*ta'ho*"有一条波浪样的曲线"，或"做一次起伏"；*taho'hota* 在指运动的物体时，意思是"它正在不断地起伏波动"（如液体表面、一条蛇、一条抖动的绳子），而对静止的物体来说，它意味着"呈扇形"或"构成波浪形图案"。

但是，让我们再来设想一下，词干所示的现象来自一种物理学上称为"转矩"（产生旋转的倾向）的力，为了达到其效果，转矩要求物质必须至少具有一定程度的坚硬度，同时，与其他物体相比又能在一定程度上运动。在这种情况下，瞬止体所表示的一次形变或位移，将是物体根据其词根意义中所暗含的自由程度而做的一次简单振动，或一次旋转。如果这一效果持续下去，物体将进行一系列振动或旋转；它可能同时在空间上延伸，也可能不延伸。这将是链续体的意义。以下是有关例子：

wa'ya 做一次摇摆(像小树被摇动一样)

ŋa'ya 从一边摆到另一边

pï·'ya 像双翅一样扇动一次

ta'ya 猛烈地一颤

ŋö'ya 形成一个圆圈(绕轴旋转,同时按弧形路线前进)

ro'ya 转过来或扭过来

ri'ya 做一次快速旋转

很有意思的是,这些转矩运动很多(虽然不是全部)是由结尾为-*ya*的词干标示的。这种动词链续体对应于英语中表示振动或旋转运动的持续体(进行体),如:

waya'yata it is shaking 它在不断颤动	*pï·ya'yata* it is flapping wings 它在不停地扇动翅膀
ŋaya'yata it is swaying 它在来回摆动	*ŋöya'yata* it is circling round and round 它在一圈一圈地运行
roya'yata it is rotating 它在旋转	*riya'yata* it is spinning, whirling 它在快速旋转,做环形运动

在 *mï'ma* "卷成一团"一例中,必然有物体边缘的运动伴随着转动,运动的这一部分必然在 *mïma'mata* 链续体中扩展,成为"它不停地向前滚动"。

另一大类现象,其瞬止体表现为一次冲击、剧烈的震动、或其他突如其来短暂的惊扰,它们与一种振动性现象相关联,这一振动现象亦发生在自然界之中,表现为一系列快速的冲击。此处英语通常使用两种不同的词干,而霍皮语则只不过是同一词干的瞬止体和链续体。举一个无生命物体的例子:*ti'li* "it receives a slight jar/它受到一次轻微的震动”,*tili'lita* “it is vibrating/它在不停地震动”(如一台发动机、一架马车、一辆汽车)。不过,在有生命的世界中,霍皮语也发现了许多此类现象,例如:

tï'rï 他猛地一惊 (gives a sudden start)

tïrï'rïta 他在颤抖,打战 (quivering, trembling)

wi'wa 他被东西绊了一下,或者腿脚突然被卡住了,像被套住了的马 (trips over, caught by)

wiwa'wata 他正踉跄地或蹒跚地往前走 (stumbling, hobbling)

ŋa'ro 他的牙齿突然咬到了某种坚硬的或像沙粒一样的东西,如饭菜里的硬物 (strikes on)

ŋaro'rota 他使劲地嚼着某种很硬的东西 (chewing forcibly)

hɛ'ro 他(或它)突然发出一声呼噜声 (gives out a gurgle)

hɛro'rota 他在打鼾 (snoring)

这些动词形式也常用于描述身体或身体的某一部分(四肢)的有韵律的动作:

wï'·kï 他站在原地,迈出一只脚

wïkï'kïta 他在原地踱步或跳舞

kʷi'la 他向前迈出一步

kʷila'lata 他向前走(he does a walk forward)(不是英语中近于瞬止性的“is walking forward/他在向前走着”)

yo'·ko 他点了一下头

yoko'kota 他频频点头

而且,这类表示扰动的现象也可能处于某种微妙的媒介的一

点上，若用科学的术语定义，可称之为气态媒介或以太媒介，这种媒介不显示任何空间维度的运动或扩展，在这些现象中，链续体仅仅表示时间上的跳动。

rï'ʻpi	闪烁一下	*rïpi'pita*	闪闪发光
ʔï'wi	燃起火焰	*ʔïwi'wita*	熊熊燃烧
ʔï'mï	炸响，子弹出膛似地爆发	*ʔïmï'mïta*	隆隆作响

最后，有一类现象不能用链续体形式表述。链续体不用于表现与“心智”、“情感”有关的经验，或其他“内在的”、“心理的”经验。它只与外在的可观察世界有关。

这样的分析比仅仅演示动词体的形式要更有意义。它展现了语言如何将经验组织起来。我们倾向于把语言简单地当成一种表达的技术，而没有认识到，语言首先是对流涌的感性经验的分类和组织，它产生出某种世界秩序。运用其特定的符号象征方式，一种语言很容易将世界的某个侧面表达出来。换言之，语言与科学所做的工作是一样的，虽然语言不像科学那样精致，却比科学涉及更宽广的范围，显示出更多样的能力。我们已经看到霍皮语如何细致地描绘出可被称为“原始物理学”的特定领域，看到它如何根据形变过程的基本类型，将所有振动现象加以分类，其分类具有高度的一致性和真正的科学精确性。霍皮语对自然界某个领域的分析可以自由延伸，总体上与真正的物理学并行不悖。这种伸延非常适合用来分析完全属于现代科学技术世界的大量现象——机器和机械装置的运动、波的过程和振动、电力现象、化学现象。这些现象霍皮人从未听说过或想象过，我们自己也不知如何确切地命名。事实上，霍皮语能比我们最新的科学术语更好地处理这些振动现象。原因很简单，因为他们的语言确立了两类经验之间的总体对比关系，这种语言中的对比对应于自然界中一种无所不在的基本对比，正如我们的科学已经发现的那样。根据现代物理学概念，在自然界中，粒子与振动场之间的对比关系比时间-空间，或过去-现在-将来之间的对比要更为基本，而我们的语言则将后几种对比强加给我们。我们已经看到，在霍皮语中体的对比关系是其动词形式所必须考虑的因素，实际上，它强迫霍皮人去注意并观察振动现象，并进一步鼓励他们为这些现象命名，将它们分类。事实上，霍皮语拥有异常丰富的词汇来描绘振动现象和与之相关的瞬止性事件。

（吕珺　译）

美洲印第安人的宇宙模式*

我们的时空观通常被认为是直觉性的，而且是普遍适用的。然而我们没有理由假定，一个只懂霍皮语而且只具备该社会文化观念的霍皮人，其时空观与我们讲英语的人相同。尤其值得注意的是，霍皮人的总体概念和直觉中没有这样一种时间——一个平缓流动的连续统，在这个连续统之中，宇宙万事万物都同速运行，从未来到现在再到过去；或者换个角度看，这条延绵的河流将观察者从过去带到未来。

对霍皮语长期细致的研究分析显示，该语言没有任何词、语法形式、结构或表达方式直接指称我们所说的"时间"，或过去、现在、将来；也没有任何形式直接指称持久、永久，或者运动学而非动态意义上的运动(即，在时间和空间中的持续变化，而非某一过程中的动态努力)。霍皮语甚至不能在指称空间的时候，排除我们称为"时间"的延伸或存在，以留给"时间"一块余地。因此，无论是在直接的还是间接的意义上，霍皮语都没有"时间"的概念。

然而，在实用或操作意义上，霍皮语能够正确地解释和描述宇

---

* An American Indian model of the universe. 沃尔夫身后留下一批论文，后转到乔治·L.特拉格手中，本文手稿以及相关的语言学注释就在其中。特拉格博士和E. A.凯那德博士曾将其手稿编辑出版，但未做实质性的改动。此处所载论文以 *Int. J. Amer. Linguistics*, 16:67－72(1950)的版本为准。文中的一些迹象以及沃尔夫信件中的某些评论显示，该文可能写于1936年。

宙中所有可观察到的现象。因此,我们没有理由假定,霍皮思维中包含着据说是通过直觉感受到的“时间”的流动,或者霍皮人的直觉使“时间”成为直觉的内容。正如欧几里得几何学之外的其他几何学理论可以对空间形状做出同样完美的解释,我们也可以抛开自己熟悉的时空对立,用其他方式对宇宙做出同样有效的描述。现代物理学中的相对论便是这样一种宇宙观,它是用数学术语构建的。而霍皮世界观(Weltanschauung)是另外一种,它不是数学的,而是语言的。

霍皮语言和文化中隐含着一种形而上学或玄学(metaphysics),正如所谓朴素的时空观以及相对论理论也有自己的玄学,或者说对现实的理解。但霍皮语言文化中的玄学是与后两者都不同的玄学。为了按霍皮人的方式来描述宇宙结构,就必须尽可能地在我们自己的语言中找到近似的概念来表述霍皮玄学。虽然这种玄学只有用霍皮语才能准确地表达,但是当我们利用这些概念时,就与霍皮宇宙观所隐含的系统产生了某种共鸣。

在霍皮人的眼中,时间消失了,空间也改变了,不再是我们的直觉或古典牛顿力学所假设的那种同质的、瞬间的永恒空间。与此同时,对宇宙的描述采用了新的概念和抽象概括,传统的时空观被抛在一边。在我们的语言中,没有与这些抽象概括相对应的术语。当我们尝试用自己语言中近似的概念重构霍皮玄学时,这些抽象概念在我们看来不免带有心理的甚至神秘的特征。它们似乎源于我们所说的万物有灵论或生机论信仰,或者来自神秘意识中的经验和直觉的超验结合,或者出自神秘的、所谓超自然的思想系统。在霍皮语中,这些概括当中的一部分有明确的词汇表达方式(心理学或哲学术语),更多的则隐含在语言结构和语法当中;同时，它们也可在霍皮人的文化和外在行为中观察到。我所说的这些概括，并非其他语言文化系统在霍皮语言、文化上的投射；因为我在试图做客观分析时，一直有意识地尽力避免这种情况。如果在现代西方科学家眼中神秘碰巧含有贬义，那我们必须强调，从客观的角度看，霍皮玄学所蕴涵的这些抽象概念和假设，与我们自己“流动的时间”、“静止的空间”的玄学同样具有实用和经验价值。从根本上说，我们的玄学与霍皮玄学同样神秘，而在霍皮人眼中，他们的玄学比我们的更有价值。与我们一样，霍皮人对所有的现象及其相互联系都有自己的解释，而他们比我们更好地将自己的历史文化融为一个整体。

我们的语言、思维及现代文化所蕴涵的玄学将时间和空间这两个巨大的宇宙形式强加于宇宙之上（我指的不是现代科学新近发现的相对论理论，那是一种不同的玄学）。此处的空间是静止的、三维的、无限的；时间是运动的、一维的、永远流动的；（根据这一人们熟悉的思维方式，）时间和空间是两个相互独立、相互分离的现实方面。而流动的时间王国又可三分：过去、现在、将来。

霍皮玄学中也有与我们的时空观范围相当的宇宙形式。它们是怎样的呢？霍皮玄学强加给宇宙的是两大宇宙形式，用我们最近似的术语来表述，可称为已呈现的（manifested）和呈现中的（manifesting）（或未呈现的，unmanifest）；也可称为客观的和主观的。客观的或已呈现的宇宙形式包括所有感觉到的或可感觉的东西，历史、物理意义上的宇宙，它不分现在和过去，但排除了我们所说的将来。主观的或呈现中的宇宙形式包括所有我们称为将来的东西，但不限于此；它同时还包括所有我们称为心理的事物，也就是头脑里的东西，或者用霍皮人喜爱的说法，心里的东西。这里的

"心"不仅包括人类的心，也包括动物、植物和事物的心，以及在所有自然形态之后、之内的自然之心。在间接的或扩展的意义上，一些人类学家也感觉到了它的存在，但霍皮人自己几乎从来不会将它诉诸言谈。这一观念存在于宇宙自己的心中，充满宗教和魔术的敬畏。[①] 主观的世界(对我们来说是主观的，对霍皮人来说则完全是真实的，充满生命、力量和潜能)不仅包括我们所说的将来，而且包括精神、思维、情感。在霍皮人看来，未来多少是命中注定的，即便形式尚不明晰，本质也已确定。精神、思维和情感的本质和典型形式，是有目的的、聪明的愿望在追求其呈现，这种呈现受到重重压制，被不断拖延，然而不可避免。期盼、欲望和目的、旺盛的生命力、高效的动力、思想——所有这些都通过思维走出内心王国(霍皮人的心)，将自己呈现出来。这一情形是动态的(dynamic)，但不是运动(motion)的——它不是从将来向我们走来，而是已经以活生生的、心理的形式与我们同在。它的动态活力表现于结果和呈现，也就是以非运动的方式，由主观变为某种程度上的客观结果。如果译成英语，霍皮人会说，这些原因过程中的实体"将要到来"，或者他们(霍皮人)"将要来到"它们。不过在他们自己的语言中，并没有动词对应于我们的"来"和"去"。"来"和"去"是英语中纯粹运动学的概念，表示简单的、抽象的运动。在霍皮语中，译成"来"的词指的是产生结果的过程，但不称为运动，而是"对此的结果"(*pew'i*)、"由此的结果"(*angqö*)、或者"达到了的"(*pitu*，复数形式 *öki*)。这些都是指最终的呈现，实际达到的目标，而不是此前

---

① 此概念有时暗指"气之精神"(hikwsu，"spirit of the Breath")，以及"圣物"(ʔaʔne himu，"Mighty Something")。这些术语也有较之宇宙更为低层、更微观的意思，但同样令人敬畏。

的任何运动或动作。

在区别于客观结果世界的主观世界或呈现过程世界中，还包括另一种形式的存在。它虽然仅处于主观世界的边缘，但仍然属于它的范围。在英语系统中，它属于现在时范畴。这便是刚刚开始呈现的事物、刚刚开始做但还没有完全运行起来的事情，例如上床睡觉或开始写作。在霍皮语中，表述这种现象通常可以采用同一动词形式（在我的霍皮语法术语中，称为期待形式，expective），也就是表示将来、愿望、要求、动机等等的动词形式。因此，霍皮语主观领域的这一边缘地带，与英语现在时中的一部分（开始的时刻）相交，并将它包括在内。但是，我们用英语现在时表述的大部分现象，在霍皮语系统中都属于客观领域，因而与过去的现象难以区分开来。霍皮语中还有一种动词形式，称为起始（inceptive），它从相反的方向，指称刚刚开始的呈现状态的边缘。起始形式属于客观领域，因为它处于获得客观性的边缘。这一形式用来表示开始，其英译在大多数情况下与期待形式没有明显的区别，但是二者在一些关键点上有重要差异。起始表示的是客观的、结果的一面，不像期待那样表示主观的、原因的一面；起始说明原因之作用的结束，同时也意味着呈现的开始。如果某动词有一个与英语被动语态类似的后缀，但实际意思是某种原因影响主体达到某种结果，例如"食物正在被食用"（the food is being eaten），那么附加上起始后缀，就表示基本行动带上了原因终止的意思。基本行动处于起始状态，所以该行动之背后的原因已经终止，无论它是什么。由原因后缀明确表示的原因，被我们称为过去时。动词含有这一原因后缀，同时含有表示最后状态（部分或全部被食用）之起始及其原因终止的成分，如此构成一个完整的陈述，译成英语就是"it stops getting eaten”(它停止被食用)。如果不了解霍皮玄学,就无法理解为什么同一个后缀既可表示开始,又可表示结束。

如果要使我们的玄学术语更接近霍皮术语,可能应当将主观领域称为希望(hope)或正在希望(hoping)的领域。任何语言中都有一些术语表述某些宏观层面的意义,将尚不清晰的哲学基本假设确定下来。在这些术语中,积淀着一个民族、一个文化、一个文明、甚至一个时代的思想结晶。此类术语包括英语中的“现实”、“实体”、“物质”、“原因”以及“空间”、“时间”、“过去”、“现在”、“将来”等。在霍皮语中,*tunátya* 也是这样一个术语,通常被译为“希望”——“它正在希望的行动中”、“它希望”、“它被希望”、“它(被)满怀希望地憧憬”,等等。在霍皮语中,大多数玄学词语是动词,而不像欧洲语言中那样是名词。在表示希望的动词 *tunátya* 当中,包含有英语中的“思想”、“愿望”、“原因”等意义,有时我们必须用这些词来翻译它。*tunátya* 这个术语的确是霍皮宇宙哲学的结晶,它表述了一种宏大的主客观二元论;它是霍皮语中表示主观的术语。*tunátya* 指称的内容包括宇宙之主观的、未呈现的、重要的、原因的方面,以及对于实现或呈现的热烈追求。这一希望的行动,即心理原因的活动,总是逼近或进入已呈现领域。每个熟悉霍皮社会的人都知道,在霍皮人眼中,这种萌芽活动到处都有——植物的生长、云的聚拢和雨的凝结、农业和建筑群体活动中的精心策划……所有人类的希望、祝愿、奋斗和思考。它尤其集中地体现在祈祷之中。霍皮部落经常进行希望的祈祷;伴随着公众庆典和秘密仪式,祈祷将霍皮人的集体思想和愿望由主观世界导入客观世界。*tunátya* 的起始形式 *tunátyava*,其意思并非“开始希望”,而是“实现、被憧憬”。这种意义的逻辑从以上的分析中可以清楚地看出。起始表示客观世界的开始，而 *tunátya* 的基本意义是主观活动或力量；由此，起始便是这种主观活动的终结。所以我们可以说，*tunátya*“实现”是霍皮语中表示客观的术语，与主观相对。这两个术语共用一个动词词根，只是形态稍有不同，正如两种宇宙形式是同一现实的两个方面。

在空间方面，主观世界是个心理王国。这一领域没有客观意义上的空间，不过，以天顶和地底为端点的纵向维度似乎与它有象征性的联系，事物的“心”也与它联系在一起。霍皮语的“心”在玄学意义上相当于英语中的“inner”（内在，内心）。与客观世界中的每一点相对应，在主观世界中有一个纵向的内在核心轴，也就是我们所说的未来之源泉。不过霍皮人眼中没有时间上的将来，在他们的主观世界中，没有任何东西对应于客观世界中的“时间”序列，也就是与距离或物质形状之变化有关的序列。主观轴似为纵向，如植物的生长轴，客观世界则由每个主观轴向各个物理方向延伸，其典型形式是平面及其四个基点。客观世界这一宏大宇宙形式的特征是延伸，它吸收了所有严格意义上延伸的存在形式，并且包括所有间隔和距离、所有序列和数字。客观世界的距离包括我们所说的时间，也就是已发生事件之间的时序关系。霍皮人纯粹从操作意义上把握客观领域中的时间和运动，即事件之间联系的多少和复杂程度。所以，时间因素与事件关系中的空间因素是联系在一起的。当我们说，发生在过去的两件事情间隔了很长一段“时间”（霍皮语中没有对应于英语“时间”的词），实际是指这样的情况：许多周期性的物理运动发生于两件事之间，以至跨越了相当大的距离，或者以其他方式在两事之间积累了大量的物质。在某个遥远的村庄发生的事件，是否与本人所在村的事件同时存在于此时此刻？霍皮玄学不会提出这样的问题，这是因为它站在直白的实用主义立场上，认为遥远村落的任何“事件”都可与本村的任何事件相比，比较的尺度是包括时间和空间形式在内的间隔距离。距离观察者较远的事件，如果被看作是客观的（出现于客观领域），就只可能发生在“过去”；距离越远，就越“过去”（从主观角度需做更多努力才能达到它）。与英语偏爱名词的习惯相反，霍皮语偏爱动词，所以总是把我们对于事物的命题转变成对事件的命题。发生在远处村庄的事，如果是真实（客观）的，而且不是推测出来的（主观的），那么只有过了一段才可能为“这里”所知。如果某个事件不是发生在“此地”，就不可能发生在“此时”；它只可能发生于“彼”地“彼”时。“此地/这里”和“彼地/那里”发生的事件都是客观的，总体上相当于我们的“过去”，但是“那里”发生的事与我们之间有更多的客观距离，也就是说，从我们的角度看，它处在更遥远的过去，正如在空间上，它比“这里”的事件离我们更加遥远。

客观世界的特征是延伸，即，从观察者出发，延伸到无限远的空间和无限远的过去。当延伸达到某一点，客观延伸的细节便由模糊而消失，隐蔽在后的主观融进了客观。因此，在观察者（所有观察者）无法企及的远方，终点与起点联结起来，环绕和包容一切。在这里，可以说存在本身吞噬了客观和主观。这一领地交界处既是客观的，又是主观的。它是历史遗产的深邃海洋，是神话中讲到的时空，这些都只能从主观或心理上把握。霍皮人不仅意识到，而且在语法中表达出这一点：神话或故事中讲述的事情，其现实性或有效性与当前的、实际的事情不同。至于天空、星星这样距离遥远的事物，在表述时需用假设和推断，所以在某种意义上是主观的。

霍皮人接近这些事物是通过内心纵轴及其天顶端点(zenith),而不是通过客观距离以及视觉和运动的客观过程。处于遥远过去的神话,其距离相当于星空的距离,不过是在地下而不是在天上。接近神话需要用主观纵轴的地底端点(nodir),这样它就处于此时的地表面之下。可是这并不是说,原始神话所处之地底是我们通常理解的一个地洞。这个地方叫作 *Palátkwapi*“红色山脉”,是一块类似地球的陆地,不过对于我们地球来说,它像是另一个遥远的天空。同样,神话故事中的英雄穿过我们地球的天空,在它的上面发现了另一个“地球”。

由此我们可以理解,霍皮人为什么不需要使用指称“时间”和“空间”的术语。在我们的语言中,当这些术语用来指实在的客观世界时,可重新表述为延伸、运作、循环过程;用来指主观世界时,通常可重构为主观性的表达方式——未来、精神-心理、神话时期、看不见的远方、推测中的事物。所以,霍皮语没有动词时态也可以完满地描述和解释世界。

原始社群思维的语言学考察*

一

研究活的原始文化的人种学家一定常常提出这样的疑问："这些人在想什么？他们如何思考？他们的智力活动和理性思维过程是与我们的相似，还是非常不同？"但是，一想到这里，他也许会把这个念头当作一个不可解的心理之谜而不再予以理睬，决然地将注意力转回到更易于观察的事物。然而，原始社群中人们的思想及思维方式问题并非是一个简单纯粹的心理问题。它在相当大程度上是文化问题，更是语言问题。我们所说的语言，即某种内部结构特别紧密的文化现象聚合体。语言学是切入这个问题的有效途径，并且，正如我希望指明的一样，这条途径要求语言学强调某种新

* A linguistic consideration of thinking in primitive communities。在沃尔夫留给他妻子，最近又由妻子转给儿子罗伯特·沃尔夫的一批论文中，我发现了这篇没有标注写作日期的手稿。手稿看上去是完整的(某些脚注除外)，但还不是成稿，需要我做一些编辑工作。手稿上的注释表明沃尔夫原本想将之出版，他甚至开列了一份名单，要把此文的打印件分送给一些人看，名单上有荣格、娜扬·路易丝·雷德菲尔德、萨丕尔、卡罗尔、韦恩·丹尼斯、克劳德·布雷格登、H. G. 威尔斯，以及 H. L. 门肯。我们可以推断这篇文章的写作日期大约在 1936 年末。有两点事实为证：第一，这篇文章的写作一定晚于沃尔夫在 1936 年初发表的《霍皮语动词的瞬止体与链续体》，因为沃尔夫在本文中提到了它；第二，本文很可能写于《语法范畴》之前，后者的写作日期为 1937 年末，沃尔夫在那篇文章中对隐型的概念做了比本文更为全面的阐发。

的侧重点。虽然几十年前博厄斯就在《美洲印第安语言手册》的前言中阐述了这一侧重点，但是直到现在，通过萨丕尔、布龙菲尔德，以及其他一些人卓有成效的工作，这一侧重点才开始展现。

对思维的特点归纳得最清晰的一个人是卡尔·荣格。他区分了四种心理功能：感觉、情感(*Gefühl*)、思维、直觉。① 在语言学家看来，荣格所定义的思维含有很多的语言成分，而且，这些语言成分经过严格的模式化。情感则主要是非语言性的，虽然它也可能以语言为载体，但其方式与思维很不相同。我们可以说思维是语言自身的基础，而情感涉及价值。价值在语言中的确也有地位，但处于其边缘。以上是荣格的两种理性功能，与之相对的是两种非理性功能，感觉与直觉，我们可称之为非语言性的。的确，这二者在说话、听话和理解过程中也起作用，但这只是它们全部功能中极小的一部分。因此我们可以认为，与其他三种功能相区别，思维在很大程度上是语言性的功能。②

---

① 我想对不愿完全接受荣格观点的读者说，荣格的这些功能概念基本上来自早期的心理学家，如冯特等人。不过，他加入了自己深刻的洞见，并对基本概念做了清理。荣格观点的突出特点在于，他的四种功能不仅有质的区别，而且是相互独立且相对封闭的能量系统，根据荣格的力比多能量原则运作。这一特点与单纯的过程和情节形成对照。也就是说，如果我对荣格的理解是正确的，那么根据他的理论，用于思维功能的力比多或心理能量，完全不可能转化成情感或感觉的形式，除非这种力比多进入无意识，并深深地退回到原始的混沌状态。其他种类的能量转化亦如此。力比多概念已经证实具有精神病学的价值。如果用于(思维功能之中)语言过程的心理能量真的是与其他种类不同，蕴涵于一个封闭系统之中，且不能在系统之间进行转换，那么，这一概念也将会对“思维的语言学”产生重要的意义。不过，我目前对思维的语言学考察并非一定要借助荣格的观点。[荣格的这些观点可参见《心理类型》(*Psychological Types*. trans. by Baynes, New York & London, 1923)。——编者注]

② 有些人认为思维完全是语言性的。我想华生持有或曾经持有这种观点。就这一点来说，华生的功劳在于，他是首先指出并教授无声思维活动中语言成分的人之一，这些大量的语言成分一直未被承认。他的失误则在于他做得太过火了；再有，也许是他没有意识到，或者至少是没有强调，思维的语言性并非一种称为“言语”或“语言”的生物过程，而是一种文化结构，即“一种特定的语言”。有些语言学家可能也持有这种观点，认为思维完全是语言性的。

迄今为止无声思维(无声思考,不出声地思考)的语言方面尚未得到深入探讨。无声思维从本质上说并不是指压抑着没有说出来的话,或者无法听清楚的嘟嘟哝哝,亦非像某些人认为的那样,是喉部无声的运动。[①] 这几种解释只对语言学方面不成熟的"常识观"具有说服力,"常识"没有意识到说话本身意味着使用一种复杂的文化结构,正如它没有意识到普遍存在的各种不同的文化组织一样。意义并非产生于词或词素,而是产生于词或词素之间模式化了的关系。单独分离出的某一词素,如"John!"(约翰)或者"Come!"(来),其本身为高度专门化的一类模式或惯用形式,而不是简单的语言单位。[②] 词与词素是运动肌反应,但词和词素之间的联结(linkage)因素却不是运动肌反应,它们构成了容纳语义的范畴和模式,与神经系统的作用过程以及非运动肌的联结有关;它们无声无息,不可见,而且无法孤立地观察。[③] 使这些联结因素合

---

① 没有找到这个脚注的资料,沃尔夫本意可能想再次提起华生,华生将思维与语言肌肉组织的无声运动相等同。见其文《思想仅仅是语言机制的活动吗?(5)》, *Brit. J. Psycholo.* 11:87-104(1920)。——编者注

② 单词表中罗列的看似独立的词汇,其意义仍来源于模式化的"联结的潜能",这些潜能由词汇中分流出来,并将之与语言表述的复杂模式相联系。

③ 坚定的唯物主义者仍然可以把这种关系模型看作由脑细胞一类物质的链条和路径构成,它们通过生物化学作用而相互连接,相互关联。但是凭这种方式无法搞清楚关系的本质,也就是关系模型的结构,正如无法从原始部落各个成员的血型得知其社会组织形态一样。关系的本质只能通过对一个个体所说的语言进行深入的研究来决定,我们关注的是个体的思维过程。而且,我们会发现,语言完全不同的个体,其思维方式根本不同。文化事实是由文化因素而非生物因素决定的,同样,具有文化性质的语言事实(包括思维中的语言成分)只能是由语言决定的。它们不仅仅是由语言(language)决定的,而且是由各种不同的语言(languages)决定的。如果作为研究对象的思考者讲的是我们自己的语言(即英语),那么,只有已经研究过与英语差别巨大的其他类型的语言,并能将之与英语相比较对照的研究者,才能胜任对英语的深入考察。因为,只有如此,才能将对纯粹关系之存在的注意提到意识的中心地位上来,纯粹关系不一定有相应的词汇概念,但是它们完全控制着词素间的连接,并且为思维方式定型。[此脚注摘自一份草稿,它似乎表明沃尔夫在这一点上的想法。——编者注]

作产生语义效果的不是嘟哝出来的词语,而是词与词之间的关系。如果我们将思维看成是语言性的,那么构成思维真正本质的便是这种关系;嘟哝、喉部颤动等等则是与语义无关的多余之举。至关重要的是,非肌肉运动过程本质上处于联结状态,联结的根据是某一特定语言的结构。并且,无论以何种方式将这些过程和联结激活——依靠喉部动作,或不依靠喉部动作,或既依靠喉部动作又依靠其他,在意识活动的中心,或在"大脑无意识活动的深井"——所有这些激活都是语言模式化活动,因而都可以被称为思维。

有些分析认为,无声思维是与受到抑制的词和词素相对应的运动肌的颤动。这种分析同把语言分析成具体的词和词素一样,都不是对思维和语言的真正考察。最粗略、最不专业的语法分析也要比这强得多。所有科学的语法都必然要深入到关系中去进行分析。

例如,在英语中,"性别"是一个关系系统,它在词素层面极少有外在表现,仅有的运动肌反应是两个代词"he"(他)和"she"(她)。[①] 在表达与性别相关的名词时,肌肉活动过程并不做性别的区分,而表达代词"he"或"she"时两种不同的肌肉运动过程之间的联结都是(1)区分性别的,(2)非肌肉活动过程,因为这两个动作过程是截然不同的,甚至可以在时间上对两者加以分离。与性别有关的名词,比如男孩、女孩、父亲、妻子、舅舅、女人、女士,还有成百上千的姓氏,如乔治、弗雷德、玛丽、查理、伊莎贝尔、伊莎多拉、简、约翰、艾丽丝、阿洛伊修斯、埃丝特、内斯特等,都没有区分性别的标志,不像拉丁语中每个肌肉运动过程都伴随有-us,或者-a[②]等

① 当然还包括它们的派生形式:his(所有格,他的),him(宾格,他),her(宾格,她),hers(所有格,她的)

② -us 为第二格阳性名词后缀;-a 为第一、二格阴性名词后缀。——译者注

词素层面的标志；不过，这数千个词中，每一个都固定不变地与表示性别的代词"he"或"she"相联结，而且是绝对准确无误地相关联。但是，除非特定的话语情境有所要求，否则这些名词与性别的关联是不会在外在行为层面上体现出来的。[①] 数以千计的联结过程为了共同的目的而聚集在一个代词周围，同时伸延到全部的几千个代表同一性别的名词，从而构成了一种心理结，这种心理结属于：(1)非肌肉(神经)活动领域，未被表达的领域；(2)荣格定义的思维功能；(3)语言及文化结构。

为什么这一心理结只有在将与之相联的词或词类的标志激活的情况下，才能与思维的其他材料建立各种功能性关系呢？对于这一问题，还没有显而易见的答案。例如，我们可以思考某一特定文化中的两性分工，而不必去想诸如"男性"、"女性"一类很书卷气的词汇，更不用在沉思中不停地想到它们。当我们在脑海中思考这一问题时，我们更有可能做的是凭着一种性别分类的习惯意识来筛选事实，这种意识是长期存在于我们思维世界中的与分类有关的事实，与把性别当作一个概念或一种情感价值完全不是一回事。此习惯意识对性别所做的分类是隐约的、抽象的、未用言辞表达的约略勾勒，其基础并非诸如"性别"、"女性"、"女人"等词汇，而是一种语言性的关系，它不同于语言表达。在英语中，这种意识可能更明显地体现为与语言中的性别体系有关的两大联结的心理结，我们可以说，在思考时起作用的不是像"女性"或"男性"一类的词汇概念，而是在使用乔治、迪克、威廉一类词或简、休、贝蒂另一

① 手稿中的一则边注显示，沃尔夫有意在一个脚注中指出，虽然在使用与性别相关的名词时，总是不可避免地要将这些词所指的个体按性别分为男女两类，但这并不取决于对这些特定个体的认识或了解。——编者注

类词时，代词的全方位联结产生的力量。但是，在汉语或霍皮语之类没有性范畴的语言中，从性别分类出发所做的思考可能与英语有本质上的不同；我们可以推测，这种思考也许会围绕着一个词、一种情感、一个性的意象、一个象征符号，或者别的什么而展开。

英语中的性别在词的层面并没有外在类别标志。其区分的实现，是通过一种不可见的联结的"中心交换"，确定其他某些标识性别的词。我将这样一种语言分类称为"隐性类别"(covert class)，同诸如拉丁语中性的"显性类别"(overt class)形成对照。纳瓦霍族语言对其世界中所有物体都做了隐性分类，其类别划分部分取决于事物是否有生命，部分取决于物体的形状。没有生命的物体又分成两类，语言学家称它们为"圆的物体"和"长的物体"。[①] 当然，这两个名字是错误的，它们企图以粗糙的概括来描绘精微的事实而不可得。纳瓦霍语本身没有适当地描述这些类别的术语。那些未被表达的性别一类的隐性概念与词汇概念，同"女性"或"女性的"一样可以被定义，并且有确切的含义，但两者属于截然不同的类型。隐性概念与词汇不同，它类似于一种关系系统(rapport-system)，对这一关系系统的意识具有某种直觉的性质；我们说它是被感觉到的，而不是被理解的，它也许同印度哲学中称为无形/无色(arupa)的概念或观念很相像。纳瓦霍语里所谓"圆的"和"长的"一类名词本身没有标志，也没有代词来标识它们。只有当使用某些非常重要的动词词干时，这种类别的划分才得以表现。这时，表示一个"圆的"物体的名词与一个"长的"物体的名词(无论该名

---

① 其实，纳瓦霍语的动词系统显示，该语言中无生命物体的分类不止两种，这一事实进一步证明了沃尔夫的观点是正确的。——编者注

词做主语或宾语)所要求的动词词干是不同的。许多其他的动词词干则不受这种区分的影响。一个在纳瓦霍语中尚未被命名的新事物,将通过类比而被归入两类词中的一类。这种类比并非根据我们的理解,而是由纳瓦霍语两大心理结的内容决定的。

语言的隐性分类可能与对物体的宏大二分法无关,它可能具有非常微妙的含意,可能没有外在标志,而靠某种区别性"反应"(reactances)与具有外在标志的特定形式相联。我将它称为隐型(cryptotype)。它是一种隐蔽、微妙、难以把握的意义,不与任何词汇相对应,但语言分析显示,它在语法中有着重要的功能。例如,英语中的小品词"up",当它表示"彻底地、完全地"时,可以与除了属于四种特殊的隐型动词之外的任何单音节或重音在前的双音节动词连用,如:break it up(打碎掉), cover it up(盖起来),eat it up(吃光), twist it up(卷起来), open it up(打开来)等。在被排除的四种隐型中,第一种是表示漫无边界的散布的动词,所以英语中不说 spread it up(分散光),waste it up(浪费光), spend it up(花光), scatter it up(散播光), drain it up(将液体排光),filter it up(筛光)。[①] 第二种表示整体摆动,而局部不发生震颤。我们不说 rock up a cradle(把摇篮摇起来),wave up a flag(把旗子挥动起来),wiggle up a finger(把手指摆动起来),nod up one's head(把头点起来)等。[②] 第三种隐型表示非持续性的冲击或震撼,包括心理反应:如 kill(杀死),fight(打斗)等。我们不说 whack it up

---

① burst(爆炸、胀裂)属于这类隐型,口语中用的 bust(爆裂)则不归此类。

② 在一则边注中,沃尔夫引了 shake up,他显然是要指出这个动词暗含了局部的震动。顺便提醒读者,这部分讨论只涉及及物动词,沃尔夫在本段末尾处明确指出了这一点。——编者注

(打光),tap it up(轻敲光), stab it up(扎光), slam it up(撞光), wrestle him up(把他摔掉), hate him up(把他恨掉)。[①] 第四种表示有方向性的动作,如 move(移动),lift(举起),pull(拉),push(推),put(放)等。同这些动词连用,"up"具有表示"向上"的方向含义或其他衍生的意义,尽管其含义可能会与动词本身的含义相矛盾,产生荒唐的效果,例如 drip it up(滴上)。除了这些隐型外,up 在表示"完全彻底"的意义时,可以自由地与及物动词连用。

英语中另一类隐型是含有遮盖、围绕、与表面相连等意义的动词,其反应表现为:加上"un-"前缀构成的动词与原动词形成反义。正因为如此,我们说 uncover, uncoil, undress, unfasten, unfold, unlock, unroll, untangle, untie, unwind(在"盖上"、"穿上"、"卷起"、"系上"等前面加上表示否定的前缀-un,构成"揭开"、"脱下"、"展开"、"解开"等),而不说 unbreak, undry, unhang, unheat, unlift, unmelt, unopen, unpress, unspill(在"打碎"、"烘干"、"吊起"、"加热"、"举起"、"融化"、"打开"、"按"、"洒"之前加上否定前缀-un,不能构成词)。除了几个已经不大用的词如 unsay(撤回所言),unthink(改变主意),unmake(恢复原状)以外,能用反义前缀"un-"的动词皆与向心、围绕、附着有关的意义相吻合。[②] 英语中

---

① 在一边注中,沃尔夫提到了诸如 strike up (a band)(乐队开始演奏),hit it up 之类的表达法,认为它们并非真正的及物动词,因而不加以考虑。他还指出 sing(唱),shout(喊),cry(哭、叫)一类动词亦是如此。——编者注

② 由一则边注可见,沃尔夫显然是想在某一脚注中考虑 unstart,unbalance(使不均衡)和 undo(解开、废弃)几个动词。沃尔夫可能已经提示读者,不要被 unbroken(未打破的),unheated(未加热的), unopened(未打开的)等分词或形容词形式所误导,在这些形式中,"un-"前缀的意思并不是与某一行为相反的行为,而是与某一形容词所示相反的状态。unsay, unthink, unmake 之类的词如今已不大使用,思考一下其原因很有意思,也许恰恰是因为它们不得不屈从 uncover,uncoil,undress 一类动词隐型的力量。——编者注

没有一个单独的词能够为我们理解这种意义提供线索，或使我们能将此意义寓于其中，所以这种意义是微妙而不可捉摸的，这也是所有隐型意义的典型特征。然而，这种无形的观念限定了具有相当程度确定性的一类词语及语法形式，我们可以在思想形成的领域中去挖掘它，以半直觉的方式把握它。如果想要去领悟它，我们只需对隐型的意义做认真的思考，比如，我们可以考虑具有“un-”前缀的典型动词的意义，或者与弗洛伊德和荣格的“自由联想法”相近的自由类比法。由此我可以造出一个新动词“*flimmick*”。如果我将 *flimmick* 的意思定为“把一个洋铁罐系在……”，它就属于隐型动词。于是我可以说：“他把系在狗身上的洋铁罐解了下来(he *unflimmicked* the dog)。”但是，如果我将 *flimmick* 的意思定为“拆开”，则没有人会想造出 *unflimmick* 以表示“组装起来”，说 he *unflimmicked* the set of radio parts(他将收音机零件组装了起来)。这种形式看上去很怪，让人无法接受。与此相仿，如果在接受“camouflage”(伪装)和“wangle”(设法脱身)这两个新词之前，我们已经具备了有关隐型的知识，那我们便能够预测，“uncamouflage it”(去除伪装)是可能的，而“unwangle it”却不行。

我将与隐型相对应的语言类别称为显型(phenotype)，这一类型具有明显的类别意义和语言形式标志(或与之同时出现的词素)；也就是说，显型便是“经典的”语素类别。“up”和“un-”的意义是显型，各种时态、体、语态、情态，以及其他有标记的形式也是显型，它们是所有语法的研究对象。至今为止，语法研究一直以研究显型为主，认为语言的意义完全在此。人类学家却不会对这种语法感到满意，正如他们不满于一种只描述积极行为，而无视禁忌和避讳行为模式的人种学一样。至少某些语言显示，语言的意义来自显型与隐型之间的相互作用，而不是单单来自显型。

在霍皮语中，体和时态形式的使用常常是由隐型决定的。例如，隐型决定用何形式表达某一动作或状态的开始（即英文中的 begins to do 或 begins to be，开始做某事或开始进入某种状态）。首先，依据动词是动作性的还是非动作性的（被动的或静止的）分类来使用一种不同的形式（显型），而这种分类是隐型的区分，因为霍皮语的语法形式中不存在"动作性"与"非动作性"的对立。而且，霍皮语将"位于……之中"、"位于……旁边"、"越过……的上方"以及其他某些空间位置关系归为动作性(active)一类，而把"红色的"、"长的"、"小的"、"好看的"、"被翻转"、"被打中"等划归非动作性(inactive)一类。在这里，"表示原因的"和"不表示原因的"(causal—incausal)两个词比"动作性的/主动的"和"非动作性的/被动的"(active—passive)更准确。然后，如果动词是动作性的，表示开始的显型有赖于该动词所含的隐型属于三种动作性隐型的哪一种。大多数动词都能用起始体，或者将来时态。分析显示，霍皮语似乎认为这些动词的主语通过持续的动态调整进入这一动作过程，并继续调整直到它完成。主语逐渐地调节自身，开始这一动作，并在动作进行的整个过程中始终保持自身调节，以便进一步增强其效果，或者使效果稳定并持续下去。在霍皮语中，这类动词包括睡觉、死、笑、吃，包括绝大多数有机体的功能活动，以及涉及改变的动作[①]，如：切、弯腰、盖上、放置，以及成千上万其他行为。第二种隐型只使用将来时态表达开始，包括了表示按直线做同样动

① 在边注中，沃尔夫注释说，这一点"初看起来很令人奇怪，但具有启发性"。——编者注

作的动词：跑、逃亡、去、来、位于……之中、在……地方、处于某种空间位置关系中、打开、关上，以及其他一些动词。分析表明，在这种情况下，主语立即置身于一种全新的状态，而不是动态地渐入一个动作过程，并持续下去直到动作结束。第三类隐型用投射体（projective aspect）表达开始，投射体是一种显型，用于别处时意为"伴有向前运动的动作"。此类隐型有个暗含的意思，即主语被某个影响力的场所统摄、同化、带走；它包括了与地球引力以及运动惯性有关的现象，如"下落、栽倒、溢出、跳起、急速旋转"，还有会让我们感到奇怪的"走出"和"走进"。根据霍皮语的逻辑，要进入房子或走到户外去的人得向前运动，使自己服从于一种新的影响力，就如同摔倒或者跳跃起来的人一样。

人类学家可能在很大程度上认为语言学是一种高度专业化的、严格而乏味的技术性分类体系，在人类学研究领域中处于边远的一隅。然而他们需要明白，语言学本质上是对意义的探寻。在外行人看来，语言学可能过分地沉湎于记录细小而毫无意义的声音差别、做语音体操、撰写只有语法学家才看的复杂语法。但是，事实并非如此。语言学真正的任务，是以某种"金光"照亮笼罩在某一群体语言之上的浓重黑暗，从而照亮其思维、文化、人生观。这种被人称为"金光"的东西，便是意义的变形原则。正如我试图向读者展示的那样，语言学的目标远远超过从事教学实践的语言教师的理解，即学会使用一门语言。文化研究者往往回避对心理学问题的思考，然而他们应当坚信，语言学是解决诸多心理学问题的具有启示意义的方法。它就像一架光学仪器，若聚焦准确，将能显现许多作用力的真实形态。在这些研究者眼里，这些作用力原本只是无形无体的思维，是无法理解的一片空白。

二

无论在历史上，还是对于语言研究者个人来说，在征服语言、理解语言的过程中，最终达到的境界都是意识到底层心理力量的作用。向外国人教授本族语言能使人们在某种程度上意识到外在的形式模式，如词形变化和词干的屈折变化。已知最早的语法便属此类，楔形文字的词汇表给出了苏美尔语和闪族阿卡德语的对等词。直到希腊和印度哲学发现了理性思维过程与语言模式之间存在着一定的关系，对语言的理解才有了进展。这一发现使哲学中出现了形式逻辑，而在语法研究方面，至少是促使人们发现了古典印欧语言中更具有突出意义的一些范畴。在闪语系的语言世界中，语法基本上一直停留在对形式的研究上，经典的希伯来语语法和阿拉伯语语法的主要内容是词形变化形式，人们为这些变化形式编了代号，却从未试图描述各个类别的意义特征，更不用说去深入挖掘它们。相比之下，使用了陈述语气、虚拟语气、被动语态等术语的拉丁语语法倒在心理层面有所作为。19 世纪早期西方学者发现了古代印度语语法，给学者们留下深刻印象的仍主要是其形式上的完善。但是，这部语法还揭示了某些心理层面的微妙之处，比如，它认识到在构造复合词的技巧中存在着不同的隐而不显的观念，将复合词归为依主释（*tatpurusha*）、相违释（*dvandva*）、多财释（*bahuvrihi*）等几类。①

---

①　依主释复合词中，一个词修饰另一个，类似英文中的 self-made（自制的），foot-soldier（步兵）等词；相违释复合词包含了并列关系的两个词，英语中最相近的例子是 bread and butter（面包加黄油）。这一词组在梵语中可用一个合成词表达；多财释复合词是形容词性合成词，暗含拥有、所有的意思，可以一个梵语词为例，其意义为“具有太阳的光辉”。参见威廉·多特·惠特尼所著《梵语语法》（*Sanskrit Grammar*，Harvard U. Press，1931，Chapter XVIII）。——编者注

即便是19世纪欧洲最伟大的语法学家，除了用经典的语法和哲学概念在所研究的各种语言之间作比较以外，没有人超越形式的、外在的结构而达到更深的层面。不过有一个显赫的例外——此人是一位令人惊叹的天才，他卓越的贡献可谓前无古人后无来者，同代人也只能望其项背。据我所知，19世纪早期的法国语法学家安托尼·法布尔·多利维(1768—1825)①是以下这些概念的真正奠基者：关系系统、隐性类别、隐型、心理语言的模式化过程、语言作为文化不可分割的重要部分。法布尔·多利维考察了闪米特语族，对希伯来语尤其关注。然而，正像孟德尔在遗传学方面的卓著成果在他有生之年并未得到重视一样，法布尔·多利维的语法研究对他生活的时代的思想界没有产生任何影响。他是一位崇尚神秘、笃信宗教的玄学家，这一性情侧面与他非凡的语言天赋混在一起，很遗憾地为人们理解他的学术成就造成了很大障碍，无论是在当时还是现在。出于这种性情和天赋的结合，他对《创世记》做了神秘主义的、诺斯替教②风格的"翻译"，或者说奥义书③式的解释。该作品就像一幅充满了奇妙象形文字的宇宙图景，令人惊讶不已。它很快被列入天主教会的禁书目录。正统派对他的拒斥并未为他赢来激进左派的赞美。这是因为，对任何《圣经》注释学派而言，他对《圣经》经文的看法都过于强烈地反对偶像崇拜，同时

---

① 我已依据《19世纪大百科词典》将两个日期填上了，沃尔夫在原文中留下了空白处，以待补全。要注意的是这个人的姓氏为法布尔·多利维(Fabre d'Olivet)，而不是多利维(d'Olivet)。——编者注

② 诺斯替教，盛行于2世纪的宗教，尊重某神灵的直觉。遭到基督教的反对，被视为邪教。——译者注

③ 奥义书，印度教古代吠陀教义的思辨作品，较早期的奥义书可能是对吠陀著作的评注，偏重哲学的和神秘主义的探索。——译者注

又具有过多的超验主义色彩，所以无法被接受。不过，在他1815—1816年[①]出版的《本来面目的希伯来语》一书中，包含有严格意义上的语言学论述。今天，当我们将这些论述与前面所说的《创世记》解读分开来看，会发现它们纯粹是基于语言学标准，显示了作者对心理层面的深刻洞见，其思想观念远远地超越了他所处的时代。还有必要说明的是，虽然法布尔·多利维的神秘主义倾向近乎与雅克·波姆或威廉·布雷克不相上下，但是，他彻底摆脱了充斥在希伯来语的古代犹太传统中的神秘主义和数灵学的分析技术。而且，他完全抛弃了语法的形式主义观念，也不愿把希伯来语纳入拉丁语和希腊语的模式。他的希伯来语如同博厄斯的奇努克语一样自立，有自己的模式。他认识到动词词形变化是在心理语言层面进行的，他从意义和功能的角度来思考每个前缀和后缀，并深入到元音模式的语义学及元音的语义色彩。他还指明了有多少希伯来语的词干能被分解成更小的意义部分，就像英语中的词flash(闪亮)，flicker(闪烁)，clash(撞击)，click(咔嗒响)，clack(噼啪响)，crack(爆裂)，crash(猛撞)，lick(舔)，lash(鞭打)等可以进一步分解一样。他拒绝将希伯来语书写体系的字母与其语音成分相等同，看出这些成分不仅仅是声音，而且是有固定模式、有编排体系、有意义规律的声音。于是他发展了一种音素的概念，将其称作"符号"(sign)或"声音符号"(vocal sign)。虽然他在术语的

---

① 日期是我填补上的，沃尔夫在原手稿中空下未填。这本现存很少的书全名为《本来面目的希伯来语，以及通过基本分析所证实并建立的希伯来语词汇的真正意义》。该书可在美国国会图书馆、康奈尔大学图书馆找到，也许美国的另外几家图书馆也有。沃尔夫很可能主要是从娜扬·路易丝·雷德菲尔德的英译本《本来面目的希伯来语》(*The Hebraic Tongue Restored*, New York & London, G. P. Putnam's Sons, 1921)中了解这本书的。——编者注

使用上颇为踟蹰，但他的观点不失为对语言事实的真知灼见。法布尔·多利维着重强调符号与词汇之间存在着复杂关系这一事实。作为语义关系的一部分，一个音素要承担明确的语义责任。英语中的音素 ð(*th* 所发的浊音)只有在指示词(the, this, there, than 等)这类隐型中才会在词首出现。于是，在读 *thig*, *thag*, *thab*, *thuzzle* 等不带有指示意义的新词或想象出来的词时，就会有一种心理压力使人们拒绝将其中的 th 发成浊音。如果我们遇到了 *thob* 这样一个新词，就会"本能地"发出 *th* 的轻音"θ"，像读 think 时一样。但是这并非出于"本能"，而是我们的老朋友——语言关系在起作用。给一个新词赋予指示的含义，例如使 *thag* 意为"over the fence"(越过篱笆墙)，我们就能够用浊音音素来替换 θ，像读 there 时一样。所有这些法布尔·多利维都已经认识到了。

更有意义的是，法布尔·多利维不仅仅从语法的角度，还从人类学的角度来思考问题；在他看来，语言并非一种特殊的"天赋"，不必把它捧得很高，而应在对人类的行为和文化的关照下理解语言，语言是行为和文化的组成部分，担负着一定的分工，但与其他部分之间没有原则上的差异。声音符号(音素)是一种高度专门化了的体态或象征行为，当全部的身体行为具有了象征意义而越来越多地通过声音渠道表达时，语言便发展起来——这是他的教导的现代表述。

直到爱尔兰语言学家詹姆斯·贝尔纳(1820—1897)出现，我们才遇到了又一位同法布尔·多利维一样，从语言学入手对思维进行考察的伟大人物。他试图将其研究基于对世界范围内所有已知语言的语法结构的考察，这个想法具有无比重要的价值。他的伟大著作(虽然成书中也许有些缺憾，但至少在构想上它有资格被称为“伟大的”)共两卷,名为《语言结构的一般原则》,出版于1885年。[①] 该书的显著特征是简约地勾画了世界上所有语言的语法结构,从汉语到霍屯督人诸语言。大量美洲语言,以及美洲以外地区的几乎所有语系在书中都有所描述。贝尔纳以此项考察为基础发展了他的心理学理论。贝尔纳基于语言结构的研究,发现了两种对立的基本心理类型。这一发现至少在我看来很有意义,它与后来荣格在精神病学研究中的发现十分相似。荣格称他的心理类型为外倾型和内倾型,并且向我们说明,这两种类型之间不可调和的对立如何给相继出现的哲学和宗教造成了根本性的矛盾和派系分裂。贝尔纳独立地发现了或者说他认为自己发现了语言结构与两种心理状态之间存在着某种相互关系。一种心理状态以反应迅速、思考迅速、反复无常为特征,另一种则以反应迟缓、思考速度慢,但更加深邃冷静为特征。贝尔纳的慢速思考心理状态让人想到荣格的内倾型。贝尔纳认为从总体上看,与这种心理状态相伴的是综合型语言,这种语言有复杂而外显的构词形态,及大量的派生和构词现象,最极端的例子是多式综合语。快速思考(外倾)类型总体上与相对简单的词汇形态相伴,这种语言缺少综合现象,多为分析性语言,最极端的例子是孤立语。

我也认为找到语言结构与心理状态之间的相互关系的可能性是存在的,这一发现将是巨大的成就。贝尔纳先于荣格做出的发现也给我留下了深刻的印象。尽管如此,我仍觉得贝尔纳的论述从总体上看缺乏说服力。这主要是因为,我看得出他的研究材料

---

① 出版年代及贝尔纳的生卒年月是我补上的。在原稿的此处和后面一处,沃尔夫用了托马斯·贝尔纳的名字,这肯定是他记错了。——编者注

极不充分。了解人类的心智构成确实是一项极其重要的工程，但贝尔纳所做的尝试过于草率了，今后欲担当这一重任的学者们应尽可能地做好。做好这项工作也许不仅要比贝尔纳考察更多的语言，尤其是美洲的语言，而且要依据每种语言自己的模式和类别，科学地总结出其语法规则，并且要尽量摆脱有关语法逻辑的任何普遍性前设。贝尔纳的材料来自老式的语法，即形式语法和所谓“经典”语法。这些语法可以在任何时候将一大堆与目的语格格不入的模式和观念强加给它，使其惨遭不幸。包括贝尔纳在内的语法学家中没有哪位像法布尔·多利维一样，用一种语言自己的模式描述其构成特点；那种能力已经死了。也许有一天它会复活，成为充分发展成熟的科学技术，并用来从事又一次世界性的语言考察和比较研究。在那一天到来之前，人类对自身心智活动的根源将继续保持无知，也没有资格和可能从全球范围考察思维，探寻它对于人类自身的意义。

随着博厄斯对美洲印第安语言展开的攻势，这种能力起死回生。他在《手册》[①]序言中对原则和方法的理念所做的声明，尤其显示出这种能力。这本书也得到了公正的赞许。博厄斯使这种能力以现代科学的形式重现，以广为接受的科学崇拜/时尚(cultus)为依据，而不像以前那样，依靠一种充满活力的、富于神秘主义色彩的创造性想象力。博厄斯向我们显示：一种语言能够按其自身的方式去分析，不必把“经典”的传统范畴强加给它。他是有史以来这样做的第二位，但他的科学态度是史无前例的。这种新的观

① 弗朗兹·博厄斯编《美洲印第安语言手册》(*Handbook of American Indian Languages*, Parts 1 & 2. Washington D. C.: Government Printing Office, 1911—1922. *Bull. 40*, *Bur. Amer. Ethnol.*, *Smithsonian Institution*)。——编者注

念需要与之相应的成熟的技术，但技术的发展过程是艰难而缓慢的。在博厄斯的影响下，美洲语言第一次开始向人们展示其思维范畴所具有的无与伦比的复杂与微妙之处。然而音位的分类体系尚未产生，在田野工作的美国语言学家不可能像法布尔一样，通过直觉和富于想象力的洞察去认识音位和词素音位。他们不得不耐心地等待受过专业训练的语音学家们发展这些概念。这些语言学家们首先在现代语言的田野中工作，他们从一开始就缺乏对心理层面的深入理解。

当萨丕尔出现在语言学领域当中，尤其随着1921年[①]他的著作《语言论》的出版，由博厄斯开创的新纪元进入了第二阶段，具备了真正意义上的现代语言学的视角。从语言的角度入手对思维加以考察，并使其具有科学意义，萨丕尔在这方面所做的工作无人能比。不仅如此，他还向人们展示了语言学之于人类学和心理学的重要性。我本该从这里开始，向大家介绍一系列做出贡献的学者，他们使人们意识到语言学不仅对于有关思维的理论具有重要意义，而且归根结底，对于所有关于人的科学都具有重要意义。感兴趣的读者可以参考本文后所附的书目，尽管这个书目还很不完整。

三

将语言学应用于对原始社群中人们思维的考察，这种做法对

---

① 年份是我填补上的。完整的参考文献是：爱德华·萨丕尔，《语言论：言语研究导论》（*Language: An Introduction to the Study of Speech*. New York: Harcourt Brace Co, 1921, vii, 238pp）。——编者注

人类学的意义有两方面。首先，从人种学和心理学-语言学角度对同一个原始社群做深入的理解，尤其当从事这项工作的是同一位研究者时，我们有理由期待两者会相互丰富、相互充实。萨丕尔以及其他学者都证实了这一点，并在他们富于启发性的教导中告诉我们这个事实。语言学的本质是对意义的探寻。随着科学将其研究过程精密化、细致化，语言学不可避免地变得更具心理学和文化的性质。与此同时，由于这一领域的材料具有高度系统化的性质，语言学的陈述保持了近乎数学的精确程度。

假定某位人种学家发现，霍皮人在求雨的祈祷中或在其他场合说到云彩时，似乎认为云彩是活的东西。他很想知道这究竟是某种隐喻，还是具有宗教色彩或仪式性的修辞手段，亦或是霍皮人想到云彩时所采用的通常形式。对这种问题，语言可能会给出有意义的答案。我们立即把目光投向语言，看其中是否存在区分有生命事物和无生命事物的性分类系统，如果有，那么云彩被划归哪一类。我们发现霍皮语中根本没有性。博厄斯以前的传统语法也许会到此为止，不再深究，认为已经找到了答案。但是，只有对隐性和显性的结构和意义都加以分析的语法才能正确地回答这个问题。这是因为，霍皮语的确区分了一类表示有生命事物的名词，这**是一种隐型**，而且仅仅是隐型。其关键的反应表现在构成复数的方式上。例如，“长笛会”（the Flute Society）的成员们可能被称为 Flutes（长笛们）。也就是说，“长笛”这个（隐性的）表示无生命事物的名词变成复数时表现为有生命的事物。但是，“云彩”（ʔo·ˈ*mâw*）这个词总按有生命的方式被复数化，没有别的复数形式；它确定无疑地属于表示生命的隐型。这样，我们便回答了先前提出的问题，或者至少给问题增加了大量新的含义：霍皮语中赋予云彩以生命的现象到底是一种修辞手段，还是习惯用法，或者是由于某种更深层的思维在起着细致、微妙、无所不在的作用。

因此，语言应该能够对所谓的原始人和现代文明人在心理状态上存在的某些差异加以分析(也许不可能分析全部差异)，不论差异是真的存在，还是臆想出来的。有些理论认为，除了文化的差异之外，原始人的心理也构成与现代人相对照的基本类别，例如列维-布鲁尔的“物我两忘的神秘感”[①](participation mystique)，以及弗洛伊德和荣格将“原始”与“婴儿期”相等同的理论。也有些理论认为(除了文化的基本类别之外)文明化了的现代人的心理是基本心理类别，因为西方现代文明的所有语言在结构上都很相似；而反映了丰富多样语言结构的多种心理状态，只是这种基本类别的参照。究竟哪种理论正确？这只是全人类共同面对的诸多重要心理问题中的一个。这一问题属于语言学范围，期待着语言学研究能够提供客观的、清晰明确的答案。我们习惯性地认为，与我们自己的思想方式相比，“物我两忘的神秘感”中蕴涵的心理不那么合乎理性、不那么具有思维的性质。然而，许多美洲印第安语言和非洲的语言中充满了关于原因、行动、结果、动态的或能量的性质、经验的直接性等等精制而美妙的逻辑辨识，它们都属于思

① 卢西安·列维-布鲁尔，《原始社会的心理功能》(*Les fonctions mentales dans les sociétés inferieures*, Paris, 1912)。“物我两忘的神秘感”指一种与客体的特殊心理关系。在这种心理关系作用下，个体不能清晰地辨别自身与客体之间的分离。——编者注

维的功能，也正是理性的本质。就这一点来说，这些语言远远超过欧洲语言。[①] 这种最惊人、最有洞见的辨识通常在语言隐性的，甚至隐型的层面进行分析时才能被显示出来。的确，隐性范畴比显性范畴更具有合乎理性的倾向。英语中无标记的性比拉丁语或德语中有标记的性要合理得多，也更接近于自然事实。随着类别的外在标记越来越少，属于某一类别的词语将围绕着一个观念而固定下来，也就愈发地依赖于其意义中所蕴涵的综合原则。甚至许多抽象的观念也可能以这种方式产生。某组相当形式化的而没有多少实际意义、以某种外显的特征为标记的语言成分，也许恰好会以某种方式与一系列现象大略地吻合，而这种一致性被进而理性化。在语音变化过程中，尾音或其他区别性标记消失了，因而某类词由形式类别转化成意义类别。现在，它的类别标志是它的反应和意义。随着时间的推移以及使用的延续，这个词汇类别越来越倾向于组织在一个基本理念的周围，吸引语义上合适的新词，抛弃语义上不再合适的旧词。逻辑将它们结为一个整体，成为这个整体的语义联系。该整体的构形基础是一束非肌肉性活动的联结，这束联结将所属的全部词汇牢系在其共同的反应之上。从语义上看，它已经成为现象背后的一种深层次的原理，例如无生命的概

---

① 这方面的一个例子，是霍皮人如何处理重复的、振动的现象。参见拙文《霍皮语动词的瞬止体与链续体》。另一个例子是奇舍瓦语的“lacuna”，参见沃金森的分析。[沃尔夫的原意很可能是想提及奇舍瓦的动词系统；它对行为的原因方面极为敏感。比如，它有七种过去时态，其使用不仅有赖于所指的过去的时间之远近(在昨晚之前，还是从昨晚起)，而且取决于行为是否对现在产生影响。奇舍瓦的动词系统中还有七种“语态”，表达主语、动词和谓语(包括宾语)之间各种不同的关系。见《奇舍瓦语法，英属中非班图族的一种语言》，马克·汉那·沃金森著，49－57、72－81页，*Language Dissertation* no. 24，1937。另见沃尔夫后来在《语言、心理与现实》一文中的论述，第265页以次。——编者注]

念、“物质”的观念、抽象的性或人格的概念、力量、因果的概念等——不是与“因果关系”(causation)这个词相对应的显性概念，而是隐性的概念，是对必然的因果原则的一种“感知”，或者，像人们常说的那样(但荣格认为是错误的)，是一种“感觉”。然后，这个隐性的观念可能会或多或少地在哲学家发明的一个词或词汇概念中得以复制：比如，“因果关系”(causation)这个词。由此看来，许多没有书面文字的(“原始的”)人群的心智可能远非低文明人一等，而是在更高、更复杂的理性水平上发挥作用。我们没有证据说文明与理性同义。这些原始部落可能仅仅是缺少哲学家；哲学家的存在依赖于经济的繁荣，而历史上达到这种条件的文化寥寥无几。过多的理性有可能损害理性自身，或者引发强有力的补偿原则。这些都是有待研究的问题，主要是人类学问题。人种学与心理-语言学的联合似乎是最好的解题方法。

从语言学入手考察思维，这对人类学还有第二方面的意义，它更多地指向未来，特别是遥远的未来。让我们期望，那时人类已经发展成与今人不同的、并且更高级的生物。首先让我们把目光投向较近的未来。我们期望人类学与其他学科进行合作，以迎接新的时代。在这个新的时代，我们将像詹姆斯·贝尔纳在其著作中设想的那样，从文化和心理学角度出发，在世界范围内进行语言考察。这种考察不但可能，而且具有迫切的必要性。新时代的到来不能拖延太久，它将以全新的真理聚成的巨大财富，丰富我们的科学。目前这些真理还埋藏在田野中，等待着被发现的一天。

随着时间的推移，此项考察可能发掘的知识将越来越多地吸引学术领域之外的关注和兴趣，因为它可能对正在形成的世界历史起重要作用。如何达到相互理解，如何解除语言阻碍，如何做宣传和广告，如何改进教育，如何实行有效的人员管理、同时避免不必要的摩擦，如何把握与自然科学所带来的变化同步发展的人际关系——所有这些问题都同语言和思维纠缠在一起。每个人都自然而然地对语言问题感兴趣，但他们自己要么对此全然不知，要么知之而以为无所不知。举例来说，有一项社会运动，要将奥格登设计的人工语言“基本英语”(Basic English)扩展并应用于实际生活，这种语言富于天才创造性，且深得商人、教育工作者、关心国际事务的人，以及像 H. G. 威尔斯那样的社会预言家们的好感和支持。如果我们采取高高在上的姿态，傲慢地谴责此类语言运动不科学，这样做完全于事无补。无论是否具有科学性，这类运动面对的是当今社会的语言现象，而语言科学是唯一能够处理其基本原则的学科，为什么要隔岸观火、满不在乎，任它们一路蹒跚，错误百出，发挥其粗劣而巨大的能量，改变人们未来的思维方式？基本英语吸引了许多人，原因是它看上去很简单。但那些认为它看上去简单的人要么是懂英语的人，要么是认为自己懂英语的人——而问题正出在这里！对讲某种语言的人来说，自己的语言自然看起来很简单，因为他们对所讲语言的结构没有意识。然而，英语绝不简单——它是个令人迷惑的复杂结构，充满了隐性类别、隐型、选择特点、语序特点、[1]重要而十分复杂的重音及语调模式。就其超音段系统的复杂程度而言，英语几乎可以自成一家。在这方面，它是世界上最复杂的语言之一。从总体上看，英语同大多数美洲的

① 边注中写道：“作为某类隐性范畴的成员”，并指出参考布龙菲尔德的《语言论》(*Language*, New York, 1933)中第 10、12 章以及其他一些章节中对语法特点(taxeme)的讨论。——编者注

多式综合语一样复杂，只是我们中大多数人满足于已有的知识，对这一事实全然不知。英语的复杂结构大体上属于隐性的，这使它更加难以分析。学习英语的外国人不得不花上数年的时间，置身于英语口语持续的大规模轰炸之中，才能通过无意识掌握这门语言。目前还没有任何语法可以承担教授英语的重任。在基本英语以及其他人工语言之中，文化上占主导地位的几种欧洲语言的基本结构和范畴被看作是想当然的；其错综繁复的前设被误当作简单性的基础。我们说“一只大的黑白相间的猎犬”(a large black and white hunting dog)，且认为用基本英语也应如此表达。那么，如果一个人的母语与英语相去甚远，他怎么会知道这话不能说成“打猎的白的黑的大的一只狗”(hunting white black large a dog)呢？英语中的形容词属于隐型，具有固定的位置分配，其布局确定而复杂。但是请注意！那些不幸的印第安人组织思想的方式与我们很不一样。想使用基本英语的人，一定要先明白或争取弄明白现实中应用的英语所具有的无比复杂的隐性结构。

这里我们看到，试图处理有关语言之社会问题的人当中，大多数人都犯了一个错误——他们天真地以为言语只不过是词的堆砌，只要有了词，就能进行各种理性思考；由语言结构和构形性关系提供的、远比词语重要的思维质料却不在他们的视野之内。一种语言的外在结构变得越简单，它就可能越多地依赖隐型及其他的隐性形式。同时，它会将无意识的前设更深地隐蔽起来，其词语将更加富于变化，更难以定义。难道不是那些鼓吹“简单”的国际语言的宣传家们插手进来，把事情搞成一团糟的吗?！为了在有关领域中做出合理的思考和决定，我们迫切需要在世界范围内对各种语言做实实在在的考察。

四

现在，让我们把目光投向遥远的将来。或许我们可以尝试一个更宽广的视野，从整个人类物种的角度审视语言及其与思维的联系。但首先，我们得重复一些老生常谈。人类与其他动物的区别，是高度发达的语言和思维。我们必须从精神成长的角度来展望和设计人类的未来。我们必须认定，思维的未来发展对人类有至关重要的意义，甚至可能决定人类在地球上或宇宙中生存时间的长短。思维发展的可能性就是在心理或心智层面确认各种关系，发现其运作技术的可能性，这样，更为广阔、更富于洞见和意义的关系系统将会出现。这些可能性不可避免地与语言表达系统密切地联系在一起，其进化历史就是人类语言发展的历史——数以千计的迥然不同的系统经历了漫长的演化，对各种关系进行分辨、选择、组织、运作。我们对这一演化过程的早期阶段，对语言真正原始的起源一无所知。但至少我们有资格认为，我们可以发现散布于我们今天所在星球上的进化结果。对于世界上语言的分类，我们目前只有初步的了解。在语法理论的凭空构想，以及与此相关的逻辑和思维的心理学领域，我们的处境同林耐[①]之前的植物学一样。用生物学的术语来说，到现在为止我们还没有获得对现存语言物种的完整描述。

对生物学来说幸运的是，在历史进化论发展起来之前，已经有

---

① 林耐（Linne，Carl von 1707—1778），瑞典博学家，现代生物分类学的奠基人。——译者注

了世界范围生物的系统分类，这一分类成为历史进化论的基础。在语言学及其他文化研究领域中，情况不幸相反。当现代人对语言和思维的认识还基于对寥寥几种语言的了解时——这几种语言只是现存的成百上千种不同语言中很小的一部分——进化的观念从天而降。这一进化观煽起了现代人狭隘的语言偏见，并助长了他们虚幻的狂妄：他们竟以为自己的思维以及作为其基础的少数几种欧洲语言，代表了语言进化的最高成果！这就好比构想出进化观的前林耐植物学家会认为，我们培养的小麦和燕麦，比起只限于喜马拉雅山少数地区生长的稀少的翠菊来，代表了更高的进化阶段。然而从成熟的生物学角度来看，恰恰是罕见的翠菊更有资格承领高度进化的殊荣；小麦广布各地并享有盛誉只应归于人类经济和历史的原因。

欧洲语言及思维习惯处于显赫地位，也是经济和历史原因所致。其文化已经达到现代文明水平的少数几种语言，意欲扩张至整个地球，使成百上千奇异多彩的语言种类遭受灭顶之灾。虽然这一企图是事实，但依此声称这些欧洲语言代表了某种优越性是毫无根据的。只需对无文字体系的语言，尤其是美洲的语言进行初步的科学研究，就会发现情况恰恰相反，这些语言中有许多比我们的语言精确、细致得多的关系系统。[①] 同许多美洲语言相比，英语、德语、法语、意大利语中对概念的形式系统化显得低级、拙劣。举个例子，当我们说“我看见它是红色的”(I see that it is red)和

---

① 手稿中，此处有一则边注：“结论——认为语言的功能仅仅是交流思想是错误的。”沃尔夫强调了“交流”这个词，显然他想传达的意思是：语言不仅仅交流思想，而且从思想开始形成的阶段就在发挥作用。如果我们接受本文中沃尔夫的主要论点，那么也必然会得出这个结论。——编者注

“我发现它是新的”(I see that it is new)时,为什么不采用另一种方式,像霍皮人那样来表达两个句子中感觉渠道(视觉,seeing)的关系,使其出现在意识层面?我们把两种很不相同的关系混在一起,变成由“that”表达的某种模糊联系,而霍皮语则表明,在第一种情况下,“seeing”在意识中呈现了关于“红色的”感知;在第二种情况下,“seeing”呈现的是没有说明的一些迹象,从中推衍出了“新”的性质。如果把句子改成“我听说它是红色的”(I hear that it is red)或者“我听说它是新的”(I hear that it is new),我们欧洲人还会死抱着蹩脚的“that”不放,而霍皮人则用另一种关联方式,不去区分“红的”和“新的”,因为两句在意识中呈现的是一种语言报道,既非感知,亦非推理证据。在此,比起自鸣得意的英语,霍皮语是不是显示出更高的思维层次,对情境更富有理性的分析?结论当然是肯定的。在这方面以及许多其他方面,英语较之于霍皮语就像是笨拙的短棒之于轻捷的短剑。我们甚至不得不左思右想、犹豫良久,或者受人点拨,才能看出上例中“that”表达的关系有所不同,而霍皮人区分这些关系却不费吹灰之力,因为霍皮语的形式使他们对此驾轻就熟。

参考书目[①]

De Angulo, Jaime. “Tone patterns and verb forms in a dialect of Zapotek.”

---

① 手稿的结尾部分为“参考书目(注释)”,但只是个框架,主要是人名。我已经在脚注中给出了以下这些人的参考书目:布龙菲尔德、博厄斯、贝尔纳、法布尔·多利维、荣格、萨丕尔、沃金森、华生。其他一些人的著作我补录在下面。我觉得沃尔夫心里想到的很可能是这些书,其中的几本他曾明确提到。——编者注

Language, 2:238 - 250(1926).

Flournoy, Théodore. *Métaphysique et psychologie*. Geneva, 1890. ①

Haas, Mary. ②

Jones, William, and Michelson, Truman. "Algonquian (Fox)." pp. 735 - 873 in Boas, F. (editor). *Handbook of American Indian Languages*, Part 1. Washington: Government Printing Office, 1911.

Koffka, K. *Principles of Gestalt Psychology*. New York: Harcourt, Brace & Co., 1935.

Lowes, John Livingston. *Road to Xanadu*. Harvard University Press, 1927. ③

Murdock, George P. *Our Primitive Contemporaries*. New York: Macmillan, 1934.

Newman, Stanley S. *A Grammar of Yokuts, an American Indian Language of California*. Unpublished Ph. D. dissertation, Yale Univ. 1932. 另见 *Yokuts Language of California*. New York, 1944. (Viking Fund Publication in Anthropology, no. 2.)

Morice, Adrian G. *The Carrier Language (Dene Family); A Grammar and Dictionary Combined*. St. Gabriel-Modling near Vienna, Austria, 1932.

Ogden, Charles K. *Basic English: A General Introduction with Rules and Grammar*. London: K. Paul, Trench, Trubner, 1930. ④

Swadesh, Morris. ⑤

---

① ？这本也许不是相关的书。——编者注

② 沃尔夫很可能是指他看到过但未发表过的材料。见 H. Hoijer, *Linguistic Structures of Native America*. New York, 1946。书中有 Haas 对图尼卡语——一种美洲印第安语言——的梗概描述。——编者注

③ 沃尔夫把作者的名字误记成了 Dickinson。他评论说："此书展示了如何将语言材料从无意识中抽取出来，因而很有意思。"——编者注

④ 沃尔夫写出 Ogden 和 Richards 两个名字，但我认为他所指的是这本关于基本英语的书。

⑤ 沃尔夫提到的很可能是他看到过但未经发表的材料。见 H. Hoijer, *Linguistic Structures of Native America*. New York, 1946，书中有 Swadesh 关于南格陵兰岛爱斯基摩人的概述。——编者注

Trager, George L. "The phonemes of Russian." *Language*, 10:334 - 344 (1934).

（吕珺 译）

语法范畴*

人们似乎有一种自然倾向，喜欢使用传统语法的术语，如动词、名词、形容词、被动语态等，来描述印欧语系以外的语言。这种倾向极有可能引起误解。我们十分需要采用某种方法来定义这些术语，以便我们能够利用它们带来的便利，并在可能的情况下，将它们以科学、一致的方式应用于外语。为做到这一点，我们必须采用全球视角来观察语言现象，重新审视在语言中发现的各类语法范畴，在某种新的意义上建构和修订概念，增加必要的术语。这些对外语的观察方式同样也适用于英语。用一般印欧语言的模式衡量，英语的出格之处并不少于一些美洲印第安语言。①

美洲语言的传统语法是以古典模式为基础的，由于其影响，人们倾向于将注意力局限于标记许多语法形式的词素。这种观点忽略了这样的词类——它们的标记不是附加的词素，而是型式（patterning）类别，例如对某种词素的系统的回避、词汇选择、作为类·

---

* Grammatical categories. 原载 *Language*，21：1－11（1945）。根据该刊编者提供的注释，"这篇论文是在 1937 年末应弗朗兹·博厄斯的要求写作的，博厄斯在当时是 *Int. J. Amer. Linguistics* 一刊的编辑。这部手稿是在 C.F. 沃格林和 Z.S. 哈里斯整理的博厄斯所收文稿中发现的。"博厄斯所收文稿已编入 1945 年第 22 期的 *Language Monograph* 目录。

① 作者感谢同事乔治·L. 特拉格博士和莫里斯·斯沃德斯博士。作者曾与他们就本文中的一些范畴问题进行过探讨。

别序列的词序;总体来说,就是与确定的语言结构的联系。在研究一种语言的初始阶段,应避免将"功能"类型的定义(例如这样来判断词类:一个"名词"是"一个能够做某事的词")作为唯一的鉴别标准;因为人们对于一个特定的单词在一种不熟悉的语言中"做"什么的看法和他们自身的本族语、语言教育、哲学偏好一样是多种多样的。在语法中研究的范畴是某些可以认定的结构(configurational)事实,这些事实对所有的观察者都是同样的。不过,我并非像一些现代语法学家那样完全不相信所有的功能性定义。当范畴根据结构事实被概括出来之后,研究过程可能需要应用功能性或操作性的符号表达方式。操作性描述与结构事实材料相联系,作为陈述这些形式之意义的可能方式是有效的;此处的"意义"是一种特征概括,它简洁地说明所有已知的和可以推测的语义及形态事实。

我们可以首先区分显性范畴和隐性范畴。

一个显性范畴是一个具有形式标记的范畴,这一标记出现在包含此范畴一个成分的每一个句子中(只有很少例外)。范畴作为纵聚合关系统摄单词,标记不必是词形变化表中相同单词的一部分;例如它不必是后缀、前缀、元音变化或其他的"屈折变化",而可能是一个单独的词或整个句子的某个特定型式。因此,在英语中名词的复数是一个显性范畴,通常表现为词形变位词(该名词)的后缀"-s"或元音变化。但是,像"fish"(鱼)、"sheep"(羊)以及民族或国籍的名词,其复数是由动词形式、冠词的使用等来标记的。在"fish appeared"(鱼出现了)中,是由零冠词标记;在"the fish will be plentiful"(会有很多鱼)中,是由一个复数化的形容词标记;在"the Chinese arrived"(中国人来了)和"the Kwakiutl arrived"(夸扣特尔人来了)中,它的标记是定冠词,以及未使用"person"、"Chinaman"或"Indian"一类的单数标志。在上述所有情况以及所有英语名词中,复数都有外在标志,极少有例外。所以,名词复数是英语中的一个显性范畴。[①] 在派尤特南部,一个动词的主语人称由一个像英语中的"-s"一样不能单独存在的次词汇成分(sub-lexical)(或"黏着词素")来表示;但它不需要附着在动词上,可以附在句子中第一个重要词语之后。在英语中所谓动词的可能语气是一个显性范畴,用词素"can"或"could"(可以)标志出来,这个词语在一个句子中是与动词分离的,但它出现在包含这一范畴的每一个句子中。这个范畴是形态学中动词系统的一部分,正如在综合语如阿尔冈昆语或梵语的动词当中,这一范畴是由一个黏着成分来表示的。英语词素"can"可以替代同一情态系统中的平行成分,如"may"、"will",但它不能像纯粹的词汇单位一样(如"possibly")简单地附加于这些成分。在霍皮语中也有一个严格的相互排除的"情态"系统,用孤立的词语来表示。

隐性范畴的标记,无论是词素还是句型,都只出现于某类句子,而不是出现于某个词或某个成分所属范畴的每一个句子。词的隐性类别一般是看不出来的,直到这个词被使用,或者在一些特殊的句型中被提到,我们才会发现这个词属于某一类,需要某种区别性的处理,甚至是排除整个句子类别的否定性处理。这

① 当然也有可能或理论上有可能存在少数句子,复数和单数形式没有区别,例如"The fish appeared"。但在实际语言使用中,这样的句子所在的语境,已经事先确定了所涉及事物的单复数(否则这样的句子是不会产生的)。这些少数的类型不放在显性和隐性的区别中加以考虑,亦即它们并不妨碍一个范畴被划为显性。在隐性范畴中,非标记性的形式相对来说是大量的,经常占大多数,甚至借助于语境也不能区分出来。

种区别性的处理我们可以称为该范畴的“反应特征”(reactance)。在英语中，不及物动词形成一个隐性范畴，其标记是不具备被动分词、被动语态和使役语态；我们不能把这一类型的一个动词(如“go去、lie躺下、sit坐、rise起来、gleam闪烁、sleep睡觉、arrive到来、appear出现、rejoice欣喜”)替换进“It was cooked”(做熟了)、“It was being cooked”(正在做)、“I had it cooked to order”(我按照要求把它做好了)一类的句子。像这样从结构上定义的不及物不同于传统英语语法中“假的”(dummy)不及物；它是一个由这些和其他一些明确的语法特征来标志的真正的语法类别，如动词后不带名词或代词，我们不说“I gleamed it”(我闪烁它)、“I appeared the table”(我出现桌子)。当然，一个涉及这些词位的合成结构可以是及物的，如“sleep (it) off”(睡掉，睡一觉就没事了)、“go (him) one better”(胜过，超出)。在美国英语口语形式“go haywire”(失去控制)、“go South Sea Islander”(变得像当地人)等词语中，动词后的词或词组是一个隐性的形容词，比如可以说“go completely haywire”(完全失去控制)。

另一类隐性范畴是英语中的性。每一个普通名词和个人的名字都属于一个特定的性类别，但是只有在用单数人称代词指称名词的情况下，才会出现典型的显性标记；如果是中性，则可用疑问代词或关系代词“what”、“which”做标志。它的语法规则与拉丁语中的显性的性系统一样严格。在拉丁语中，大多数名词带有性标记。毫无疑问，对于很多英语中的普通名词而言，外国人对于事物真实性属及其科学的生物、自然分类的知识，可以替代语法类别知识本身，但他们的这种实际知识的用途毕竟十分有限，因为阳性和阴性类别中还有很大一部分是成千上万的人名。一个对西欧基督教名字的文化背景毫无了解的外国人只能一点点地学习，即观察："Jane"（简）属于"她"类而"John"（约翰）属于"他"类。还有许多名字明显相似但性属相异，例如："Alice：Ellis"（艾丽斯：埃利斯）、"Alison：Addison"（艾莉森：艾迪生）、"Audrey：Aubrey"（奥德丽：奥布里）、"Winifred：Wilfred"（威尼弗雷德：威尔弗雷德）、"Myra：Ira"（迈拉：艾拉）、"Esther：Lester"（埃丝特：莱斯特）。[①] 而且，对于任何"自然"特征的了解也不能使观察者认识到生物类别的名称（如动物、鸟、鱼等）属于"it"（它）；小型动物通常用"it"来指称；大型动物常用"he"（他）；狗、鹰和火鸡常用"他"；猫和鹪鹩常用"she"（她）；身体部位和整个植物界用"it"；作为虚设人物（而非地理概念）的国家用"she"；作为虚设人物的城市、社会、公司用"it"；人体用"it"；鬼魂用"it"；自然用"she"；具有帆或动力系统的船只或有名字的小船用"she"；未命名的划艇、独木舟、木排用"it"，等等。语言学习者，包括本族语中没有性属的学习者，在英语性属方面常犯错误，这些错误足以表明我们语言中的性是一个隐性范畴，而不是自然的、非文化的差异在语言中的反映。

实际上或表面上基于形式的名词类别在各种美洲语言中可以是显性的，也可以是隐性的。在纳瓦霍语中它们是隐性的。一些词语属于圆形类（或微圆形类），其他的属于长形物体类，还有些类别与形状无关。没有任何显性标记在每一个句子中表明类别。在英语中，性的类别标记是一个反应特征；它不是一个代词，而是一

① 有少量名字具有不确定的性或双重的性：如"Frances (Francis)"、"Jessie (Jesse)"，或"Jess，Jean (Gene)，Jocelyn，Sidney，Wynne"，也许还有另外的一些。如果加入一些爱称，如"Bobby"、"Jerry"等，其数量还有增加。但是，总之，这种例子相对来说数量很少，不会妨碍我们对事实规则的概括。

个在特定动词词干中所做的选择，这些动词词干完全适合于一个类别，而不适合其他类别，虽然这一区别对许多动词词干来说是无关紧要的。我想至少在纳瓦霍语中，这些区别正如英语中的性，它们并非仅仅是一种语言识别，反映了在所有观察者看来完全一致的非语言的、客观差异的差异；它们看起来更像是隐性语法范畴。由此，人们在学习纳瓦霍语的过程中一定会发现，“悲伤”属于“圆形”类别。如在英语的性和纳瓦霍语的形状类别中那样，人们在最初用“常识”来理解隐性范畴时，往往认为它们不过是不同类经验或知识之间的差别；我们说“Jane(简)到她的房子去了”，因为我们知道Jane是女性。实际上我们不需要了解Jane的任何情况，Jane可能只是一个名字；但是一听到这个名字，也许是在电话里，我们便会说“她怎么样?”常识可能再退一步，说我们知道Jane这个名字只能用于女性。但这样的经验是语言的经验；这是通过观察学英语。此外，我们很容易证明，代词只与名字吻合，而非与经验吻合。我可以把“Jane”这个名称赋予一辆汽车、一副骨骼或一门炮，其代词仍要用“她”。我有两条金鱼；我把其中一条叫作“Jane”，另一条叫作“Dick”（男名“迪克”）。我仍可以说“每条金鱼都喜欢它的食物”，但不能说“Jane比Dick更喜欢它的食物”。我必须说“Jane喜欢她的食物”。“狗”(dog)这一单词属于一个普通的性类别，一般可用“他”和“它”来指称；但一条狗的性别名称决定它应该用的代词；我们不说“Tom(汤姆)从它的窝里走了出来”，而说“Tom从他的窝里走了出来”、“Lady(女士)从她的窝里走了出来”、“那只母狗从它/她的窝里走了出来”。“Fido”这样的“像狗的”名字属于“他”类：“Towser(托尔斯)从他的窝里走了出来”。我们说“看那只猫追她自己的尾巴”，但从不说“看Dick追她自己的尾巴”。“儿童、宝宝、婴儿”(child,baby,infant)等词属于普通类别,可以用“它”来指称,但是儿童的特定姓名要用代词“他”或“她”来表示。我可以说“我的宝宝喜欢它的食物”(My baby enjoys its food),但“我的宝宝的名字叫 Helen(海伦)——看 Helen 多么喜欢它的食物”在语言学上是错误的。我也不能说“我的小女儿喜欢它的食物”,因为“女儿”与“宝宝”不同,它在语法上属于阴性类别。

外语中各种隐性范畴也是同样:它们往往被认为是对客观差异的标识,但更准确的说法是,它们是语法范畴,只是在一定程度上与客观经验一致。的确,它们代表经验,但这里的经验是从确定的语言结构来看的,而不是对于所有观察者都相同的。另一方面,许多美洲语言都区分存在与不存在、可见与不可见,这种区分可能很好地反映了经验的差异;同时我们也可能有嫁接于纯语法分类上的经验差异,由此产生出混合类别,如“经验上的存在加语法上的阴性”。

一个隐性范畴也可称为“隐型”,这一名称引起人们去注意这类词组具有相当隐秘的性质,特别是当它们在意义上没有强烈的差异,也没有被经常出现的反应特征(如代词)标记出来的时候。它们很容易被忽略,也很难定义,然而会对语言行为有深远影响。上述从结构上定义的英语不及物动词是一种隐型。一个类似的隐型是“系动词”(copulative resolution)(“be 是、become 变为、seem 好像、stay 坚持、remain 保持”等等),它们也没有被动和使役语态,但后面可以跟名词、代词和形容词。及物动词(一个包括“run 跑、walk 走、return 返回”,事实上包括了大多数英语动词的隐型)具有被动和使役语态,后面可以跟名词、代词,但不可以单独跟形容词。英语中国家和城市的名称形成一个隐型,其反应特征是,它们不能用作介词“in, at, to, from”之宾语的人称代词。我们可以说“I live in Boston”(我住在波士顿),但不能说“That's Boston——I live in it”(那就是波士顿——我住在它里面)。指称这类隐型词语时用“there”(那里)或“here”(这里),而不用“in it, at it, to it”(在它里面、在它、到它);用“from there/here”(从那里/这里),而不用“from it”(从它)。在许多美洲语言中,这类地点名称构成一个语法类别;在霍皮语中,它们没有主格和宾格,只在方位格中出现;在阿兹特克语中,它们有典型的词尾,并排除某些介词的使用。

英语形容词形成两个带有次类型的隐型。第一组表示内在特性——包括颜色、材料、物理状态(固体、液体、多孔、坚硬等)、起源、种族、国籍、功能、用途——比起另一组词,它具有更接近名词的反应特征;另一组可以称为非内在特性的一种,虽然更确切地说它是第一组的剩余——包括表示大小、形状、位置、评价(伦理、审美或经济方面)的形容词。这些词出现在表示内在特征的词之前,例如“large red house”(大红苹果)(而不是“red large house”红大房子)、“steep rocky hill”(陡峭的石山)、“nice smooth floor”(好的光滑的地板)。这一顺序可以倒过来构成一个平衡对比,但是这种倒逆仅仅通过改变正常的重音模式完成,人们便立刻会感觉到其形式的逆转和特别。正常重音模式中,首要重音或者在名词上(“steep rocky hi'll”,陡峭的石山),或者在内在形容词上(“pretty Fre'nch girl”,漂亮的法国女孩)。我们不能简单地将形容词的词序倒过来,说“French pre'tty girl”(法国的漂亮女孩)——这一形式暗示了“French plai'n girl”(法国的长相一般的女孩)的对比,但这样的对比形容词模式不符合英语习惯；恰当的对比应是“plai'n French girl”（长相一般的法国女孩）。但我们可以通过改变重音模式来逆转形容词词序，如果要与“Spa'nish pretty girl”（西班牙的漂亮女孩）形成对比，我们可以说“Fre'nch pretty girl”（法国的漂亮女孩），尽管这种形式非常特别。

我们可以用与“隐型”相对的术语“显型”来表示显性范畴，在不发生语义歧义的情况下，也可用来指在句子中伴随显性范畴的标记。

显性范畴和隐性范畴，或显型和隐型之间的差别，是在语法范畴理论中最具重要意义的两项差别之一。另外一项差别是选择范畴和系数范畴之间的差别。

与其他较大的类别相比，选择范畴是一个成员固定而有限的语法类别。词位(lexemic)范畴是一个基本选择范畴，在它之上的范畴是特定语言的全部词汇。为了确定某一语义和语法特征存在于一个词当中，我们可以将这个词从某个具有确定成员的类别中选出，这个类别不能扩展至整个语汇。某个语法特征如果要“存在于词位之中”，就不能存在于所有词位之中。人们所熟悉的大部分欧洲语言中的“词性”（不含英语）都是词位范畴。英语的情况特殊，以后我们会谈到。词位范畴既可以是隐性的也可以是显性的。霍皮语是一个词位范畴呈隐性的例子。玛雅语也可能是这样的，虽然在这一点上我们缺乏明确的信息。在霍皮语中，名词和动词在简单形式（纯词干）上没有差别，而且有些句子之中并没有名词和动词的区别。由此，*le·'na* 或 *pam le·'na* 的意思是“这是一支笛子”，*pe·'na* 或 *pam pe·'na* 意思是“他写它”。由此，名词和动词在显性特征上可能是相似的。但我们可以很容易造出一些句子，其中 *le·'na* 带有格后缀或者以其他形式出现，而这些形式对于 *pe·'na* 是不可能的，反之亦然。人们必须学习，而不能总是从句子表面判断 *le·'na* 和 *pe·'na* 属于不同词类。

也许显性的词位类别更容易发现，如在拉丁语、法语、阿兹特克语、图伯图拉巴尔语、陶斯语和纳瓦霍语中。在法语中，*ange*（天使）和 *mange*（吃）属于不同词类（名词和动词），而且在句子中总有特征可以将它们标志出来；我们不会发现这样的配对：*il mange*∶*il ange*（某人吃∶某人天使），*c'est un ange*∶*c'est un mange*（这是一个天使∶这是一个吃）。*Ange*！（天使！）和 *Mange*！（吃！）这样的句子可能存在，但是像这种特殊的、缩略型的句子缺乏形式区别，不能证明可以将其范畴称为是隐性的。在拉丁语、阿兹特克语、图伯图拉巴尔语和陶斯语中，区别不仅在句子中标志出来，而且通常在有词形变化的词语本身标志出来。但是，这种名词、动词或其他“词性”的显性标记通常不能被转移到专有类别以外的一个词位。与某个隐性词位范畴对应的标记无须代表任何其他范畴，如格、人称或时态，虽然在拉丁语、希腊语和梵语里可以如此。在大多数犹他-阿兹特克语中，附着于词位名词后的“绝对后缀”除了做此类标记以外，基本上不标志其他特点，尽管在阿兹特克语中它们也与数有联系。试图把它们解释为“冠词”或其他类似的术语，完全是不必要地浪费独创性。在陶斯语中，绝对后缀适用于名词的选择类别，但同时也表示性和数。拉丁语中名词（形容词包含在这一类别中）和动词之间的差别是选择性的、显性的，但形容词和实词之间的差别是选择性的、隐性的；试比较 *est gladius* 和 *est bonus*。[①]

---

① est gladius，“is happy”；est bonus，“is good”，拉丁文，阳性词尾。——译者注

像所有隐性类别一样，区别是通过构成专有类型的句子而显示出来的：可以说 *est bona*，而不可以说 *est gladia*。[①]

词位范畴不仅包括名词、形容词、动词和其他“词类”，而且还包括“实”词（“full” words）和“虚”[②]词（“empty”words）或词干（如在汉语中，或许还有一些瓦卡什语言中）以及其他类型的差异；例如在阿尔冈昆语中，词位类别包括在动词复合结构中具有不同结合力和不同位置的大批词干。

系数范畴（modulus category）是一个非选择性范畴，即，大体上是可以任意使用和删除的。依据其类型，它可以用于“主词”（major word）（除了较小的、专门的选择类别，如“小品词”之外的任何词语），或者更经常地应用于另外一类词，它们是处于具有某种先决条件的较大范畴之中的任意词，这一范畴可以是选择范畴或另一个系数范畴。印欧语和阿兹特克-塔诺诸语言[③]中的格、时态、体、情态和语态是系数范畴，可以任意应用于适当的较大范畴——格是名词范畴的系数；体、时态等是动词范畴的系数。故而只精通印欧类型语法的人将选择类别与系数类别（或选择性与调节性）之间的差别，看作是“词性”与表示体、时态、语态类型的“语法形式”之间的差别。但是，在差别很大的各类型的言语中，这些熟悉的意义和功能类型不再以同样方式与选择性、调节性相关联；完全不同的组合在语法中占支配地位；这一点不得到认可，就不能

---

① est bona，“is good”；est gladia，“is happy”，拉丁文，阴性词尾。——译者注

② 一个虚词或词干似乎是专门用作语法或句法标志的，也许在某种意义上它不可以有具体的意义。例如，这样一种形式只是用作某个其他范畴的反应特征，或某个系数范畴的标记（见下一段落），除此之外没有其他意义。

③ B. L. 沃尔夫、G. L. 特拉格，《犹他-阿兹特克语和塔诺语的关系》，*Amer. Anthrop.*，39：609－24（1937）。

得出适当的语法概念。"体"这样的系数范畴的建立，无须依赖名词、动词这样的较大范畴，在尼蒂纳特语[①]中（可能也在与之密切相联的努特卡语和夸扣特尔语中），所有的主词都有体，如持续体、暂时体、起始体等——表示"跑"的单词和表示"房屋"的词语总是带有某种表示体的成分。

我们可以单独使用"系数"这一术语来表示这个范畴的区别性类型意义和功能；因此现在分词的意义在英语中是一个系数。我们也可以用"系数"来意指产生出此种意义的语法作用，因此，在没有语义歧义的情况下，意指标志系数的成分或形式。我们可以说英语中现在分词的系数是将"-ing"作为后缀添加，简而言之是"-ing"。在需要更精确的情况下，我们可以把显性标记称为（一个）系数的记号（signature）。这一差别极为重要；有时人们有必要区分同一系数的几个记号。在描述显性范畴时我们例举了英语名词复数，这是一个系数范畴。在不同的例子中，系数或者意义的复数类型是同一个，但是把复数系数附加于"fish"（鱼）时所用的记号在每一例中都是不同的。在这些记号中我们可以加上"-s"或"-es"，产生出"fishes"。"sheep"（羊）、"deer"（鹿）、"moose"（驼鹿）、"caribou"（驯鹿）等属于排除了"-s"的隐型；"渔夫的鱼"，如"trout"（鳟鱼）、"bass"（鲈鱼）、"salmon"（马哈鱼）、"mackerel"（鲭鱼）等（与"低等的鱼"相对，如鲨鱼、鳐鱼、鳗鱼、牛尾鱼等）属于另一个隐型，所以我们不能把用于 deer 一类词的记号用于它们。正如本例子所示，系数和记号之间无须一一对应。当语言中这种一一对应达到较高

---

① 参见玛丽·哈斯·斯沃德斯和莫里斯·斯沃德斯，《对另一世界的拜访：一个尼蒂纳特语篇》，*Int. J. Amer. Linguistics*，7:3－4(1933)。

程度时，人们习惯用一个生动但不很科学的流行语来指称这种语言——“黏着”语。典型的“黏着”型语言，如土耳其语，据说是具有这样的一一对应，而且似乎只有系数范畴。亚纳语(加利福尼亚的霍卡语系)主要由系数范畴构成，但也有一些选择范畴；例如，有一类词根必须在复合动词结构中居首位，另一类必须居第二位。

同样语义类型的一种区别，即在选择范畴中动词和名词的区别，可以用系数范畴来处理。亦即，可能的系数不仅包括语态、体，等等，还包括动词化或动态化(verbation)和状态化[①](stativation)。以亚纳语为例，如果我们将某种区别性后缀或其他记号应用于某个词干，创造出一个“动词”，那么我们所得到的“动词”类别，将不同于法语、拉丁语、希腊语、霍皮语、阿兹特克语、陶斯语及纳瓦霍语中动词的意义，即，亚纳语中的“动词”不是选择类别。我们得到的是动词化而不是动词。闪族语中所谓动词和名词是系数，通过主要由元音-辅音序列构成的记号，普遍表现于各个词位，尽管在词汇的普遍适用性上偶尔会有例外。在希伯来语中，*e-e* 是几个状态化记号之一，*ā-a* 是几个动词化记号之一，例如，*berek*[②]“膝”：*bārak*“他跪下”、*derek*“道路”：*dārak*“他行进”、*geber*“男人，精力充沛或强壮的男人”：*gābar*“他是强壮的”、*hebel*“绳索”：*ḥābal*“他捆

① 状态化这一术语用来表示对照于动词化的形式的系数，类似于在一些语言中作为选择范畴的名词和动词的对比。它在这里被用来代替“名词化”，因为这些术语在以往的使用中暗指派生而不是系数，而“状态化”有助于我们不把某种形式当作由动词派生出来的名词，而仅把它当作一个词位，这一词位受到特定的语法意义的影响，作为特定结构的一部分存在。

② 这些希伯来语的例子仅用来说明元音模式，所以它们是用近似的形态音位书写方式表示的，这种书写方式未区别塞音([b, g, k]等)，和规则情况下在元音后替代它们的擦音。

绑”，*melek*“国王”：*mālak*“他统治”，*qedem*“前面的”：*qādam*“他在前面”、*regel*“脚”：*rāgal*“他步行”。当然，有许多希伯来语的“名词”，我们并不知道其文本中的动词化形式，但这似乎主要是因为，我们所知的文本中的希伯来语无法反映古代希伯来活语言的全部资源；阿拉伯语更好地显示了这些系数对绝大多数词位的普遍适用性。不过，作为系数范畴的动词和名词可以在比闪族语离我们更近的语言中找到。英语的词汇包括两种主要的选择部分。第一个部分大多是长单词和带有特定词尾的词，包括选择性动词如“reduce”（减少）、“survive”（幸存）、“undertake”（承担）、“perplex”（困惑）、“magnify”（扩大）、“reciprocate”（互换），以及选择性名词，如“instrument”（工具）、“elephant”（大象）、“longevity”（长寿）、“altruism”（利他主义）。有限数量的短单词也属于选择性动词和名词的类别，例如“heart”（心）、“boy”（男孩）、“street”（街道）、“road”（道路）、“town”（城镇）；“see”（看见）、“hear”（听见）、“think”（想）。在这类选择性词汇方面，英语类似于法语或霍皮语。词汇的另一部分大多是较短的单词和一些长单词，包括单纯的词位，动词化或状态化可以任意施加于这些词位，例如“head”（头）、“hand”（手）、“stand”（站立）、“walk”（走）、“exchange”（交换）、“sight”（视力）、“skin”（皮肤）、“weave”（编织）、“dog”（狗）、“surrender”（投降）、“massage”（信息）等。[①] 这部分单词类似于阿拉伯语，尽管其记号属于相当不同的类别。状态化的标记包括冠词、复数记号、物主代词和选择性形容词后的位置；动词化的标记

---

① 英语中的形容词化是既适用于纯词位又适用于选择性名词的又一系数，但是也存在有选择性形容词，而且这些没有被调节为名词（实词）。

包括主格代词后的位置、代词、名词或状态化前的位置、时态形式、助动词和情态词等。

在同一语言中，动词化和状态化之间的语义关系会有很大差异。当和相应的状态化相比较时，动词化似会以不规则的方式加入这样的意思："他参加"（打猎、跳、跳舞）、"举止像"（母亲、木匠、狗）、"在（小屋、闹区）其中"、"放入"（地方、座位、口袋、车库）、"制造、添加、安装"（织物、工厂、屋顶、管道、罐头）、"去掉"（外皮、果皮、壳、骨头）、"抓住"（鱼、鼠）、"使用"（矛、锤、小提琴、军号）等。另一方面，状态化似会以不规则的方式加入这样的意思："结果"（织物、工厂、形式）、"方式"（画、拖曳）、"行动或地点"（走、滑、迈步、下落）、"工具"（举起、盖上、扣住、剪）等。在闪族语及英语中我们看到，这种意义某些方面的不规则性，更确切地说，是灵活性，代表了动词化和状态化的简单系数；这与阿拉斯加的爱斯基摩人的情况形成对比，他们的语言有许多不同的系数，每一个都是一种不同的专门类型的动词化或状态化。这清楚地说明，如果一种语言仅具有简单的主要类型的系数，单个词位的意义就或多或少受整个句子的支配，并受由此产生的含义和联想的多种可能性的支配。

会不会存在没有选择性名词和动词，甚至也没有状态化和动词化的语言呢？当然会。组成谓语关系或陈述句和附带语态、体、时态等系数的能力，可以是每个主要单词的特性，无须加上一个预备系数。尼蒂纳特语和其他瓦卡什语言就是这种情况。一个孤立的单词构成一个句子；一系列这样的句式单词构成一个复合句。我们可以在英语中仿造出这样的一个复合句，例如："There is one who is a man who is yonder who does running which traverses-it which is a street which elongates"（有个人是个男人他在那边他在跑沿着它是条街道它延伸)。这一奇特的句子不过是由一些谓语词位(one 一个、man 男人、yonder 那边、run 跑、traverse 前后跑、street 街道、long 长)构成,恰当的翻译应为“A man yonder is running down the long street”(那边的一个男人正沿着长街奔跑)。这样一种结构在孤立语中可能找得到,也可能找不到;同样,在像尼蒂纳特语一类的多式综合语中,可能找得到也可能找不到。多式综合语也许会、也许不会把一些词位融合进长的综合性单词,但无论如何它具有融入许多体、情态以及连接成分(系数之记号)的能力。关于多式综合语有这样一种说法,即所有单词都是动词,或所有的单词都是加入了能形成动词成分的名词。实际上在这样一种语言中,动词和名词这两个术语毫无意义。此处的情况与霍皮语根本不同,因为,虽然在霍皮语中 *le·ˈna*(“这是一支笛子”)和 *pe·ˈna*(“他写它”)都是完整的句子,但它们也是单词,并非在一个句子的所有位置上都同样地具有谓语性;它们也属于一般情况下带有屈折变化的名词和动词的选择性隐性类别,而且只是在特殊类型的句子中看起来才是相像的。在霍皮语中,动词与名词的区别具有选择意义上的重要性;在英语中,这种区别具有系数意义上的重要性;在尼蒂纳特语中这种区别似乎不存在。

至此我们论述了结构和语义都截然不同的范畴,而且它们都是语法的典型系统。但是也有一些词组在结构上不同,而在意义上没有差异;我们将之称为等语义的或纯形式的类别。这一类别又分为两类,与语义范畴中的选择范畴和系数范畴相对应,但在这里最好称为**选择**和**替换**。选择性等语义类别以“词尾变化”(declensions)和“词形变化”(conjugations)为代表,这是世界上各种语言非常普遍的特征,在拉丁语、梵语、霍皮语和玛雅语中得以充分发展；在闪族语、英语（“强”变化动词和“弱”变化动词）和阿兹特克语中发展不完善；在南派尤特语言中几乎没有。它们还包括不带有语义差别的类似于性的类别，如在班图语中以及陶斯语中的某些性（所有这些都可以称为“词尾变化”，它们具有代词一致关系或类似的一致关系）；包括在一个句子或复合句中要求不同位置，但在意义类型上无差异的类别（阿尔冈昆语的词干位置类别）；包括需要不同记号来标志语义类型相同的同一系数的类别，例如希伯来语中 segholate(*e-e*)类型的“名词”和平行的状态化类别。替换性等语义类别正如它们的名称所暗指的那样，例如英语中包含“don't, won't, shan't, can't”等的一组和包含“do not, will not, shall not, cannot”[①]的一组。在这种情况下我们或许可以说，第二组是将表示简洁、方便和口语体的系数施用于第一组的结果。替换性类别有时显示出和语法差异相对立的文体差异。在其他情形下似乎没有可以概括出来的差异，如英语中的“electrical, cubical, cyclical, historical, geometrical”和“electric, cubic, cyclic, historic, geometric”。[②]

还有一种类型的差别：具体范畴和一般范畴。具体范畴是在单个语言中存在的单个类别，例如：英语中的被动语态，霍皮语中的链续体。一般范畴，就应用于一种特定语言的狭义而言，是一个由相似或（和）互补的类别组合而成的层次结构，例如拉丁语中的格、霍皮语中的时态。在此，分类者和语法学家的洞察力和偏好在很大程度上起着决定作用，因为人们很容易把具体范畴置于非常

① 两组词意义相同，表示“不要、不会、不能”，第一组是第二组的缩写式。——译者注

② 两组词意义相同，表示“电的、方块的、循环的、历史的、几何的”。——译者注

有逻辑性的系统之中；但理想的情况是，这种一般范畴应反映语言本身所包含的系统。如果语言学家的分类充满了对称性，每个表示某一特征的范畴都有一个对应范畴表示该特征的缺乏，那么我们完全可以怀疑这一分类。表面上意义相对立的具体范畴，如被动语态和主动语态（当“主动”这一术语仅仅意指“非被动”时），只有当它们有两个以上，或者只有两个，但二者放在一起形成一个对立于其他形式系统的单位时，才能被归入一个一般范畴（“语态”）。

最后，我们可以把更广泛意义上的一般范畴进行系统化，成为一般语法科学的概念的同义语。这样的范畴的建构方式，是组合那些不同语言中我们看来相似的具体范畴。只有在这种意义上，我们才可以谈论“被动语态”范畴，这一范畴包含了以此术语命名的英语、拉丁语、阿兹特克语和其他语言的形式。我们可将这种范畴或概念称作分类范畴，与描写范畴相对照。分类范畴可能是第一级的，例如被动语态、宾格；它也可能是第二级的，例如语态、格。当我们从整个人类的角度来考虑和描述语言时，第二级的分类范畴作为语言学概念，以及作为语言中最大的系统的形式和结构，可能更为重要而且最终更有价值。

（李育超　译）

关于霍皮语言学的讨论*

康涅狄格州维德斯菲尔德
沃尔科特·希尔路 320 号

亲爱的约翰：

我得到了耶鲁大学人类学系 1938 年 1 至 6 月学期兼职讲师的职位，每周授课一次，每次两小时，讲授“美国语言学中的问题”，你听了这个消息一定会感兴趣。由于此后的秋季学期，我的同事乔治·L. 特拉格将给同一班的学生开设语音学，所以我不打算把很多时间花在语音和音素问题上。我将使课程侧重于心理学方面，以及所谓原始文化中意义、思维和概念方面的问题。我将强调调查语言的方法，以揭示特定语言社团中美洲印第安人的精神因素或特征。我之所以说精神(psychic)而不是心智(mental)，是因为我不仅将讨论思维，也将讨论情感，只要跟语言有关。我想着重讨论的一个主题，是原始经验如何通过语言型式(linguistic patterns)组织成一整套有条理、可交流的思想。总之，我希望能提出

* Discussion of Hopi Linguistics. 这篇至今未发表的文章是 1937 年秋季沃尔夫草拟给我的一封信，当时我是明尼苏达大学心理学专业的学生。虽然手写稿的一部分用打字机打过，有一份原件和一份复写件，但很显然这封信从未发出，因为我从未收到。手写草稿是在家庭信件当中发现的。——编者注

一些使文化人类学家和心理学家感到兴奋的概念,并希望在我的学生中能有这两个学科年轻的倡导者。

如果你和你所在的大学能够在这门课的材料准备过程中提供帮助,我将十分高兴,因为我知道你和他们都对语言-心理学领域感兴趣。我可以在这里简要地谈谈我正在研究的一些概念,其基础是对霍皮语的分析。我的研究中自然有相当多的例子来自霍皮语,不过我也打算花一些时间在阿兹特克语和玛雅语上。对总体问题的介绍可见对霍皮语动词形态分类的分析,特别是那些出于方便考虑称为"体"或者"时态"的类别,尽管这些术语在经典欧洲语言学中的含义并不能确切地概括霍皮语的情况。不过,我们有两种不同的形态类别,它们的后缀经过不同的处理,有不同的位置,时态后缀位于语态后缀之后。霍皮语共有三种时态:过去时(即过去到现在并包括现在)、将来时和普遍时(广泛、普遍或永恒地真实),这三种时态是互相排斥的。在这些时态中,我在此只讨论将来时(后缀为-*ni*)。与它的意义相近的是英语中的将来时。霍皮语有九个体,我在此将主要讨论起始体(后缀为-*va*)和投射体(后缀为-*to*)。瞬止体是简单词干(simplex,没有后缀和改变的词干)的体;过去时是简单词干的时态。与起始体意义近似的是英语中的"begins doing"(开始做)(我将用英语的现在时翻译霍皮语的过去时),而与投射体意义近似的是"does with a forward movement"(以向前的运动做)。稍后我将提到以-*iwma* 为后缀的渐进结果或渐进增大形式。有另外一个类似起始的渐进形式,以-*ʔyma*为后缀,不过我在此未将它包括进来,因为它明显具有不同的意义("正在向完成的方向发展")。

如果将英语"begins doing it"(开始做某事)形式中的许多动

词翻译成霍皮语，我们最终会发现，虽然霍皮语中绝大多数动词用起始体，但有一部分用投射体，还有相当一部分完全跳出“体”的范畴而使用将来时（在瞬止体或不确定的体当中）。这种用法是一贯的，不受动词的形式类别（词形变化）影响。分析表明，它很有意思地随着动词的词义变化。于是出现了一个问题：对于我们来说形式完全统一且在所有情况下性质相同的“开始做某事”，为什么在讲英语的霍皮调查对象心目中，变成了在其母语的两个（或几个）主要意义类别中来回转换的意义？还应该注意到，在几乎所有用起始体表达“开始做”的例子中，霍皮语不仅使用-va后缀，而且使用重叠形式。重叠的意义是将瞬止体持续化，以表示一个延长的过程。由此，它似乎成了一个表示过程开端的形式的合乎逻辑的前提。但无论怎样，在使用投射体或将来时表示“开始做”时，并不使用重叠式。这好像证明了我们的印象，即霍皮观察者在思维中建构事件的方式与母语为英语的人不同。

因此，以下的表达方式以及其他许多表达方式，都使用起始体（重叠的-*va*）：“开始写、呼吸、睡觉、飞、滚（一圈又一圈）、大笑、打架、抽烟、唱、游泳、死亡、看、撞击它[①]、翻转它、挖掘它、吃掉它、折断它、撕碎它、杀死它、捆绑它、收集它、提起它、弯曲它、把它放进、把它放下、把它捡起。”以下这些表达的方式使用将来时：“开始跑、移动、逃跑、朝家走、离开、去（某地）、向上（或下）走、谈话、打开它、关上它、射它（箭）、开它（车）、在（某地）/在（某地）之中。”（begins running, moving, fleeing, ...）所以，这些表达方式形式上和“将要跑、移动、逃跑”（will run, move, flee）等是一样的。以下表达方式

---

① “它”表示及物动词需要明示或暗示一个宾语。

用投射体:“开始走出、走进、来(等于霍皮语里的‘到达’)、掉下来、掉(通过空间,是一个不同的动词)、绕圈走、转、翻转、裂开(不及物)、翻倒、溢出/摔下”等。“以向前的运动做”似乎适合许多这样的表达方式,但是我们尚不清楚为什么它不适合另外两组中的许多例子,以及为什么它在第三组中是英语“begins doing”(开始做)的必要翻译方式。作为调查对象的霍皮人自己也不能解释。

这类现象不仅见于起始体问题,而且在霍皮语语法中普遍存在。由此,我得出这样的结论:对说霍皮语的人来说,他们一定能隐约感到每组动词用法的相似关系,这种关系与其意义的某些未显露的方面有关。所以它本身就成为一种意义,但是无法用词汇表达或翻译出来,因为它只是在意识层面之下或接近于意识层面。为了分离、概括和理解这些隐约感受到的作用,我下面分析的主要对象是处于意识边缘(甚至下意识中)的意义。我把这种难以捉摸、隐蔽但是有重要作用的意义称为隐型。

由此,我们可以说翻译成“正在写、呼吸、睡觉、折断它”等的霍皮语词干是相似的,因为它们都包含“隐型 *A*”;“跑、移动、朝家走、向前去、打开它”等包含“隐型 *B*”;“进入、掉下、转”等包含“隐型 *C*”。字母标记只是暂且用来表示各个类别之间的差异。隐型没有形式标志,其意义也不十分明确,但可说是一种显示出影响力的潜在含义;与它相对的范畴我称为显型,包括起始、将来、投射等;亦即,显型是“经典的”形态学范畴,具有形式标志和明显的类别意义。为了简略地表达,我们在讨论目前的问题时,把起始、将来、投射称为显型 1、2、3。可以看出,在霍皮语这样的语言中,语法形式的意义是隐型和显型相互作用的结果,而不是显型单独作用的结果。这个概念当然也适用于霍皮语以外的许多其他语言。到目前为止，语言学家的研究几乎完全局限于显型；对隐型的研究开拓了更注重心理因素的语言学发展时期。

到目前为止我们有三种“开始”的形式：*A*1、*B*2、*C*3。如果我们把“begins——ing”和“begins to be——ing”相等同（二者在霍皮语中相同），然后转到“begins to be——”，这里的“——”不是“-ing”的形式，而是(*a*)形容词或(*b*)过去分词，那我们就可以得出一个有趣的差别。如果用一个形容词，比如“开始甜、红、白、蓝、热、大、短、好、圆”(begins to be sweet, red,...)等等，就会出现一种新的显型，即显型4，也就是另一种类似起始的词素。这时使用的是以-*iwma*为词缀的形式。这种形式是语态和体的结合：结果性语态(“作为结果是甜的”)加上渐进体-*ma*(“在运动过程中做，而后‘通过’或‘进入’或‘趋向’一种状态或条件”)。在(*b*)类型中，例如“开始被撕掉、撞击、挖、切割、写”(begins to be torn, bumped,...)等，其状态被看作结果式还是被动式是有区别的，也就是说，开始的状态究竟是撕破了的——用显型4(-*iwma*)表示，还是一个正在撕的动作作用于一个被动的主体——用显型2(将来时，-*ni*)加被动语态后缀表示。但是如果隐型*C*出现，其形式则是*C*3(投射的，-*to*)，正如前面的例子所示，它没有被动意义，“begins to split open, rotated, spilled”(开始裂开、旋转、溢出)与“begins splitting open, rotating, spilling”相同，尽管在这里可以使用-*iwma*的形式肯定地表示结果的意义。在所有这些“begins to be——”形式中我们可以看到另外一种隐型，即隐型*D*，很显然它表现了*A*和*B*二者中的被动-结果意义，另外还包括普通的描述性形容词。*D*可以使用4和2两种起始显型。显型4实际上是渐进体-*ma*，-*iw*-是结果性语态的标志，与2中的被动标志相对应。由此我们又加入了$D4$、$D2$型。

现在可以发现，D型与A、B、C型构成不主动与主动的对立。A、B、C共有主动的特点，即实际运动和变化正在进行，或者像“在睡觉”中那样，呈现一个关键状态、生命过程；(从我们的角度看)唯一的例外是“在某处”，其实这很可能不是真正的例外，而是同一概念的一个方面。主语的“角色”是动作者，即便这个动作者除了待在一个地方什么也没有做；这种情况在A、B、C中很普通。在D中，主语的“角色”是非主动的物质，显示某种状况或性质。也许可以这样说，在第一种情况中，主语被看作我称为“动词化”的原因施事(“动词化”即动词所表示的呈现、行为、操作、条件、状况、地位、关系，等等)；在第二种情况中，主语不被看作这种原因施事。我们还无法说出隐型A、B、C之间的不同，但是隐型意义的一个因素已经显露。在霍皮语中，主动-非主动或原因-非原因的对立从不作为显型出现，但是作为隐型对立，它对外表形式起着决定作用。

如果我们观察霍皮语对“begins to do”(“开始做”，英语不定式形式)的表述，就会发现它们同“begins doing”(“开始做”，英语动名词形式)有很大的区别。霍皮语在此处省略了起始体形式$A1$的重叠。霍皮人显然觉得我们的-ing这一形式比不定式更多地表示延伸的过程。然而隐型B对二者的表述全然相同，即，*-ni*既表示“begins to do”，也表示“begins doing”。隐型C也一样，即，-to既表示“begins going out”(“开始出去”，英语动名词形式)，也表示“begins to go out”(“开始出去”，英语不定式)。但是进一步来看，隐型A可以使用显型1，也可以使用显型2(*-ni*)；对于同一个动词同一种翻译方式，两种形式都是可能的。在某些例子中也会出现意义上的细微差别。我们已经添加了一种新的类型$A2$，它和

重叠式的 *A*1 在意义上有细微的差别，而与不重叠的 *A*1 意义上的差别就更加细微。这种差别很难看得出来，但它出现在某些个例中，可能与显型的-*ni* 和-*va* 之间的区别有联系（且不是隐型的）。

回到隐型 *A*、*B*、*C*。*A* 与 *B* 的关联基于以下事实：*A* 使用-*va* 和-*ni*，*B* 只用-*ni*。因此 *B* 类概念中可能有某些东西使表示起始性的-*va* 显得不恰当。而且，*C* 类概念中可能有某些东西使-*va* 和-*ni* 都不适合，而需要用-*to*。*D* 从特性上来讲是非主动且非原因的，与之形成对比的是，*A*、*B*、*C* 代表三种不同的活动或者原因。如果略去空间关系和其他一些形式不谈，原因便与活动相同。经过长期细致的研究分析，并从本人具有的霍皮语言学概念和观点出发，我得出了以下对隐型 *A*、*B*、*C* 的分类：*B* 是一种活动，其开端就暗示它会在一定程度上持续下去，而这种持续发端于主语或动作者最初的驱动。*B* 代表了这样一些行为，它们发端于主语的驱动，但这并不是说所有此类行为都可以归入 *B*；*B* 的成员需具有以下特征：现象的最初启动便立即显示整个活动的全貌，活动的延续只意味着时间的增长，而不是进一步的发展或形式的继续改变。在几乎所有的例子中我们都能够找到"驱动/驱使"、"意志驱使"或"意愿"，它们大多会出现在有生命的动作者身上，在极少情况下也会"落在"无生命的主语上。因此，此类概念包括由主语决定的形式统一的动作，如"跑、逃跑"，以及各种形式的"去"。由此，如果要说"他开始跑"，这个动作必须已经显示它本身是跑的有效形式，这种形式不会在以后发展变化或者稳定下来，而只会保持"同原来一样"。在霍皮语中，"在"(being)是一个表示空间关系的动词化形式，与"在……里面(in)、在(at)、在……上面(on)、沿着(along)、在……下面(under)、和(with)"等相似，它与"跑"归为一类。也有极少一些及物动词包括在这一类型内，在这些动词中，动作者的驱动力立即转移给宾语，并在它的活动形式中完全展现出来。这样的例子有"他打开它"(无论打开的程度多么小，它已被打开，不再是关闭的了)。"他关上它"归为同一类型中的相反过程(将任何障碍物移至开口上方的动作都是部分的关闭，这一动作只要出现就会保持下去，并不因时间的延续而改变形式)。"射箭"也一样。

隐型 A 是这样一种活动：其开始并不意味着它将作为最初驱动和趋势的结果保持下去，甚至只保持短暂的一刻。如果最初的驱动后来没有得到加强，笑就不可能成为笑，写这一动作也最多是做个记号或者拿起笔来，折断也最多不过是扭弯罢了。在人们的感觉中，这种行为包含一系列发展的事件，或者意志对行为的持续的作用；此类活动的典型形式哪怕只是存在短暂的一刻，也必须有主语的后续参与。从这一观点出发，一些 A 类动词意义的选择乍看起来相当奇怪，但是如果我们仔细琢磨，便会发现霍皮语隐型意义的独到眼光。霍皮人把"睡觉"归入此类，在他们的感觉中，动作者是通过连续调整而进入睡觉这种状态，而不是一下子就把自己投入进去；"跑"和"说话"的状态，动作者是一下子就投入进去的，并非通过不断的发展或调整而来。除去应属 B 类的极少几个特例，所有的及物动词都归于 A 类——对宾语的作用要求动作者朝它的方向进行调整。因此在本质上，隐型 A 是一个动态的或者象征性动态的概念，尽管它可能指一种静止状态且动力是由动作者发出的。隐型 A[①] 是主动的或象征性主动的(施动者的)，但不是

① 原文如此，但根据上下文意义判断，此处的"隐型 A"应为"隐型 B"。——译者注

动态的;动作者只是投入一种程式化的运动状态或象征性的同类状态之中,然后留在那里。

隐型C是这样一种活动:在这种(总是不及物的)活动中,主语只需被置于初始状态,以便被一种自然趋势牢牢抓住并不由自主地被带离初始状态。它似乎是被送入由某种趋势统治的领域,并从此不再主宰自身,顺从于初始状态的不可避免的发展变化。初始状态会失去支持或平衡,而主语已被交付于重力并"掉下/坠落"、"翻倒"、"溢出/摔下";一旦进入这种状态,就必须"看到最终结果"。在其他一些情况如转动、旋转等机械运动中,一旦最初的动作如同扣动扳机一样引发了主语的行为,它就会被惯性、动力、弹性,或其他不确定的自动趋势所主宰。这种情况的象征是"被抛"(being thrown),它是投射体-*to*"以向前的运动做"背后的象征意象。我们一开始可能觉得奇怪,霍皮语把"出去"和"进去"也划作此类。实际上并没有外部的力量控制主语并移动他,但他确实跨过了一条明确的分界线而进入了另一个领域,也就是说,他从原来的内部领域进入了外部领域,或者相反,从外部领域进入了内部领域。一旦做出了这样的改变,初始状态的性质和法则就被完全抛弃,他也为新领域的性质和法则所主宰。因此,在某种程度上说,动词"进去"和"出去"可以作为此类隐型所有其他概念的象征。隐型C因此是动态的,或者是象征性动态的,但其动力来自外部领域而非主语。最后,正如我们已经看到的那样,隐型D不是动态的,甚至连主动的都不是,它是静态的,即静止的或被动的。

尽管显型的意义非常明确,但只有当我们把和它在一起的隐型从淹没状态打捞上来,并在某种程度上将其有效意义提升至意识层面,我们才能完全理解一个显型的微妙含义。因此,由不同隐型与同一显型(或不同显型与同一隐型)构成的不同结果,会让我们对显型本身有更明确的认识和理解。我们现在能够更好地研究-*va* 和-*ni* 的微妙含义。在研究-*ni* 时,首先,我们当然需要直觉地考察整个时态系统,然后再考察由-*ni* 表示的"将来"时。"将来"时对以下方面有明确断言:存在着对某一事件的期待;存在着主语(施事者)对事件的意愿——如果这是一个自愿的行动;事件的开端可能已经出现(由语境决定);但是在此之外的全部事件并不存在,它只是将来。也就是说,作为整体的事件属于将来。为了使整个事件属于将来,时态不能暗示主语的趋势在初始点之后还会保持不变,否则将来的意味就会被极大地削弱,甚至完全丧失。时态只有这样的意思:"他正在开始对某事的行动"(he is starting his doing of it)或"他正在开始做某事"(he is starting to do it)。另一方面,-*va* 指"开始做某事(并准备坚持下去),积攒动力去做某事";初始点已经显现,下一个点很快就到来,接下来的整个过程也已有保证。隐型 *A* 可以使用不重叠的-*va* 或-*ni*,它们有细微的差别,在"开始做某事"的一些表达方式中会显现出来。-*ni* 表示行为已经到了初始点,但是隐型本身的动态的、坚持的含义保证了动词所具有的非持续性状态将开始清楚地呈现。-*va* 也一样,只是它对这一开始更加肯定。但是对于重叠的或持续的 *A* 类动词我们需要使用-*va*,因为这类动词中关于持续的模糊的隐型意义只能勉强保证行为的开始;为了保证此后的持续行为,我们需要用-*va* 来强调主语本身的持续意愿或趋势。因此,如果说"he begins to chop it"("他开始砍它",英语中的不定式形式)表示他挥起斧子至少砍了一下(是否砍了更多下或者就此停了下来,不得而知),那么可以使用-*ni* 或-*va*。但是,"he begins chopping it"("他开始砍它”，英语中的动名词形式）表示他砍了第一下之后会接着砍第二下、第三下……这时需要使用动词重叠式和-*va*，而不是-*ni*。如果动作不是重复性的而只是延续性的，情况也一样，例如“他开始睡觉”(he begins sleeping)。

另一方面，隐型*B*隐含有这样的意思：一旦到达了初始点（只用-*ni*就能做到这一点），事件就以其典型形式呈现，并将以这种形式至少持续一段时间；这样，对主语持续性的怀疑就被完全消解了。这也意味着-*va*是多余且不恰当的，也许因为它暗含了比一个*B*类行为所需更多的意愿成分。隐型*B*类的词有某种赤裸的、抽象的意味；它们宣告一类动作或位置的开始，而后就任它在那里。所有“去”和“来”的词都尤为抽象，并无真正的动词词根，而只是动词化了的介词或副词“到、从、远离”（to，from，away）等。霍皮人思维过程的深处或许埋藏着一个观念：这种冷峻的赤裸不能被-*va*一类成分所破坏或改变。

以上描述表明，在霍皮语一类的语言中，隐型的概念能够用来更深刻地分析一种形式的意义，而整体的意义是隐型和显型因素共同作用的结果。在许多语言中，隐型概念可能用处不大，但是在霍皮语这样的语言中，影响动词变化的东西深藏在这一状态之中，就如同有些人的精神世界比其他人的更难探察到一样。在霍皮语中，隐型的作用要比起始形式大得多，尽管后者有非常清晰的描述。我相信我是第一个指出这一潜藏层面意义的人。它虽然处于潜藏状态，但在整个语言学当中有其规律性的功能。

我非常想知道你作为一个心理学家怎么看这一观点。它和你手头研究的问题有关系吗？隐型与弗洛伊德的无意识概念有所相似，与荣格的无意识概念可能更加相似——这一点肯定会让你吃惊，尽管这种相似性不宜过于强调。

（周雷　译）

霍皮语的几种动词范畴*

在研究霍皮语的最初阶段，我体验到那种置身熟悉的语言领域里的愉快。在此令我惊奇的是，霍皮语这种外语与印欧语的模式非常相似：清晰的名词、动词、形容词；语态、体、时态-语气；没有奇特的范畴，没有如根据物体形状划分的“性”的区分，没有用来指称部落的地位、存在或缺省、可视性或不可视性的代词。

但是渐渐地，我发现情况并非如此简单。在我的霍皮语料提供人看来，我造的句子大多是错的。起初，这一语言仿佛只是不规则的，后来我发现，以其自身的模式来看，霍皮语是非常规则的。经过长久的研究和不断修正我已有的观点，真正的模式终于展现在我面前。我发现这一经验不仅对霍皮语，而且对整个语法范畴及概念的研究都非常有启发意义。霍皮语的范畴与印欧语的范畴有恰恰足够的相似，因而初看起来易给人一个总体一致而带有某些烦人的不一致的假象；同时又恰有足够的不同，因而在这些不同被正确认识之后，能使我们对许多现代和古代印欧语言中相似的特征有一个全新的观点。把英语译为霍皮语使我得以从全新的角度看英语，这对我来说是很有启发意义的体验，正如发现霍皮语本身形式的意义一样。下面要讨论的四类动词范畴便可以很好地说

---

* Some verbal categories of Hopi. 原载于 *Language*, 14:275－286(1938)。

明这一点。

为论述方便，我首先概述一下以下几种一般区别：

1. 显性范畴：在包含这一范畴的每一个句子中，都会出现特定的词素标记。与它相对的是隐性范畴。总的来说，隐性范畴在句中没有标志，但在某些类型的句子中需要区别对待，例如英语的性。

2. 词范畴：该范畴（显性范畴或隐性范畴或二者混合）划定词类的某一个主要等级结构，每一词范畴都有有限的成员（与语言整体词汇范围并不相同），例如印欧语以及其他许多语言中常见的“词类”。与此相对的是系数范畴，它既能修饰整体词汇中的任一词，也能修饰划归为一个既定类别的任一词，例如语态、体、格。

3. 具体范畴：指以上类型的任一类别，例如被动语态和持续体。与之相对的是一般范畴，它由相似或互补的类型集合形成更高的等级，例如语态、体。

本文所讨论的范畴均属显性范畴及系数范畴，但需要指出的是，在霍皮语语法中隐性范畴和词范畴也很重要。如果这些类别未经定义，语法就会显得很不规则。这里涉及的一般范畴属于动词系统，并被指称为陈述、语气、状态及情态。

陈述

霍皮语动词有三种陈述（assertion）：报告型（零形式），期待型（后缀-*ni*），常规型（后缀-*ŋʷï*）。[①] 这些翻译或多或少含有英语时

① 在《霍皮语动词的瞬止体与链续体》*Language*, 12(1936)一文中，我将陈述看作时态，将它们称为事实时或现在-过去时、将来时、普遍时或常用时。

态的意味，但它们和时间或动作持续并没有联系。霍皮语中的陈述区分三种不同类型的信息，换言之，陈述是指三种不同效度的任一种。报告型仅仅是告知一个陈述，述说某种情况下的历史真实，例如英语中的"he ran, he is running, I see it"(他跑了，他正在跑，我看到了)。①

期待型表达了一种期待或对一种情形的预期，能够用"is going to"(将要)或"begins to"(开始)译成英文的将来时，因为态度也可能是在行为已经开始时的期待，而不是既成事实的报告。由于陈述与我们概念中的时间无关，一种期待的态度可以投射到过去事情的陈述之中，译作"was going to"("将要"，英语过去时)、"began to"("开始"，英语过去时)。理解这一难懂的意思的一丝线索就是这样的翻译"his doing it is (or was) expected"(他做这件事是被期待的)。因此，添加共时语气后缀*-kaŋ*"当……时"可构为一个期待型共时后缀*-nikaŋ*，但将它译为英语将来时"while he will do it"(当他将去做时)是极其错误的。这个形式是指"before he does it"(在他做这件事以前)，即"while his doing it is expected"(当他

① 在报告型中没有过去时与现在时的区别，因为两者均为已实现的事实，我们所谓的现在时(不包括与常规型一致的现在时形式)从霍皮语的观点来看仅仅是向他人报告与他们相关的一种情形，这一报告或是重复的信息，或是用来唤起注意，或是描述未完全共享的情形的片段。对霍皮人来说没有必要区别"he is running"(现在他正在跑)和"he was running"(过去某个时刻他正在跑)，因为如果说话者和听话者都能看见跑着的人，那么前一句话的"is"仅意味着听者能够亲眼看到他被告知的事情，他被给予了多余的信息，这是与后一句话唯一的区别。听霍皮语的人并未感到霍皮语语法有所欠缺，因为就他能够亲眼看到事实，语法没有告诉他多余的信息。如果说话者能够看见跑步者，而听话者看不到，那么信息就不是多余的，但这种情形就成了迅速传递信息，由此取消了"was"关于"过去"的区别性意义。因此，霍皮人认为我们的时态区分并无意义。

做这件事是被期待的)。[1]

常规型并没有表达任一具体情形,但提供了一种普遍真实的陈述,例如"她写诗"、"他只抽雪茄"、"雨来自云"、"有些恐龙在沙里下蛋"。以上三种陈述范畴相互排斥。

语气

语气(mode)在霍皮语中是一般范畴的系统,借以表明一个句子(分句)与其前面或后面的句子(分句)之间的分离与联系的性质,独立语气(零形式)表明该语句与其他语句不相连,即使它有可能通过其他并列连接词如英语中的"and"(和)与其他语句相连。但霍皮人表现出对从属结构的极大偏好。这些结构采用六种相互排斥的非独立语气,其标志是在陈述后缀之后添加后缀。每个语气表示一种基本关系类型,包括相联、相离或相异。当进一步增加修饰性小品词时,这些语气就能够区分大量可能存在的关系,很像希腊语中三种间接格这一基本系统能够被大量的介词进一步发挥一样。然而,语气关系并不是格关系,也不是印欧语中不定式和动名词那样的缺省形式,而是完整的动词形式变化。

---

① 霍皮语的标注方式以音素为基础,采用的是通常用于美国印第安语的美国人类学协会符号,但有以下一些小的变化:*k* 稍微靠前,在 *a* 和 ε 之前的发音像 k^y;*c* 是塞擦音 *ts*;ʔ 是喉塞音;*v* 是双唇音,位于音节末尾时发清音;*r* 是卷舌音,不带颤音,稍带擦音,当位于音节末尾时发清音;小的大写字母表示单独音素的清辅音;元音下方一点表示短元音;没有标记的则是霍皮语三种元音之中居中的一种,ˈ("高音调")指提高的音调,相当强的重音,在单音节词中出现时呈默认状态,不被标出;ˋ("低音调")指音调较低,弱重音,在单音节词中出现时被标示出来。语气后缀及大多数小品词位于句子末尾时都有特殊的停顿形式;除了用于例句中的后缀 -*qö*ʔ 外,其余均未给出。

各种名称、后缀及各类分离-联系关系如下：条件型（-ɛʔ 代替词干中最后的元音）用来证明另一个分句（英语中的“when，if 如果”句）的非报告型（期待型或常规型）陈述条件（语气分句在逻辑上属同一陈述，尽管它并没有陈述后缀）；关联型（*-qaY*），用来解释证明另一个分句（英语的“because，since，as，for 因为”句、动名词结构）；共时型（*kaŋ*，*-kakaŋ*），用来指同时发生的事情（英语中的“while，as，and 当……时”句）；序列型（*-t*），用来指时间上的顺序（英语中的“after，...and then ... 在……之后”句）；施事型（*-qa*），用来表示一个分句中的人或事作为另一分句主语的资格，语气分句（英语中由关系代词“who 那个人，which 那个”引导的从句，但不包括宾格的“whom 那个人”引导的从句）；转移关系型（*-q*，*-qöʔ*），用来缩小两个分句中主语间的距离，建立一般联系（英语中没有对应表达方式）。每种语气都指两个分句之间的某种联系、差异或对比；两句的主语或动作者的分离是一种基本类型的差异，与其他基本类型地位相当，这使其中一个分句必为转移关系语气。因此所有其他语气都指两句的主语相同的情况，即，分句之间的对比是由于其他因素，而不是主语的差异。如果想要在转移关系语气的概念中添加其他语气中那样的基本表达因素，可以通过孤立的小品词实现。许多转移关系结构的主语以及一些施事结构的主语为宾格。所有其他语气的主语为主格。下面有一些示例表明各种语气的用法。在这些例子及后文中，语气后缀用连字符连接，以使之分辨于动词原形。

条件型：*niˈm-ɛʔ mï·ˈnat tïwạˈni* “when he goes home he will see the river ”（当他回家时，他会看到那条河）（期待型）；*niˈm-ɛʔ mï·ˈnat tïwạˈŋʷï* “when he goes home he sees the river”（每当他

回家时，就看到那条河）（常规型）。

关联型：*niˈma-qa\Y mï·ˈnat tị ˈwa* "because he went home he saw the river"（因为他回家了，所以他看到了那条河）；*niˈma mï·ˈnat tïwạˈni-qa\Y* "he went home in order to see the river"（他回家是为了去看那条河），即"he went home because his seeing the river was expected, looked forward to(by him)"（他回家是因为看那条河是（被他）期待的）；*pạˈŊqa\W-qaY ya\w mï·ˈnat tị ˈwa* "he said that he saw the river"（他说他看见了那条河）（通过他的话，引述"他看见了那条河"）。

共时型：*niˈma-ka\ŋ mï·ˈnat tị ˈwa* "as(or while) he went home he saw the river"（当他回家时他看到了那条河）；*wïniˈma-ka\ŋ ta·ˈwla\wï* "he danced and sang(at the same time)"（他边跳边唱）。

序列型：*ki·y ʔaw pitịˈ-t mï·ˈnat tị ˈwa* "after(or when) he arrived at his home he saw the river"（他回家之后看到了那条河）；*wïniˈmaˈ-t pịʔ ta·ˈwla\wï* "he danced and then he sang"（他先跳舞再唱歌）。

施事型：*ta·ˈqa niˈma\-qa mï·ˈnat tị ˈwa* "the men who went home saw the river"（回家的那个人看到了那条河）；*nïʔ tị ˈwa ta·ˈqat niˈma-qa\-t* "I saw the man who went home"（我看到了那个回家的人）（施事型采用名词格，这里是宾格，其主语亦如此）。①

转移关系型：*niˈma-q ta·ˈqa ʔaw pitịˈni* "when he goes home a man will meet(arrive to) him"（当他回家时，一个男人将来见他）；

---

① 不一致的主语需为转移关系语气这一规则，宾格施事分句是个例外。

ni'ma-q mọ'ŋʷi ʔaw pitị'ŋʷi "When he goes home the chief meets him"(每当他回家，酋长都见他)(常规型)；*ti'yo wïni'ma-q ʔo·'viy ma·'nata·'wla'wï* "since the boy danced, therefore the girl sang"(因为那个男孩跳舞，所以那个女孩唱歌)；*pạ'ŋqaW-q ya'w ma·'na ni'ma* "he said that the girl went home"(他说那个女孩回家了)；*na·t ta·'wlaW-q ma·'na wïni'ma* "while he sang the girl danced"(当他唱歌时那个女孩跳舞)；*pạ'nis wïni'ma'-q pï'ʔma·'na ta·'wla'wï* "right after he (or, as soon as he had) danced the girl sang"(他刚一跳完舞，那个女孩就唱歌了)；*ʔạ'son ni'ma-q mọ'ŋʷi ʔaw pitị'ni* "after he goes home the chief will meet him"(他回家之后，酋长将要见他)。

英语中以有关系代词做宾语的关系从句在霍皮语中是转移关系型，因为主语有差别，例如：*ta·'qat nïʔ tïwạ'-q ni'ma* "the man whom I saw went home"(我看到的那个男人回家了)("男人"，"我看见"的宾语，"他回家了")。在霍皮语的句子中，"男人"是"看到" 句的宾语，而分句"回家"以动词来体现主语是"他"。英语中很少区分这种结构和霍皮语中由施事型表达的结构，在两种情况下通常使用同样的连接词"that"或"which"，以至于在把一些表面相似的关系句翻译成霍皮语时，会产生令人困惑的结构变化。然而这些变化对霍皮人来说却是极易理解的；甚至，如果我们给操双语的霍皮人相同形式的英文句子，如"the man that I saw went home"(我看到的那个人回家了)和"the man that saw me went home"(看到我的那个人回家了)，他会马上反应出两个完全不同的句型：*ta·'qat nïʔ tïwạ'-q ni'ma* 和 *ta·'qa nïy tïwa' 'qa ni' ma*。

霍皮语也产生转移关系型，可译为英语中介词的关系代词宾语，但与英语的模式相差甚远，例如 *yamạˈkpitʔạŋ wa·ˈyma-q lɛˈˑpɛ* “the bridge on which he was walking collapsed”（他正在上面走的桥塌了）[“桥”（宾语）上面是他在走，它塌了]。从通常的印欧语观点来看最不能理解的是，霍皮语根据它自己较近期的系统逻辑，把语气与情态结合在一起的方式。有关这一点，我们稍后再继续讨论。

为避免省略“祈使”语气会显得太突兀，我将它划归命令语气范畴（祈使、半祈使、祈求、禁止），属于既非语气类又非情态类的不完全动词变化。

状态

状态（status）范畴分为肯定（零形式，陈述句）、否定、疑问和非限定型。否定在报告型及常规型陈述句中是由动词之前的小品词 *qa*ˋ（不）实现的，在期待型陈述句中由动词之前的 *sọˈʔon* 实现。所谓疑问型即询问是非问题的状态。它由小品词 *pïˋ* 作为句中第一词，如 *pïˋ ma·ˈna tiˈ yot tịˈwa* “did the girl see the boy?”（那个女孩看到那个男孩了吗?）疑问句与其他任何类型的句子的语调没有区别。回答的形式是 *ʔowi·ˆy*（是），*qạˈʔe* 或 *qaʔɛ·ˆy*（否），或者一个不可分析的词 *pi·ˈhi ˆy*，意为“我不知道”。非限定型是包含“疑问”（最好说非限定）代词、副词或动词的句子状态（例如，动词“do what”，做什么）。它不一定是一个真正的问题，因为这样的疑问词也是不定词（即“what”和“something”是相同的）；或者，说得更清楚些，词的意思是一种不确定的暗示，多少含有询问的态度"something—I wonder what?"(某样东西——我想知道是什么?)霍皮词的这句话 *hi·'mï pɛ'wiʔ* "something is coming"(某种东西正在到来)可以理解为"I-wonder-what is coming"(我想知道什么正在到来)。这句话应理解为获取信息的要求,或仅只是一句有趣的评论,要依上下文而定,包括说话者的一般行为。

情态

情态(modality)在霍皮语大致是这样一类东西,它对应于印欧语言中的虚拟语气和其他某些语气。但是我们当然不应满足于这种带有"一类东西"字眼的定义。我认为霍皮语的情态即系数的系数,它们是进一步修饰、扩充"三类陈述"系统的方法。三类陈述系统区分三种基本效度领域,情态的作用使霍皮语能够区分远超出三个领域、次领域的效度,就像希腊语中的介词关系扩充了格关系的基本体系。情态之于陈述就如小品词的 *na·t*,*ʔa̦'son* 等在我们的语气例句中之于各种语气。它们是由称为情态词的小品词来实现的。在词素当中,情态词的词范畴比严格意义上的情态范畴多。情态词类型的小品词很多,似乎有必要区分八种(或许更多)相互协调的类型,以形成八种情态组成的一个体系。从系统的完整性考虑,我们可以添加第九种情态——直陈情态或零形式。各种情态与其他情态词的词汇使用之间的界限并不分明,然而总的说来,情态是一组相互排斥的形式(也有一些例外),其他的情态词相互配合使用或与情态系统情态词一起用时较为自由,不如情态用得频繁、正式,并且可能为方便起见被处理为词项(参见本文后面的例句)。这些情态被命名为:直陈型、引用型、制约型、可能型，不确定型，劝告型、承认（让步）型、必然型，无效型。

引用型：情态词 *ya'w*。这一陈述是语言表述的陈述。在讲述一个民间故事时，*ya'w* 的用法和英语中用于大多数长句句首的“so”或“and so”（由此、所以）相似；它是“according to the story”（根据这个故事）意味上的“so”的意思。在简单独立句中它增加了“they say”或“on dit que”（他们说）的意思。它紧跟在直接引语之后，其中最后一个单词的最后一个音节重读，这一组合相当于在口语中表达引号。引用型用于间接引语时，动词为听、说等，属关联或转移关系型语气（参见有关这些语气的例子）。比较 *nïʔ navọ'ṭ-q ya'w mị'nï* “I heard that he fell down”（“我听说他摔倒了”，转述）和 *nïʔ navọ'ṭ-q mị'nï* “I heard him fall down”（“我听到他摔倒了”，亲耳听到摔倒的声音）。然而引用型不能表示确定或承认叙述的真实性，那是承认型（kịr）的功能；由此有 *nïʔ navọ'ṭ-q kịr mị'nï* “I heard(of the fact) that he fell down”[“我听说他摔倒了（这个事实）”，承认确实发生过这件事]。

制约型：情态词 *kïrhị'n*。制约型的意思是主语被阻止产生动词指明的效果，至于其原因是主语的能力还是外力，则毫无暗示。这一情态可直接译为“cannot”（不能）。

可能型：讲英语的人最初会认为这一表达颠倒混乱，如果不是十分古怪的话。它被译为“can”（能），但只是制约型的否定形式，表示为 *kïrhị'n qa'*。然而分析表明，这一形式非常合乎逻辑。霍皮语有一种非常中立的、表示可能性的“can”，它不仅指个人能力，而且指如果主语选择的话，将可能性转换为行动是完全可以实现的[关于表示个人或技术能力的“can”（能）、“knowing how”（知道怎样做),有一个限定动词与行为动词的期待相关型搭配使用]。但是这样一个表示中立可能的"can"怎么能够比直接否定对所有主语和行为之间的制约更为有效呢?

不确定型:情态词 *sẹn*,它表示不确定,对应于"perhaps,possibly,maybe"(大概、可能、或许)或期待型中的"may"(可能),例如 *ni'm-ɛʔ sẹn mọ'ŋʷit ʔaw pitị'ni* "when he goes home he may meet the chief"(当他回家时他可能会见到酋长)(也可能不会)。这种不确定就像肯定、否定之相等可能性之间的平衡;由此有 *nïʔ ʔaw tï'viŋta\-q sẹn ni'mạ\ni* "I asked him if (whether) he were about to go home"(我问他是否要回家了)(转移关系型结构)。初看起来,在此 *sẹn* 似乎扮演了英语中"if"(如果)的角色,然而实际并非如此,它只与"if"表达的不确定性相应,而"if"的连接及关联功能是由转移关系语气表现的;*sẹn* 本身不能够实现任何连接。

劝告型:情态词 *kɛ*。它也像 *sẹn* 那样表示不确定性,但是稍稍偏向正面结果而非负面结果的可能性。如果这一正面可能性的断言面对某种对立意见,或对这一可能结果的恐惧,*kɛ* 就相当于英语中的"might,may nevertheless"(可能、仍然可能),在报告型中相当于"might have done so"(可能已经这样做了)。由此,*ta·'qa tïw-ẹ'ʔ kɛ wa·'ya'ni* "when the man sees it he may run away"(当这个男人看到它,他可能会逃跑)(需记住他可能逃跑一事)。因此,含有 *kɛ* 的句子具有劝告的性质,因为,它不仅仅预示一种不确定,而且让人们注意到一种可能的结果。英语的"may not"(可能不)是 *kɛ qa*,而不是 *sẹn qa*, 如 *ni'm-ɛʔ kɛ qa\ tïwạ'ni* "when he goes home he may not see it"(他回家时可能不会看到它)。这很合乎逻辑。

承认(让步)型：情态词 *kïṛ*。它赋予某个陈述作为概念的效度，而不是作为客观经验的效度。①例如“it is conceded, granted, inferred from the evidence at hand, assumed, considered as known”(被承认、被允许、可从手中证据中推断出来、被假定、被认为已知的)等。在独立句中它可被译为“it seems that, evidently, apparently”(似乎是、明显地、显然地)或仅仅是“so”(因此/于是)，例如 *kïṛ moṇ'ŋ*^{w}*i ni'ma* “so the chief went home”(于是酋长回家去了)(我推测)。在复杂句中它的微妙的重要性才凸显出来。让我们来看看转移关系型式：*nïʔ tïwạ'-q pa'la* “I see that it is red”(我看到它是红色的)(就我所见它是红色的)，*nïʔ tïwạ'-q rïpi'pita*\ “I see that it sparkles”(我看到它闪光)。霍皮人拒绝使用这一型式，因为它表达的意思通常体现于下面的句子中：“I see that it is new”(我看出这是新的)。这个句子要求表达“新”这一意思的分句为承认型，即 *nïʔ tïwạ'-q kïṛ pï·'hi*(由我所见而推论，它是新的)。换言

---

① 这里我们不可以把“感觉的”(sensory)当作“客观的”，因为根据心理学的分类，知觉层面甚或简单概念层面而非感觉层面上的经验，不需要使用让步语气，尽管知觉经验的处理与感觉经验的处理不同。这种经验的知觉(或简单概念)是看见具有词汇名称(动词)的动作或现象；被看见的动作或现象归于直陈转移关系语气，而“看见”这一行为使用独立语气，如：*niʔ tị'wa wa·'ya'-qöʔ* “I saw him run away”(我看到他跑了)，*nïʔ tị'wa cị'rot mị'ʔa-qö*\ʔ “I saw him shoot the the bird”(我看到他射鸟)。非常值得注意的是，霍皮人在他们的语言中把接受的信息分为四类，大致对应于心理学中的等级：(1)感觉层，如：“I see that it is red”(我看到它是红色的)、“I hear he fall”(我听到他摔倒了)。感觉动词是转移关系语气，信息动词是直陈语气；(2)知觉-概念层，如“I see him fall”(我看到他摔倒了)，感觉动词是独立语气，信息动词是转移关系语气；(3)直接语言层，如“I heard that he fell”(我听说他摔倒了)(并未承认)，感觉动词是转移关系语气，信息动词是引用语气；(4)纯概念层，如“I see that it new”(我看出它是新的)、“I heard that he fell”(我听说他摔倒了)(承认为事实)，感觉动词是转移关系语气，信息动词是承认语气。

之,“新”并不是像红色或光那样的视觉感觉;它并不是被直接看到的,而是由看到的材料所推断或假定的,如 *kịr* 所示。对我们来说这似乎像心理分析,但对霍皮人来说是清楚而实际的区别。霍皮语中相当于英语“if”(如果)的普通条件结构,要求代表“if”之联结功能的条件或转移关系语气也使用承认情态,以表示“if”的假设或抵押功能;否则这一语气会被译为“when”(当……时)而不是“if”(如果)。因此有 *kịr niˈm-ɛʔ mï·ˈ nat tïwạˈni* “if he goes home he will see the river”(如果他回家,他将看到那条河)。霍皮语中反事实的“if”是另一种形式(*ʔạs*,见下文)。

必然型:情态词 *sọˈʔon qa\`*,意为“necessarily,naturally,inevitably”(必然地、自然地、不可避免地),它只是一个双重否定(这从印欧语的观点来看很怪),总是表示肯定。它是 *qa\`*(不)和 *sọˈʔon*(期待型不)的组合,因此意味着不会有期待型的否定。这一形式常译为英语中的“must”(必定)或者“have to”(不得不),但没有任何强迫、责任或义务的意义,完全是中立的、抽象的,常用在条件句的结论中表示必然的结果。例如:*kïr niˈm-ɛʔ soˈʔon qa\` mï·ˈnat tïwạˈni* “if he goes home he will see the river”(如果他回家,他会看到那条河)(作为一个必然的结果)。

无效型:情态词 *ʔạs*。这一情态很难用我们的思维方式表达出来。它指的是我称为目的论无效性的情形。我们和霍皮人在分辨陈述的形式方面有些相似,将“may”(可能)、“can”(能够)划为与更基本的“does”(做)及“does not”(不做)不同的层次。与后者相比较,前者是兼有肯定和否定、现实和非现实的状态。它们是介于对立之间的中间领域,尽管采用的是肯定的形式。但是在英语中,所有中间领域的表达都是指潜在性;这些陈述具有肯定和否定的双重特性,是因为它们的潜在性,这种潜在性的实现是留给未来的。如我们所见,霍皮语中也有类似的中间领域表达方式。但是除此之外它还有另一种中间领域的表达方式,在此肯定-否定的双重特征不是潜在的,而是指已经发生的事情。此外,指称从未发生之事的表达方式,也可以与指真实事件的表达方式一样划归这一准现实领域。可以说,把这准现实的特征强加于谈话主题的标准,是行为最初之目的、目标、动力、需要、功能等(我们思想意识中的很多概念均适用于此)的无效性。如果一个霍皮人报告以下一系列事件:一个人逃脱了追捕他的人,但最终还是被抓到,他会使用无效型来表达:*ta·ˈqa ʔạs wa·ˈya* "the man ran away"(那个人逃跑)[暗示这里的"ran away"(逃跑)不能被理解为"escaped"(逃掉了)],如果那个人逃跑并逃掉了,这一表述就只是 *ta·ˈqa wa·ˈya*。*Nïʔ maˈqto* 是"I went hunting"(我去打猎了);*nïʔ ʔạs maˈqto* 意思相同,但具有空手而归或实际如此的含义。在英语中我们可以用沮丧的语调说:"Well, I went hunting!"(唉……我去打猎了!)以此来表达同样的信息,但是霍皮语的句子与此很不相同,它是极少感情色彩的陈述;*ʔạs* 这一表达方式不是表现情感,而是显示理智,说话者无论是无动于衷、不高兴或高兴时都可能用;如 *cö·ˈviw ʔạs wa·ˈya* "the deer fled"(那只鹿逃走了)(但我仍然抓到了它)。我把这种情态称之为"无效型",它表示的含义是句子涉及的行动或企图无法实现。在期待型中,译法由"will"(将要)改为"tries to"(试图),如 *ma·ˈna ʔạs wïniˈmạˋni* "the girl tries to dance"(那个女孩试图跳舞)(但是目前并未成功)。然而,期待无效型并不意味着将来的努力不能成功,当期待型指过去的叙述时，其无效性指的是某个未遂企图，如 *ʔạs wa·ˈyaˈni* "he tried to escape"（他试图逃跑），指一个囚犯越狱未遂。当无效情态在非独立语气中以期待型出现时（即，当它为条件或转移关系语气，另一分句为期待型时），现实被淡化为从未实现的理论上的过去的可能性。因此，英语中的反事实条件在霍皮语中属无效型情态，如 *ʔạs niˈm-εʔ sọˈʔon qaˋ mï·ˈnat tïwạˈni* "if he had gone home he would have seen the river"（"如果他曾回家的话，他就会看到那条河"，实际上他没有回家）（直义："在无效的回家之可能性中，他必然被期待看到那条河"）。这里可在无效型之上添加让步（承认）情态，尤其是当语气为转移关系型时，如 *kịr ʔạs niˈma-q sọˈʔon qaˈmọˈŋʷi ʔaw pitịˈni* "if he had gone home the chief would have met him"（"如果他已经回家，酋长就已见过他了"，实际上他没有回家）。我们英语中的"although, but, yet"（尽管、但是、然而）等表示在两种冲突倾向间的某种紧张状态。霍皮语准确地区分了其中一个倾向是否使另一个无效（无效性意义），或这一类对立是否由 *kε, sẹn* 等方式表示。由此，在共时型中，*nïʔ ʔạs qatïˈ-kaŋ ma·ˈŋịˈʔi* "although I was sitting I felt tired"（尽管我坐着，我觉得累）；在转移关系型中，*ʔạs wa·ˈyaˈ-q nïʔ ŋịˈʔa* "although he fled I caught him"（尽管他试图逃跑，但我抓住了他）。另一方面，*ʔạs* 用在"although he was running he was singing"（尽管他在跑，他也在唱歌）一句中不正确，因为句中的任何一个行为都不能使另一个行为无效；在这种情况下霍皮人只是说 *waˈrikiˋw-kaŋ ta·ˈwlaˋwi* "while he was running he was singing"（他一边跑步一边唱歌），或许增加一个略微表示惊讶的成分。在序列形式 *ʔas pitịˈ-t* *qa`wïni'ma* “although he had arrived he did not dance”(尽管他已经来了，他没有跳舞)当中，ʔɑ̣ 暗示来的目的就是跳舞；他也有可能不来。[1]

霍皮语与印欧语模式的不同之处似乎在于，所有这些情态都类似印欧语的虚拟语气，但没有一个情态与它一致。霍皮语根据我们的语感意识不到的各种关系来翻译我们的虚拟语气。因此，在“if I were king”(如果我是国王)一句中，从霍皮人的观点看来“were”是无效型；在“to see if he were brave”(看他是不是勇敢)一句中，“were”是不确定型；在“though he be stubborn”(尽管他固执)一句中，“be”是劝告型；在“if he be right”(如果他是对的)一句中，“be”是让步(承认)型。这一型式是否与印欧语根本不同？事实上，对于美洲语言来说，犹他-阿兹特克语系总体，特别是霍皮语，在语法类型上与印欧语系有着非同一般的相似。也许我们可以考虑这样一种可能：在印欧语古老的形式中，或许在赫梯语中，存在着某些句法结构型式，它们便于按照类似于霍皮语的框架进行分析。

其他情态词

还有一些情态词，其用法不如情态系统中的正式。以下例子可说明它们的表达方式之广泛。

---

① 简言之，英语的 might-as-well-not-have-been(“可能不会”，与过去已经发生的事实相反)便是无效型表现的介于肯定和否定之间的领域。我们英语中的 might-have-been(“可能会”，与过去的事实相反)这一表达方式在霍皮人看来也属该领域。“可能会”是一种可能不会实现的期待(潜能、趋势、可能、愿望)。

ʔi'ra：记忆、回忆——“according to recollection it is so”（根据回忆是这样的）。

ʔi'snïntị'q：可能性、合理的期待、可证明的假没或希望——“supposedly”（根据推测）——在期待型中如英语中的“if all goes well”（如果一切顺利）。

na'wïs：自愿行动的义务，不带强制性；与英语中的“ought to, should”（应该）不同，其行动被实施的承诺更大；有时可译为“has to”（不得不）。但根据我的霍皮语料提供人的说法，它对应于我们英语中的“can't very well refuse to”（不大能拒绝）。

pɛ·v：“almost, nearly,”（几乎）、*pɛ·v kɛ*“possibly almost”（大概几乎）、“almost may”（几乎可能）。

pi\`：接受现实的或必定的情形、无可否认的事实、不可避免性；有时对应于英语单词重音，例如：*pạm pitị'ni* “he will arrive”（他会来）；*pi*\` *pạm pitị'ni* “he will arrive”，“he, at least, will arrive”（他会来；他至少会来）。它还与“after all”（毕竟）相当，更让我们惊奇的是，在 *pay pi*\` “already”（已经）当中，pi\` 指顺从和接受不可改变的现实，例如 *pay pi*\` *wa·'ya* “he ran away, and that's that”（他逃跑了，就是如此）。与否定型（*pi*\` *qa*\`）及必然型（*sọ'ʔon pi*\` *qa*\`）的组合也很常见。

ta'tam：有必要以一种自我牺牲的情感放弃；“must”（必须）或者“may as well”（……为好）充满这种情感，暗示主语牺牲自己的利益或爱好。

tịr：没有明确决心的意图，比“wants to”（想要）或“intends to”（打算要）更模糊，更像“is (was) thinking of ——ing, would, would like to”（考虑、希望）。

“情态情感”的范围很广，在各种语言中其应用的细微差别有很大不同，不过大概没有哪种语言像霍皮语这样深地进入这些领域。

（董锡燕　译）

语言系统轮廓之构想*

编者按：

1938 年沃尔夫将这张表和附在后面的大纲以手稿的形式在某些同事之间传阅。这张表是作为《文化材料提纲》的附录而写成的，该《提纲》由乔治·P. 默多克与其在耶鲁大学人类学系的同事们编撰，目的是为从事文化人类学田野调查的人提供指南。《提纲》中有一个简短的"语言"部分，其中提到了这张表。

沃尔夫多次在他的论文中提到，希望进行"世界范围的语言调查"。毫无疑问，他想使自己建议的这个提纲成为一个标准框架，以指导这种大范围语言调查中具体语言的材料采集。

读者可首先将注意力集中于文中的表格。这张表向我们展示了沃尔夫眼中的整体语言系统。其后的提纲是该表中语义层面的扩展，虽然它包含的具体内容最多，但只是表格的附属成分。此处的印刷版本是在沃尔夫手稿的基础上，由芝加哥大学的诺曼·麦考文教授稍加修改而成。

---

* Language: Plan and conception of arrangement.

语言系统轮廓之构想

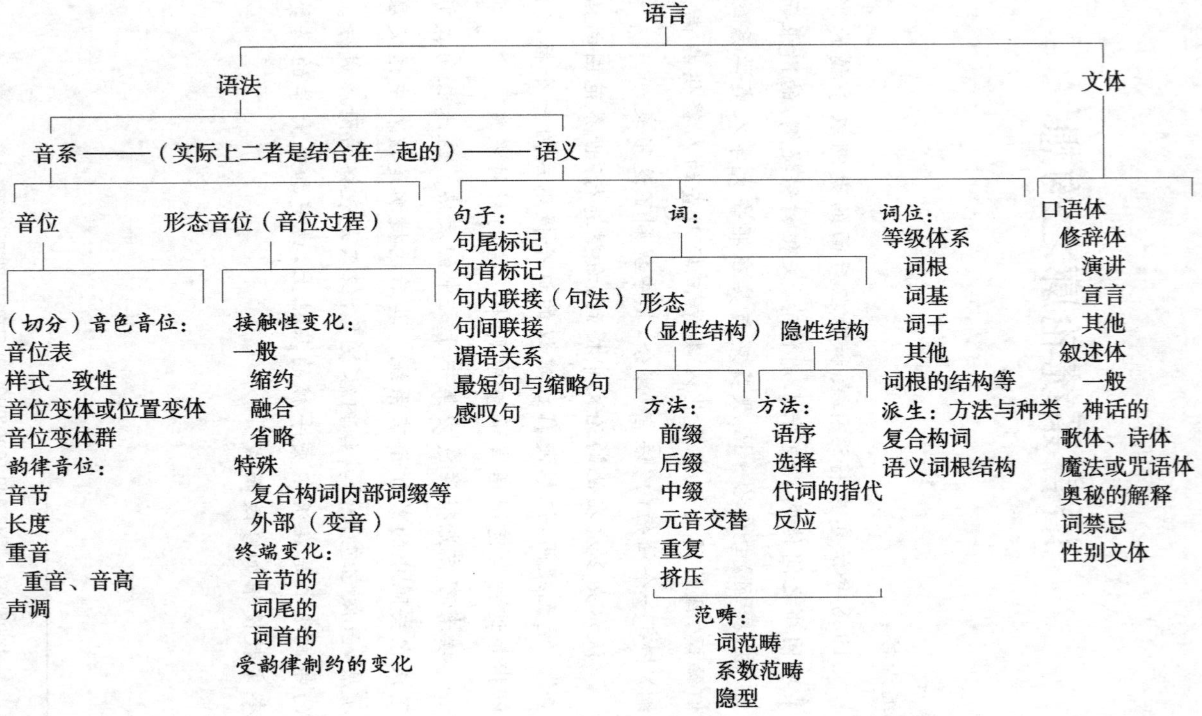
语言
语法
文体
音系——（实际上二者是结合在一起的）——语义
音位
形态音位（音位过程）
（切分）音色音位：
音位表
样式一致性
音位变体或位置变体
音位变体群
韵律音位：
音节
长度
重音
重音、音高
声调
接触性变化：
一般
缩约
融合
省略
特殊
复合构词内部词缀等
外部（变音）
终端变化：
音节的
词尾的
词首的
受韵律制约的变化
句子：
句尾标记
句首标记
句内联接（句法）
句间联接
谓语关系
最短句与缩略句
感叹句
词：
形态
（显性结构）
隐性结构
方法：
前缀
后缀
中缀
元音交替
重复
挤压
方法：
语序
选择
代词的指代
反应
范畴：
词范畴
系数范畴
隐型
词位：
等级体系
词根
词基
词干
其他
词根的结构等
派生：方法与种类
复合构词
语义词根结构
口语体
修辞体
演讲
宣言
其他
叙述体
一般
神话的
歌体、诗体
魔法或咒语体
奥秘的解释
词禁忌
性别文体

（以下是上表语义部分的扩充）

A. 句子

1. 句尾标记：通过以下方式实现

语调（一种类型，几种类型）

停顿的形式

特殊的标记成分

词序

情感标记：语调或其他成分，用以标志句尾，同时表示强调、兴趣、惊讶、怀疑、疑问、信服、感情的弱化或增强，等等

2. 句首标记：通过以下方式实现

词序，例如动词总在首位等

句首导语

语调

其他

缺省

3. 句内联接（句法）（句内的组合原则）

词序。词序的扩展、主谓语序、临近语序（修饰语在前、修饰语在后、混合式）、不连贯的语序（即希腊语概念 tmesis），例如英语中的分裂不定式。

功能范畴（如名词、动词、谓语成分等），采用各种不同的标记方式。参见范畴 B："词"。

关系的标记，例如格、前置或后置词、动作指示词（也就是动作-目标、原因-结果、及物动词、应用词的不同标记），等等

包容(动词或其他关键词包含的句法意义)

代词的结合或指代、名词的结合

指示和工具性成分、整体-部分成分，等等

以动词做核心句(如纳瓦霍语)

独词句(多式综合语的形式，动词构成整个句子的大部分内容)

句子的和谐，即不同形式类型的一致关系，例如格、数等的一致(班图语是此类中极端的例子)

4. 句间联接(外部句法)(句子连句子)

并列关系

将句子并列在一起

并列句子成分

韵律的(语调等)

词素的(后缀等)

小品词(重读词后词或单词，如"and 和")

从属关系(主从句)(使用从句)

语序

韵律手段(音调等，如英语的逗号语调)

词素标记，包括特殊的动词形式、动名词

表示主从的小品词、连词

5. 谓语关系

方法

词序或句型(孤立型)

词素谓语成分(如后缀，它们能将自己所附着的任何成分变为动词，这里的谓语成分是后缀，而不是整个动词)

谓语成分词类(动词和各种准动词;表示谓语关系的力量与词义结合在一起,如“吃”、“杀”、“站”)(参见范畴B:“词”)

只有动词句

动词句和名词句——名词句由语序类型或词素等标明。

功能词(专门用于表示谓语关系的词。缺少这些词会出现词义空白,如“be 是、become 成为、cause 使、do 做”,或词义模糊,如“make 使、turn 使……变成、get 使”)。助动词

各种方法的混合使用

谓语关系范畴

系词(be)

一般的

固有的(西班牙语的“*ser* 是”)或主观的

客观的(西班牙语的“*estar* 是”)

一般动词,包括:

原因的

主动-原因

不及物-半被动的

及物

非主动-原因

不及物

及物

非原因的

静止的

结果的

被动的

其他(以上根据语言类型,也可用不同的方法表述,如工具性动词)

6. 最短句与缩略句

缩略句

反顾形式(如:"I did. 我……了。""Will you? 你会……吗?")

省略形式(如:"但是明天——!")

社会习语("谢谢"、"你好"、"请"等)

最短句

称呼型(如:"约翰!""妈妈!")

祈使型(如:"来!")

其他

"是"和"否"

感叹句

一般("啊"、"哎哟"、"唉"等)

咒骂语

其他带有特殊文化含义的类别

B. 词(作为句子一部分的词)

1. 形态(显性结构)

方法(显性标记)(如果可能,表明程度,如轻微、适中、充足、丰富)

前缀法

后缀法

中缀法

元音交替

词根中一个元音的变化、两个或更多元音的变化

元音交替省音、长度的变化、颤音

辅音交替

重音和(或)声调的变化

重复(整体、部分、首音节、尾音节、元音、插入重叠)

挤压(通常称为重复)

元音,词首(*tak—atak*)、词尾(*lem—leme*)

辅音,词首(*lem—leml*)、词尾(*lem—mlem*)

混合(*lem—lemel*)

伴随其他方法的元音协调

形态学的范畴。见 3:“范畴”

2. 隐性结构和关系

方法

选择[①](如“John 约翰”、“come 来”、“dog 狗”、“kill 杀死”之间的区别)

异干互补(如“go,went”)

语序(在词组或句子中)

代词指称(例如在英语中被用来标记性别)

关键词(非代词)的指称

---

① 选择,即纯粹的选择。选择也伴随其他所有的词类范畴标记出现。纯粹选择要求隐性词范畴的存在(参见该项)。

反应(带有隐性关系的词支配某些其他词的选择,例如纳瓦霍语中表示"圆的"与"长的"的对立支配动词词干的选择)

隐性范畴。见3:"范畴"

3. 范畴

可以是显性的或隐性的。假如可能的话,可以确定什么被标记、如何被标记,或者二者同时确定,如动词、后缀法;名词、纯粹选择;名词、其他标记的缺省。[1]

Ⅰ. 词范畴

a. 功能-词汇的

名词

动词

形容词

副词

无(必须注意:这些类别可能并不是全部存在;例如可能有这样的情况:如果没有一个适用于任何词干的动词化后缀,就不存在"动词"。因此也就不存在动词词类,而仅仅存在表示动词化的"系数范畴")(参见该项)

b. 功能的

代词(表示种类的人称——指示、指向;表示隐含意图的——疑问、否定、不定、关系等)

小品词(标记或连接句子的词——参见"句子"项、句

① 如果可能的话,表明避免使用常见范畴,例如没有复数、没有性属。

尾标记、句首标记、前置词、后置词、连词、情态词、谓语成分、功能成分等)

冠词(见 IIc:定冠词与不定冠词)

c. 指称范畴(暗示将各种经验、事物、状态及动作分类)

性(有许多不同类别,例如:阴、阳、有生命的、无生命的、个人的、理性的、非理性的、整合的)

多重指称范畴(许多类似性的类别,经常具有不易区别的意义,如班图语)

社会地位和等级

形状类别(如纳瓦霍语、海达语)

在场-不在场

可视性

场所与范围类别

d. 纯粹的形式类别,如动词的词形变化及变格

e. 个人名字类别,性、年龄、敬意等

Ⅱ. 系数范畴(这些范畴不为词类划定界限,它们修饰任何词类,或者已由其他方法划定界限的词类)

a. 普遍应用范畴

谓语关系

动词化("be 是"之外的谓语关系)

"名词化"或名词的确认

独立主格后缀、名词冠词、零标记等

形容词化

b. 混合应用范畴——其应用有时是普遍的,有时是特殊的

数(1,2,3 类、一些、许多、复数)

集合性与离散性

持续性

紧张性(延伸-持续)

时间或时态

比较,例如形容词的比较级

同时参见指称范畴,同样的概念也可作为系数应用

c. 特殊应用

通常应用于动词(或伴随动词化)

谓语关系范畴(参见A:句子)

语态:主动、被动等

及物性:及物、不及物、被动(语态与及物性融合)

体(持续性、延伸性等,如链续、持续、完成、未完成、起始、延续、进行、多次、反复、惯常,等等)

强调成分

时态系统

语气(mode或mood),如直陈、虚拟、推理、怀疑、祈求、可能、允许、让步、转折,等等

状态,如疑问、否定、引用、强调等

感叹词或其他表达情感的形式

称呼形式,如祈使、否定祈使、劝告等

动名词或从属连词(参见A4)

通常应用于名词(或伴随名词化)

状态(即,所有、非所有、代词的所有格形式)

格(各种不同的格)

形容词化(参见普遍应用)

定与不定(冠词等)

部分性(一些、任何)

总体性(如相对于"一个男人、一个女人、一条狗"的总体概念"男人、女人、狗")

延续性(如相对于"棍子、一块金属"的"木头、金属")

个体性:如"棍子"

其他——其他部分已包含在"指称范畴"之内,参见该项

d. 表示情感的系数范畴(表达说话人的情感而非思想)

情感的减退

情感的增强

表示敬意的形式

强调、感叹和其他形式——表示情感的系数适用于什么词类?

Ⅲ. 隐型。有微妙词义的隐性词范畴,唯一标记是其反应。在语言调查中除了十分明显的情况,一般都略去这点,因为对隐型的判断往往要求对一种语言做深层研究。

C. 词位(作为词汇单位的单词或词干,以及从构成句子的词中分析提炼出来的部分)

1. 词汇等级体系

a. 语言具有词根和派生结构(词干、词基)的区别。在这种情况下,最小的单位是词根。

b. 语言中只有一种，或主要只有一种词汇。在这种情况下，该词汇成分通常被称为词干，例如阿尔冈昆语和亚纳语的词干。如果可能，应按这种方法描写语言。

c. 词位可能等同于单词（句中的单词）

词位总是区别于单词。词位出现在句子中——

与词素成分一起

在多式综合语复合构词结构中

2. 词干和词干类型

多形的（词根或词干没有固定形式——但是这是很少见的；很可能是基于不充分分析上的表象，如在词根方面，英语不是多形的）

单形的。一种具有特色的词根类型，或一两种相互关联的类型，如辅音-元音、辅音-元音-辅音，等等。

限制性的。这一类别在形式上有相当大的自由，同时受到某些限制。例如在英语中，词根或词干中辅音丛的种类和位置受到限制。如可能，说明诸如音丛的限制性。

3. 派生（次一级词位，即由词根而来的词基）

方法：显性。这些方法与词素方法相似，如加前缀、后缀等。

隐性方法——转化为另一种隐性类别，用隐性标记表示意义变化。如“(to) stand”（站立）、“(a) stand (position)”（一个立场）、“(a) stand (pedestal)”（一个架子/基座）。

派生度——没有、低、中、高、累积的（派生成分累加于派生成分之上，如假装有学问的“honorificabilitudinity”[1]。这

---

① “honorific”意为“尊敬的”、“尊称的”，后面的成分是叠加起来的多个名词性后缀，意为“可……性”、“性”等。——译者注

种情况见于阿兹特克语，在梵语和希腊语中要少一些，在马扎尔语和土耳其语中也有可能存在）。

派生类别[①]

从动词性词基派生出的名词

动作和状态名词、抽象名词

施事——表示施动者的名词

工具词——表示工具的名词

地点名词

受事

表示受影响的人或事的名词

表示某种结果状况的名词

形容词性的名词

其他——有许多可能性

从名词性词基派生出的动词

表示"活动"、"拥有"等概念的动词，等等

4. 复合构词

复合（主要是二项式复合体；两个主要成分也有可能是分离的）

修饰语类型：修饰语是放在前面还是放在后面？

类别：名词-名词、动词-名词、名词-动词，等等

并列类型，如"时空关系"中的"时空"

多式综合语式的复合构词

将许多词干按顺序规则复合构词，如阿尔冈昆语

① 这些类别有可能并入词素范畴，或变得与之相同。在一些语言中，这一部分会从词位转移到词：形态。

另一种可能:在词干(词位)和系数范畴标记之间没有区别。在这种情况下,参见系数范畴。

混合类型,如"中断的综合"

在阿萨巴斯卡语中——由于经常难以分析,可暂时忽略不可孤立的词位——很少、许多或所有词位是这样的。

5. 语义词根结构

词根可或多或少分解成模糊的部分和意义,如"tread, track, trip"(踏、轨迹、旅程)。词根核心(如"tr")和词根限定成分

语音象征(音义对应)

在表达某一类意义时,某个音位或音位组反复出现

为了表达语义的或情感方面的结果(如一些西北海岸语言中的儿童语言形式),对音素进行显性处理

易受许多词根内部分析影响的词根。

(刘鸿勇　译)

习惯性思维、行为与语言的关系*

人类并不仅仅生活在客观世界中，也不仅仅像一般人所理解的那样生活在社会活动中，而更大程度地是生活在特定的语言之中，语言已经成为人类社会的表达媒介。如果以为一个人可以不运用语言而使自己基本适应现实，或以为语言仅仅是一种解决特定的交际问题或思考的随行工具，那完全是一种错觉。事实是，"现实世界"在很大程度上是无意识地建立在一个社团的语言习惯基础上的……我们看到、听到以及以其他方式获得的体验，大都基于我们社会的语言习惯中预置的某种解释。

——爱德华·萨丕尔

人们一般认为，词语的惯用法经常先于某种思维轨迹或行为方式。同意这种观点无非是承认了哲学和学术术语以及流行语、宣传口号和号召的迷惑力，这并没有什么新鲜。如果只看到这一点，就忽略了萨丕尔在上述引语中指出的语言与文化、心理之间的重要联系。我们需要认识的是，语言对于文化和个人活动的影响

---

* The relation of habitual thought and behavior to language. 本文选自莱斯利·施皮尔主编，《语言、文化与人格——爱德华·萨丕尔纪念文集》(*Language, Culture, and Personality, Essays in Memory of Edward Sapir*. Menasha, Wis.: Sapir Memorial Publication Fund, 1941, pp. 75－93)。本文写于1939年夏。

主要不是表现于这些特殊的语言用法，而是表现于它对材料一贯的组织排列方式，以及它对世象的最一般、最日常的分析。

误导行为的情境命名

在我跟从萨丕尔博士进行研究之前，我已经接触到这个问题。这是一个在一般人看来远离语言学的领域。我那时为一家火灾保险公司工作，任务是分析数以百计的引起火灾或爆炸的环境报告。我的分析关注的是纯粹的物质条件，例如是否有损坏的线路、在金属管道和木制品之间是否留有空间等，根据这些条件给出分析结果。这样的工作确实是不会使人看出还会有别的什么意义。但是渐渐地我发现，通过人的行为导致火灾的因素不只是作为物理现象的物质环境，有时也是这一环境对当事人的意义。当这种意义因素作为一种语言学意义(linguistic meaning)表现在对情境的命名或语言描述上时，它就越发明显。于是，在被称为“汽油桶”的存放地周围，人们会格外小心翼翼；而在被称为“空汽油桶”的存放地周围，人们则麻痹大意，随便吸烟或乱扔烟蒂。而“空”(empty)汽油桶也许更危险，因为它们含有爆炸性气体。虽然从物理学意义上说它们更具危险性，但是根据常规在语言上只能用“空”来命名它们，而“空”不可避免地示意无危险。这个词一般有两种用法：(1)作为“不存在、空虚、否定、无生命”的同义词；(2)用于分析容器内的物质状态，而不考虑其中的气体、残液、散落的垃圾等。“空汽油桶”的“空”是根据用法(2)来命名的，但这个名称显示的意义却是用法(1)。语言就是这样制约人的行为，引人误入歧途的。

在一家木材蒸馏厂里，用于金属蒸馏器的绝缘的材料是一种在那个工厂被称为“石灰石纤维”(spun limestone)的石灰石制品。人们没有采取措施来防止石灰石纤维遇到高热或触到火。经过一段时间的使用，蒸馏器下的火焰会延及“石灰石”，并引起剧烈的燃烧，人们这时才大吃一惊。原来蒸馏器冒出的醋酸气会使部分石灰石(碳酸钙)变成醋酸钙，受热遇火后就会分解，形成易燃的丙酮。在蒸馏器的石灰石纤维旁操作的工人正是由于受“石灰石”这个词中“石”的误导，以为它不易燃，才未加防范而导致火灾。

一大铁桶沸腾的清漆看上去是高热的，已接近燃烧的温度。操作工人把铁桶从火上移开，依靠铁桶的轮子把它推走，但没有在铁桶上加盖。清漆立刻就燃烧起来了。在这种情况下引起火灾的语言原因更复杂一些。在此，工人将接触火源视为燃烧的原因，将脱离火源视为燃烧危险的排除，将整个情境解释为“接通火源”与“断离火源”的对立。也就是说，“原因”被等同于“物体”的接触或空间并置，并形成隐喻性的客体化(metaphorical objectifying，这一点稍后将详述)。事实上，当引燃的主要因素——外部明火被排除后，刚脱离火源的高热的铁桶本身依然向桶内沸腾的清漆传送着足以导致燃烧的热量，火源的“断离”并不等于高热的“断离”。

墙上有个很少使用的电光加热器。一个工人将衣服随手搭在上面，在他眼里，它的意义是方便的衣架。夜里一位警卫进来，啪地打开开关，他将这个动作的意义理解为“开灯”。然而不见灯亮，他以为“灯烧坏了”。由于衣服搭在加热器上，他看不见加热器发出的光。很快加热器就引燃了衣服，造成整幢楼的火灾。

一家制革厂把含有动物废料的废液排入室外一个渣滓池。这个池上一半有木头遮盖，一半是露天的。人们一般会以为这个池是“水池”。一个工人偶然在池边点燃喷灯，然后把尚未熄灭的火柴扔进水里。但池里的腐烂废物在木盖下正变为可燃气体，这一情境与“水池”完全相反。火苗立即点燃了木盖，火势迅速蔓延至邻近的厂房。

一间兽皮烘干室，其一端有一台鼓风机（blower），吹出气流通过全室，然后经另一端一个排气口排出室外。由于鼓风机轴承发热，引起火星，强风将火星直接吹进了兽皮中，并煽遍全室，烧毁了室内一切。这一危险的装置源于对“鼓风机”这个词的自然理解，因为它意味着机器的功能就是“鼓风”、“吹风”（blow），或者说“鼓风吹干”，而忽略了这机器还能吹别的东西，如火苗和火星。实际上鼓风机的功能就是制造气流，它既能鼓风也能抽风，如果把它安置在排风口的一端，用它来抽吸室内之气，也能起到干燥兽皮的作用，且无罩壳或轴承发热的危险。

一个用于回收铅的燃煤的融化锅里堆满了“废铅”——这又是一个给人以误导的词语，因为“废铅”里还有旧收音机电容器中的铅片，铅片之间还夹着石蜡纸。石蜡纸受热后立刻燃烧起来，火焰蔓延至房顶，一半的屋顶被烧毁。

类似的火灾事例不胜枚举。它们足以让我们看到语言形式的类推是如何为行为做出引导性提示的：语言形式为情境套上某个定义，并由此做出某种程度的分析、归类，将它分配在一种世界格局中，而这一世界格局“在很大程度上是无意识地建立在一个社团语言习惯基础上的”。我们总是以为我们社会的语言分析忠实反映了现实，而事实上并非如此。

作为经验解释的语法形式

上述各例涉及的语言材料限于单个词、词组和有限的型式。而要进一步研究语言对行为广泛而深刻的制约，我们必须涉及更大范围的语法范畴，例如复数、性和义类（如有生命的、无生命的）、时态、语态和其他动词形式，词类区分以及一个特定的经验是否由一个语素、一个屈折词或一个句法组合来指称。一个语法范畴，例如数的范畴（单数对复数），是对有关世界或自然的整个经验秩序的解释，它试图说明经验是如何被分割的，什么样的经验称为"一个"，什么样的称为"几个"。但要评价语法范畴如此广泛深远的影响是非常困难的。一方面它涉及语言运用时的背景特征，另一方面也因为我们很难站在作为我们的习惯和文化的语言之外来客观地审视我们自己的语言。而如果我们选择一种非常不同的语言，这种语言于我们而言就成了自然的一部分，我们甚至有可能像对待自然那样来对待它。我们倾向用自己的语言来思考、研究这一外来语言。或者我们发现，要解开纯粹的形态纠结是如此艰巨的一项工作，它似乎涵盖了所有其他工作。但形态问题毕竟是可以解决的，而且采用外来语言是最好的方式，因为在研究它的过程中，无论我们愿意不愿意，我们都不得不脱离母语常规的束缚。而后我们会发现，外来语言是观察我们自己语言的一面镜子。

在我研究霍皮语时，开始并未像今天这样意识到研究这种语言是了解语言影响力的机会。当看上去几乎是漫无止境的形态描写工作终于做完时，对这种语言的认识和刻画显然还远远没有结束,尤其从萨丕尔对纳瓦霍语的研究来看是这样。例如我知道霍皮语的复数形式,但不知道怎样去运用复数,显然霍皮语的复数范畴与英语、法语或德语都不同。某些事物在英、法、德语中是复数,在霍皮语中却是单数。在形态描写完成后,这方面的调查研究又耗去了我将近两年的时间。

这项调查工作一开始呈现出霍皮语和欧洲语言之间有着可比较的特征。它还逐渐地显示出,霍皮语的语法与霍皮文化、欧洲语言的语法与"西方的"或"欧洲的"文化之间,有着内在联系。而且显然,这种相互关系造成语言对经验的大范围的归纳,例如我们所使用的"时间"、"空间"、"本质"、"物质"等词语。从所比较的特征来看,英语、法语、德语和其他欧洲语言之间差异甚小(波罗的-斯拉夫诸语言和非印欧语言**可能**是例外,但也不一定)。我把这些语言归并在一起,称为"均质欧洲语"(Standard Average European),简称 SAE。

我将在此报告整个研究的一部分,概括为两个问题:(1)我们自己的"时间"、"空间"、"物质"概念,是经验以相同的形式给予每个人的呢,还是部分地由特定语言的结构决定的?(2)在(a)文化和行为规范与(b)主要的语言形式之间,是否存在可以追踪的密切关系?要说明的是,我决不认为文化和语言之间有确定的"相关",尤其是"农耕"、"狩猎"这样主要的人种学概念与"屈折"、"综合"、"孤立"这样的语言学概念之间。[①] 当我开始研究的时候,这个问题绝不是非常清晰的,我并不知道最终的答案会是事实上那样。

---

① 我们有许多证据证明事实并非如此。我们只需想一想霍皮语和犹他语,它们在明显的形态层次和词汇层次上都像英语和德语之间那样相像。所以说语言与文化间存在"相关"关系的想法,在一般人理解的相关关系意义上,确实是错误的。

均质欧洲语和霍皮语中的复数和数词

在我们的语言，即SAE中，复数和基数词用于两种方式：真实的和虚拟的。或者更准确地说，一种方式是可以察觉的空间聚合，另一种方式是隐喻的聚合。我们说"ten men"(10个人)，"ten days"(10天)。10个人是或可能是客观地识察到的，这里的"10"处于一个组合感知中，[①]如在街角有10个人。而10天是无法客观地经历的。我们只能经历一天，即今天；其他9天(甚至全部10天)来自记忆或想象。如果把"10天"看作一个组合，它必定是一个构筑于心理的"想象的"组合。这种心理形式是从哪里来的呢？正像我们在前述引起火灾事故的误读中所看到的那样，它来自我们的语言对两种不同情况的混淆，亦即用一种语言形式表达了两种含义。当我们说"向前10步，击钟10下"之类涉及"次数"重复的话语时，这些重复的次数像"10天"一样是心理上的组合。循环往复的心理形式导致了想象的复数。然而，循环往复与合计次数之间的联系并不是由经验先于语言明白无误地显示的。假如是的话，这种联系应当出现于所有语言中，但实际上它没有。

我们对时间和循环的意识确实包含了一些直接和主观的东西，即"逐渐(向后)推移"(becoming later and later)的基本意义，但是在我们SAE民族的习惯思维中，这些意识被一些非常不同的东西覆盖了。这些东西虽然是心理的，但却不能被称为是主观的。我称之

① 当我们说"同时(有)10个"，这表明在我们的语言和思维中，我们根据"时间"概念来重述组合感知的事实，本文将论述与此有关的大量语言成分。

为客体化的(objectified),或是虚拟的、想象的,因为它是仿照外部世界构筑的。正是它反映了我们语言的用法。我们的语言没有区分根据分离的实体计算出来的数量和简单地“自我计算”的数量。而我们的习惯思维也就假定后者的数量也是像前者一样由“某些东西”的计算而来。这就是一种客体化过程。时间的概念不再与“逐渐推移”的主观经验相联系,而是被客体化为可计算的数量,尤其像长度。它由一个个单位组成,就好像长度是由有明显视觉标志的英寸组成的。一个“时间长度”被想象为一个由相同的单位组成的序列,就像一排瓶子那样。

然而在霍皮语中却存在着另一种语言现实。霍皮语的复数和基数词只用于组成或能够组成一个客观群体的东西。它没有虚拟的复数,只有用于单个东西的序数词。因而它没有“10 天”这样的表达,取而代之的是一种运算的表述,即用一种恰当的计算来表示一天。“他们住了 10 天”被表述为“他们住着直到第 11 天”或“他在第 10 天后离开”。而“10 天比 9 天多”被表述为“第 10 天比第 9 天晚”。我们习惯的“时间长度”在霍皮语中不视为长度,而视为两个事件之间的早晚关系。霍皮语不像我们的语言那样对我们称之为“时间”的意识材料加以客体化,它没有用任何形式把作为时间精髓的那种主观性的“逐渐推移”的意识掩盖起来。

均质欧洲语和霍皮语中的物量名词

我们有两类名词表示物体:个体名词和集合名词,后者如“水”、“牛奶”、“木头”、“花岗石”、“沙”、“面粉”、“肉”。个体名词所指的物体有清晰的轮廓,如“一棵树”(a tree)、“一根棍子”(a stick)、“一个人”(a man)、“一座小山”(a hill)。集合名词所指的物体是一个均质的连续统一体,它们没有暗示任何边界。这两类名词的区分在语言形式上显示了出来,例如集合名词没有复数形式,[①]在英语中没有冠词,在法语中有部分冠词 du,de,la,des。这种个体和集合的区分在语言中比在物体的可辨别的外貌中更普遍。自然物很少自我显示其没有边界的程度。“空气”自然是无边界的,“水”、“雨”、“雪”、“沙”、“石”、“泥”、“草”常常也是无边界的。但我们确实没有遇到过无限度的“黄油”、“肉”、“布”、“铁”、“玻璃”或大部分以类似方式呈现的“材料”,我们见到的这些东西都有或大或小清晰的轮廓。因此,我们描述事物时的个体和集合的区分似乎是一种不可回避的语言形式强加于我们的。在许多情况下这种区分使我们深感不便,我们需要再用一些语言表达手段来把集合名词个体化,例如运用描述物体形状的词:“(一)根木头”(stick of wood)、“(一)块布”(piece of cloth)、“(一)块玻璃”(pane of glass)、“(一)块肥皂”(cake of soap)等;甚至运用容器的名称,尽管真正被指称的是容器所盛载的东西:“(一)杯水”(glass of water)、“(一)杯咖啡”(cup of coffee)、“(一)盘食物”(dish of food)、“(一)包面粉”(bag of flour)、“(一)瓶啤酒”(bottle of beer)。在这些非常普遍的容器数量式中,of 具有一种明显的、可以识察的意义(“内容”,所盛物体)。这种容器数量式影响我们对

---

① 集合名词有时和有复数形式的个体名词在词汇单位上会恰好重合。例如“stone”(石头,没有复数)和“a stone”(一块石头,复数是 stones),但这并非集合名词无复数这一规则的例外。用来表示多样性的复数形式,如“wines”指多种类型的酒,与真正的复数形式是两码事。它是从 SAE 的集合名词中长出来的一个怪异的旁支,属于另一种虚拟的聚合。本文不拟讨论。

“(一)根木头”(stick of wood)、“(一)团面”(lump of dough)这类不太明显的物形数量式的感觉。这两种数量式非常相似，都是个体名词加上一个同样的关系词(英语的 of)。在容器式中这个关系词指出内容；在物形式中这个关系词“暗示”了内容。因而“lumps”(团)、“chunks”(块)、“pieces”(片)等似乎包含了某种“东西”、“物质”或“物体”，由此对应于容器式中的“水”、“咖啡”、“面粉”等。所以对于 SAE 民族来说，哲学上的“物质”、“物体”也是朴素的概念，它们被不假思索地接受，是“常识”。这是语言习惯使然的。我们的语言形式经常要求我们用一种二项式为一个物体命名，将它拆分为一种无形物和一个形式。

霍皮语又与此不同，它有一个形式上区别出来的名词类。但这个类别中没有形式上的集合名词次类。所有名词都有一个个体意义和单数复数两种形式。那种意义非常接近 SAE 集合名词的词仍然指称轮廓模糊的东西或界限模糊的程度。它们暗示轮廓和大小不确定，但并非没有。在具体的表述中，“水”意味着某个量的水，而非我们所理解的“物质的水”。表述的一般性是通过动词或指示谓语[①]传达的，而不是通过名词传达的。由于名词已经是个体的，那么如果没有特别的需要去强调物体的形状或容器，它们就既不会被物形个体化，也不会被容器化名称个体化。名词本身含有适当的物形或容器意义。人们不说“a glass of water”(一杯水)，而说 *kə·yi*(一个水)；不说“a pool of water”(一池水)，而说 *pa·hə*；[②]不

---

① 指示谓语是指动词和主语一致的形式。——译者注

② 霍皮语有两个词来指称水量：kə·yi 和 pa·hə。它们的区别有点像英语中的 stone(石头)和 rock(岩石)。*pa·hə* 意指大量的、“处于自然状态的”；流动的水，无论是否在户外，还是在大自然中，都是 *pa·hə*；“潮气”也是 *pa·hə*。但与 stone 和 nock 之区别不同的是，*kə·yi* 和 *pa·hə* 的区别是本质的，没有包含的余地，二者也决不能相互替换。

说"a dish of corn flour"(一盘玉米粉),而说 *ŋəmni*(一个玉米粉,一个量的玉米粉);不说"a piece of meat"(一块肉),而说 $sik^{w}i$(一个肉)。这种语言既不需要将物体析为无形与有形的二项式,也不根据这种存在概念来加以类推。它通过其他符号而非名词来处理无形的问题。

均质欧洲语和霍皮语中的循环时段

像"夏天"、"冬天"、"九月"、"早晨"、"中午"、"落日"这样的词对我们说来是名词,它们和其他名词几乎没有形式上的区别。它们能够做主语和宾语,我们可以说"at sunset"(在落日时)或"in winter"(在冬天),就像我们说"at a corner"(在一个角落)或"in an orchard"(在一个果园里)一样。[①] 它们像物体名词一样可以复数化和数量化。由此,我们脑子中的这些词的所指也客体化了。如果没有客体化,思维就会是真实时间的一种主观体验,即对"逐渐推移"的意识——那完全是与先前时段相似的循环。只有通过想象才能把这样一种循环用一种空间的(视觉感知的)构型固定下来,与一段又一段其他的时段并列。而我们之所以能使循环过程客体化,也正是由于语言类推的力量。我们甚至通过说"a phase"(一个时段)和"phases"(几个时段)而不说"phasing"(渐进过程)来做到这一点。个体名词和集合名词的型式以及由此而来的"无形物+形式"二项式构造是如此普遍,几乎蕴涵在所有名词之中,因而也产生了 SAE 中概括性非常强的无形物概念,像"sub-

① 当然,它们与其他名词之间有一些较小的区别,例如英语中有关的冠词用法。

stance","matter"(物质、实体)等。用这些概念我们可以填充绝大多数名词的二项式结构。尽管如此,它们的概括程度还不足以包括时段名词,所以我们为时段创造了一个无形物名词——"时间"(time)。"Time"这一集合型式的无形名词是由"a time"(一次,一个时段)的使用而创造出来的,正如我们由"a summer"(一个夏天)创造了"summer"(夏天)这一集合名词型式。这样,用二项式的形式我们就能够表达和思考"a moment of time"("一片刻时间",片刻)、"a second of time"("一秒时间",一秒)、"a year of time"("一年时间",一年)。这种型式和"一瓶牛奶"、"一块乳酪"的型式是完全一样的。由此我们可以想象,"一个夏天"实际上包含某个量的"时间",或者说是由某个量的"时间"组成。

可是在霍皮语中,所有的时段词,如"夏天"、"早晨"等都不是名词,用 SAE 的标准看,它们可以说是某种副词。它们有自己的词类形式标志,以此区别于名词、动词,甚至别的霍皮语"副词"。这样的一个词不是一种格形式或一种方位结构,如"des Abends"(德语"在傍晚")或"in the morning"(在早上)。它不包含有"in the house"(在屋里)或"at the tree"(在树旁)中包含的语素。[①] 它的意思是"当早晨之时"或"当早晨时段发生时"。这些"时间词"不用于主语或宾语,也一点不像名词。人们不说"这是一个炎热的夏天"或"夏天很热"。夏天不热,夏天只是气候环境热的时间,只是热发生的时间。人们不能说"这个夏天",只能说"现在的夏天"、"最近的夏天"。不能把这种主观性的时间持续感客体化,像对待

① 霍皮语的"年"和季节名称与"年"的组合(季节名称很少单独出现),是可以和方位语素"at"(在)搭配的,但这是一个例外。它很可能是语言早期一种不同构型的历史遗迹,也可能受英语类推影响,或二者皆有。

一个地区、一个范围、一个数量那样。除了永恒的“逐渐推移”之外，霍皮语没有任何有关时间的概念，没有与我们的“时间”相应的任何无形物的产生基础。

均质欧洲语和霍皮语中动词的时间形式

由于有了动词的三时态系统，我们讲SAE的人在进行所有有关时间的思维时都戴上了有色眼镜。时态系统融于一个更大的系统，这一更大的系统将对持续时间的主观体验客体化，它已经体现在其他的语言型式，例如可用于多数名词的二项式、时间名词、复数和数词。这种客体化使我们能想象“将时间单位列成一排”。把时间在想象中列为一排是与我们的三时系统相协调的，而经验当中对时间持续的感觉更适合用早些和晚些二分的系统来表达。如果我们检查自己的意识，就会发现并没有什么过去、现在和将来，只有一个包容着复杂性的统一体。一切都在意识当中；而意识当中的一切都存在着，且连成一体。这其中有可感觉的和不可感觉的部分。我们可以把我们的感觉——我们的所见、所闻、所触——称为“现在”，把我们感觉不到的记忆中的广阔的想象世界称为“过去”，把另一个信念、直觉和不确定的领域称为“将来”。但是，感觉、记忆、预见一并存在于意识之中，此一个既非“尚未在”，彼一个亦非“曾在”。真正的时间乃是意识中所有这一切都在“逐渐推移”(getting later)，以一种不可逆的方式改变着某些关系。在我看来，在“推移”(latering)或“持续”(durating)当中似有一个最基本的对比，即注意力集中的最新、最近的时刻与其他早先的时刻。因此，语言与对应于“迟”(later)-“早”(earlier)基本关系的两种时态形式相处融洽。当然，我们也可以在思想中构筑并冥想一个过去-现在-将来的系统，将推移和持续的时间客体化成一条线上的几个点。我们这样做是出于客体化倾向的引导，也是由于我们语法的时态系统的肯定、强化。

在英语中，与上述最基本的时间关系最不一致的似乎是现在时态。它好像被迫承担着多种且不很一致的功能。一种是在客体化的过去和未来之间充当一个客体化的中间词，一般用于叙述、讨论、争论、逻辑、哲学。另一种是在感觉范围内表达包含之义，如“I SEE him”（我看见他）。还有一种是用于惯常或普遍有效的陈述，如“We see with our eyes”（我们用眼睛看）。这些不一样的用法扰乱我们的思想，而我们在大多数情况下却对此无所觉察。

如我们可能期待的那样，霍皮语在这方面也与英语不同。它的动词没有像我们这样的“时态”，但是有确定性形式（陈述）、体和分句联系形式（语气），这些手段能使语言表达更为精确。确定性形式表示说话人（而非主语）报道某一情况（与我们的过去时和现在时相应），或他期望如此（与我们的将来时相应），[①]或他在做一个惯例性的陈述（与我们的惯例性现在时相应）。体表示持续的不同程度和“持续期间”倾向的不同种类。到现在为止我们尚未注意到有什么方式表达一个事件比另一个事件更早或更迟，如果两件事情都是被报道的。但当我们在一句中有了两个动词或者说两个

① 预期性断言和报道性断言的区分依据在于“基本的迟-早”关系。预期性表达的是客观事实前的期望，它与比说话人当下状况更晚的客观事实相一致，这个状况包括所有过去的事实，是由报道性的断言表达的。从霍皮语的角度看，我们关于“将来”的概念似乎同时表达了霍皮语中更早（预期）和更晚（后来发生的，将要发生的）的情况。这种矛盾现象可以提示我们：真实时间的秘密是多么难解，而将它用过去-现在-将来的线性关系表达，完全是人为的。

子句时,孰迟孰早就必须指明了。在这种情况下,“语气”表明两个子句间的关系,包括迟与早的关系和同时关系。而且在霍皮语中还有许多独立的词来表示这些关系,从而对层次和体加以补充。在我们的语言中,三时系统的功能和它对线性客体化“时间”的三分是依靠不同的动词范畴实现的,这些范畴均区别于时态。霍皮语的动词中没有客体化时间的存在基础,正如在霍皮语的其他形式中也没有它的存在基础。不过,这一点也不影响它们与实际情境的现实密切吻合。

均质欧洲语和霍皮语中的持续、强度和倾向

为了使话语适应多种多样的实际情境,所有的语言都需要表达持续(duration)、强度(intensity)和倾向(tendency)。而用隐喻的方法来表达这些正是 SAE 的特点,可能也是许多其他类型语言的特点。这里所说的隐喻是一些空间外延的隐喻,即有关大小、数量(复数)、位置、运动的隐喻。我们用“long”(长)、“short”(短)、“great”(大)、“much”(多)、“quick”(快)、“slow”(慢)等来表示持续;用“large”(大)、“great”(大)、“much”(多)、“heavy”(重)、“light”(轻)、“high”(高)、“low”(低)、“sharp”(强)、“faint”(弱)等来表示强度;用“more”(更多)、“increase”(增加)、“grow”(成长)“turn”(转变)、“get”(成为)、“approach”(接近)、“go”(去)、“come”(来)、“rise”(升起)、“fall”(落下)、“stop”(停止)、“smooth”(弄光滑)、“even”(弄平)、“rapid”(快)、“slow”(慢)来表示倾向,等等。我们运用着几乎是无穷尽的隐喻来表达持续、强度、倾向等,我们自己却不觉察,因为这些隐喻实际上是我们唯一

可以依赖的语言表达手段。至于那些非隐喻性的词语，像"early"（早）、"late"（迟）、"soon"（一会儿）、"lasting"（持久）、"intense"（强烈）、"very"（很）、"tending"（倾向），仅仅是一小部分，很难满足交际和表达的需要。

我们很清楚隐喻性这一条件是怎样在我们的表达中起作用的。它是我们整个客体化机制的一部分，即，将那些（就空间感官的感知而言）相当非空间化的性质和潜能在想象中空间化。名词的意义（对我们来说）涵盖了物体以及与物体极不相同的类别。既然在感知的空间内，物体和它们的外形是由表示大小和形状的词来描述，由基数词和复数来计算的，那么这些描述和计算的型式延伸为非空间意义的符号，于是便暗示了一个虚拟的空间。既然在感知的空间有物质之形在"运动"、"停止"、"升起"、"下沉"、"接近"等，那么在虚拟的空间为什么不可以有其他的东西也这样呢？由感知到虚拟的延伸是如此辽远，以至于如果我们不经常求助于物质的隐喻，就不能指称哪怕是最简单的非空间的情形。我"grasp"（抓住了）另一个人论点的"thread"（线索），但如果它的"level"（水平）"over my head"（在我之上），我的注意力就会"wander"（徘徊），我会"lost touch"（把握不住）"drift"（流向），于是当他"comes"（说到，摆出）与我们"widely"（大大）不同的"point"（观点）时，我们的"views"（观点）变得如此"far apart"（相距遥远），以致他所说的"things"（东西）"appear"（显得）"much"（非常）武断，甚至"a lot"（多为）胡说八道！

霍皮语中隐喻的缺乏是惊人的，它从不使用空间词表述非空间的概念——就好像存在一条戒酒的禁忌一样！而当我们知道霍皮语有丰富的形态变化和词汇手段来直接表达持续、强度和倾向，它的主要语法形式并不像我们的那样提供虚拟空间的类推，隐喻的阙如就可以理解了。许多动词的“体”表达持续和倾向，一些动词的“态”表达强度、倾向、原因或力量的持续。霍皮语还有一种特殊的词类“张量”(tensors)，包括有许多词，专门表示强度、倾向、持续和序列。这类词的功能是表达强度、“力量”和它们怎样延续或变化，它们的变化频率。因此，如果考虑到强度必然是在变化和/或持续，强度这一广义概念就包括了倾向和持续。张量词表达强度的程度差别、频率、经久性、反复性、增加和减小；表达紧密衔接的序列、中断或间隔后的序列，等等。它们还表达力量的质，如我们会用隐喻表达的滑、平、硬、粗。霍皮语的一个惊人特征是，它缺乏在我们看来与真实空间和运动“意义相似”的隐喻概念。它的词汇甚至很少有迹象显示是从空间词派生来的。[①] 所以尽管霍皮语的名词似乎是高度具体的，它的张量词却抽象得几乎使我们难以把握。

均质欧洲语和霍皮语中的习惯性思维

我们现在在 SAE 和霍皮语的说话人的习惯性思维世界之间做比较，自然是不可能全面的，我们能做的仅仅是触及基于已知的语言差别而显出的某些主要的对比。我们说“习惯性思维”和“思

① 迹象之一是张量词“长久持续”，它与表示空间的形容性的“长”很不相同，似乎包含与表示空间的形容性的“大”相同的词根。还有一个迹象是表示空间的词“某处”，它与某些张量词连用时的意思是“在某个不确的时候”。然而很可能情况并非如此，只有那个连用的张量词才表示时间要素，所以“某处”仍只指空间，在这些情形下，不确定的空间只表示一般适用性，既不考虑时间，也不考虑空间。另一个迹象是表示时间(循环词)的“下午”，其中“下”的成分由动词的“分离”派生而来。这样的迹象还有一些，但它们数量很少且属例外，明显不能和我们自己的空间隐喻化相比。

维世界”，意思是它的范围比单纯的语言即语言形式本身要大。它包括语言形式的所有类推和联想价值（如我们的“虚拟空间”和它的深远含义），包括语言与整体文化之间的所有互动。这其中有大量情况不是语言的，但显示了语言的建构性影响（shaping influence）。简言之，这个“思维世界”是每个人自身具有的微观世界，每个人用它来衡量和理解宏观世界中的一切。

SAE 的微观世界中将现实大致分为两部分：“事物”（物体和准物体），以及延伸但无形的存在——“substance”或“matter”（物质或实体）。它对存在物的分析势必通过一种二项式来进行，即把任何存在物表述为一个空间形式加上一个与之相联系的没有空间形式的连续统一体，如内容与其载体的外廓相联系。非空间的存在物则在想象中加以空间化，并具有同样的形式加无形统一体的含义。

在霍皮语的微观世界中，现实似乎是由事件（更确切地说是“事件中”）构成的。事件分为两种：一种是客观的，一种是主观的。从客观上说，只有当人们面对的是可以感知的物质经验时，事件才主要表述为轮廓、颜色、运动和其他感知性范畴。从主观上说，面对物质和非物质的东西，事件被视为无形的强度因素的表达。事件的稳定性、持久性或短暂性、倾向性都建立在那些看不见的强度因素上。这表明存在物并不是以相同的方式“渐渐推移”的。它们中有些是渐渐成长的，就像植物那样；有些是渐渐扩散和消失的；有些是渐渐变质的；有些是以某种形状持续存在，直到受外力强烈的影响而改变。在每一个能够作为一个确定整体呈现的存在物的本性中，充盈着它自身持续方式的力量，即它的成长、衰落、稳定、循环或创造的力量。所以一切现有事件的呈现都是由先前阶段

“准备好了的”，事件随后将会怎样发展，部分基于它已有的准备，部分基于它正在进行中的准备。霍皮人强调的是世界的这个准备中或正在被准备的方面，它构成了霍皮人眼中“现实的性质”，正如在我们眼中，现实的性质是“物质”或“东西”。

霍皮文化的习惯性行为特征

我们的行为，霍皮人的行为，在很多方面可以被视为与语言模铸的微观世界一致。就像在我选辑的火灾案例中所看到的那样，人们针对某些情景采取的行为方式与人们谈论这些情景采取的语言方式是相同的。霍皮人的行为特征是强调准备工作。他们总是事先宣告，为事件做好准备，详尽阐述各种准备措施以保证具备理想的条件，强调良好的意愿以准备达到预期的结果。例如霍皮人计算日子的形式就有类似的特点。霍皮语的时间主要是“逐日”(taʟk,-tala)、“逐夜”(tok)计算的，这些词并不是名词，而是张量词。taʟk,-tala 的词根意为“光、日子”，tok 的词根意为“睡觉”。这种方式使用序数词进行计算。它不是计算不同的人或物的数量的型式，而是计算同一个人或物反复再现的型式。在前者当中，所计之物虽然逐一出现，但仍然能够集合为一体，而在后者当中，所计之物不能形成一个集合体。霍皮语对日子的周而复始，并非像我们那样，类比为几个人(“几天”)，而是类比为同一个人的反复来访。如果是不同的人逐一来访，则无法通过影响一个人而影响其他人；如果是同一个人反复来访，则可以通过影响当下这次来访，为改变以后的来访做好准备。这就是霍皮人处理将来的方法——他们在现时的情境中努力，使这一情境打上自己努力的印记，并将这些显露或隐蔽的印记带入未来的有关事件。有人也许会说，霍皮人能理解我们的谚语“良好的开端是成功的一半”，但不能理解“明天是新的一天”。这很能解释霍皮文化的特点。

霍皮人的准备行为大致可以区分为宣告、外部准备、内部准备、暗中参与和坚持。宣告，或准备性的宣传，是为一种特殊的首领即“传令长”(Crier Chief)所掌握的重要功能。外部准备涉及许多看得见的活动，就我们的理解来看未必都直接有用。它包括日常练习、排练、准备、介绍性的礼节、特定食物的准备等(所有这些在我们看来似乎都相当烦琐)。还有一些高强度持续的肌肉运动，如跑步、竞赛、舞蹈，这些运动被认为能增加事件发展的强度(如加快农作物的生长)。模仿性和别的巫术性的准备活动以神秘理论为基础，可能包括像祈祷杖、祈祷羽饰、祈祷餐这些神秘的手段。最后是隆重的循环性仪式和舞蹈，它们具有求得风调雨顺、五谷丰登的重要意义。名词“收获”或“收成”(*na'twani*)就是从一个含有“准备”义的动词中派生出来的，它的意思是“准备好了的”或“准备中的”。[①]

内部准备是用祈祷和沉思，以及强度较其弱的美好愿望和善意，来促成更理想的结果。霍皮人强调期望和思想的力量。出于他们的“微观世界”这是非常自然的，因为期望和思想是最早，因而也最重要、最关键和最具有决定性的准备阶段。此外，对霍皮人来说，一个人的期望和思想不仅影响他自己的行为，而且影响整个自然界。这也是完全自然的。在期望和思考中，意识自身意识到劳动、努力和能量。比语言更基础的经验告诉我们，如果能量消耗

① 霍皮语的准备义动词自然与我们的动词“准备”不尽相同，所以 *na'twani* 也能表示“被使用”、“被争取”及其他意思。

了，效果就产生了，我们倾向于相信，我们的身体能阻止这种能量外泄，防止它影响他物，直到我们要自己的身体去实施行动。但这种可能性仅仅是因为，我们自己的语言建构出的理念认定，“物质”(matter)这样的无形之物本身就是物体，只有在相似物体的作用下、在更多物质的作用下才可能发生变化，因而完全不受生命和思想之力量的影响。说思想联系万物、充盈宇宙，这没有什么不自然的，就像我们常说的阳光照亮室外一样。说思想像其他任何力量一样处处留下作用的痕迹，这也很自然。现在，当我们想到某棵实际的蔷薇树，我们并不假定我们的思想也来到这棵树旁萦绕盘旋，就像探照灯光照它一样。那么，当我们正在思考那棵蔷薇树的时候，我们认为我们的意识正在做些什么呢？可能我们认为它正在处理一个“心理图像”，这个图像不是蔷薇树，而是树的心理替身。但为什么认为我们的思想不是在处理真实的蔷薇树而是在处理一个替身这种想法是自然的？很可能是因为我们模模糊糊地意识到，我们具有一个充满心理替身的完全虚拟的空间。心理替身于我们而言耳熟能详。我们把我们思想中的实际存在的蔷薇树和虚拟空间的图像一起安顿，后者我们可能在内心明白它仅仅是虚拟的，而前者也许完全是另一种情况。我们之所以能安顿它，可能正是因为我们的微观世界中为它留着一个非常方便的“位置”。霍皮人的思维世界中没有虚拟空间。其结果必然是它不能把有关真实空间的思想安顿在真实空间以外的任何地方，也不能把真实空间与思想的影响隔离开来。一个霍皮人会很自然地假定他的思想(或他本人)和他的思考对象——实际的蔷薇树或田里的庄稼——可以交流。于是思想会在田里的植物上留下一些踪迹。如果是个吉利的想法，有关健康和成长，那就对植物有利，反之则对植物不利。

霍皮人强调思想的强度要素。最有效的思想应该是意识生动、确定、稳定、持久、充满强烈的良好意愿。这些概念在英语中可表述为“全神贯注”、“牢记在心”、“专心致志”、“孜孜以求”(concentrating, holding it in your heart, putting your mind on it, earnestly hoping)。思想的力量是在仪式、祈祷杖、典礼烟雾背后的力量。祈祷时用的管乐器是用来帮助达到“全神贯注”的状态(我的调查对象这样告诉我)。它名为*na'twanpi*,意思是“准备的乐器”。

隐蔽的参与来自一些人的精神合作。他们虽然不参加某种工作、狩猎、竞赛或仪式等实际事务,但他们将自己的思想和良好愿望奉献给事务的成功。霍皮人的布告经常寻求这样的精神赞助者的支持,就像征募直接参与者一样;布告中常有一些话劝勉人们用自己能动的良好意愿对实际事务施以援手。① 精神赞助者虽然有点像我们足球场上的热情观众或拉拉队,但人们期待他们给予的不仅仅是同情或鼓励,而是更直接的思想的力量。事实上这些隐蔽参与者最关键的工作是在比赛之前,而非比赛之中!说到思想力量,必然也包含会导致灾难的邪恶思想,因而隐蔽参与者的一个目标就是获取许多良好愿望者的巨大力量,以抵消不良愿望者的有害思想。这样一种态度十分鼓励合作与团体精神。这并不是说霍皮社会没有充满竞争和利益冲突。但是,在这样一个与世隔绝、

---

① 请参见有关著述,如 Ernest Beaglehole, *Notes on Hopi Economic Life* (Yale University Publications in Anthropology, no. 15, 1937),尤其是其中对猎兔布告的概述,以及该书第 30 页关于托莱发泉的大扫除活动的描述——宣告、各种准备活动,最后是为延续已获得成果以及泉水的持续流淌所做的准备。

需努力避免社会分裂的小民族当中，用思想力量来“进行准备”的理念，在逻辑上导致整个社会的思想联合起来、强大起来、协调起来，形成巨大的力量。霍皮人无疑受益于这一理念，从而在所有重要的文化活动中展示出相当惊人的合作性，尽管他们也不乏私人口角。

霍皮族的“准备”活动重在持久和经常不断的重复，这也是其语言思想背景产生的结果。由无数小的力量积累起来的价值感，在我们的文化中被一种客体化的、空间化的时间观淡化了，而在霍皮文化中却被他们的思维方式强化了。这种思维方式贴近对于持续性的主观意识、对于事件不停地“（向后）推移”的主观意识。对我们这些把时间看作空间内的运动的人来说，持久不变的重复似乎是将它的力量分散在空间的一长串单位中，被浪费了。霍皮人不把时间看作运动，而看作已完成的一切事情的“逐渐推移”；对他们来说，持久不变的重复并非浪费，而是积累。它把看不见的变化贮存起来，使之在后来的事件中继续。[①] 正如上文所述，他们感到一天的到来就像同一个人的再次来访，他虽然老了一点，但带着所有昨日的印记，而非“新的一天”，亦即完全不同的另一个人。重复的原则和思想力量原则与一般印第安文化的特点一起，在霍皮人

---

① 贮存力量的概念似乎包含在许多霍皮人的行为中；在物理学上有一个类似的概念——加速度。也许可以说霍皮人思想的语言背景使他们很自然地认为，力不是显示为运动或速度，而是显示为积累或加速度。我们的语言背景阻止我们有这样的认识。在我们看来，力产生变化，并将这一观念合理化。在此基础上，通过我们的语言隐喻类推，我们将变化当作运动，而不是一个纯粹非运动的变化概念，即积累或加速度。因此，当我们从物理实验中发现不可能用运动定义力，发现运动和速度在“休息”，它们完全是相对的，发现力只能用加速度来衡量时，我们天真幼稚的感觉自然被震撼了。

求雨和祈丰收的礼仪舞蹈理念中表现出来，同样也在他们短短的、像活塞一样一小时又一小时千万次重复的舞步中表现出来。

西方文明语言习惯的一些特征

要用寥寥数语来公正地描述我们西方文化在语言规范下的特征，这比判断霍皮语更难，因为我们文化的范围太大，我们要做到客观也不容易——我们脑子里已经渗透了自己文化的观点。我仅仅希望大致地描述某些涉及我们的语言二项式即形式加无形物或“物质”的特征，某些涉及我们的隐喻，我们的虚拟空间，我们的客体化时间的特征。我们已经看到，这些特征都是语言的。

作为“西方世界”主要传统特征的哲学观点，从形式加物质的二分法中获取了巨大的支持。其中有唯物主义、心理物理平行论、物理学（至少就它的传统的牛顿学说而言）和一般意义上的宇宙二元观。确实这里包含了几乎所有“不容置疑的实用常识”。有关现实的一元论、整体论和相对论的观点，对哲学家和一些科学家有吸引力，但对西方一般人的“常识”来说却毫无吸引力——不是因为自然界本身拒绝这些观点（如果自然界拒绝的话，哲学家可能早就了解这一点了），而是因为谈论这些观点几乎要使用一种新的语言。所谓“常识”，如它的名称所示，主要是一种言说，以便于人们的理解；所谓“实用”也是如此，尽管从其名称上看不出来。据说牛顿的空间时间和物质概念是每一个人出于直觉都能理解的，由此则相对论显示出数学分析是如何能证明直觉是错误的。这虽然对直觉并不公平，但它试图回答本文开头部分的问题（1），这也正是此项研究的目的。对我们的调查结果的描述已近尾声，我认为答案已很清楚。如果不认真思考，我们会归咎于直觉，认为是它没有让我们早些发觉像相对论这样的宇宙秘密。这种答案是错误的。正确的答案是：牛顿的空间、时间和物质概念非关直觉，它们是文化和语言的心像（recepts）。牛顿是从我们的文化和语言获得这些概念的。

但是，我们客体化的时间观崇尚史实性，以及一切保持着记载的东西，而霍皮人的时间观却没有这种倾向。他们的时间观非常精妙、复杂，且不停地发展，对于何时“一个”事件结果，“另一个”事件开始的问题不提供任何现成的答案。如果认为曾经发生过的一切仍然存在，只是与记忆或记载中的形式有某些必然的不同，那么人对研究历史就少有兴趣。至于研究现在，人们的兴趣也不在记录它，而在把它作为一种“准备过程”来对待。但是，我们客体化的时间观在我们的想象中展现的仿佛是一条或一卷带子，它被划分出相等的空间，似乎每个格子都可记录一个条目的内容。文字无疑帮助了我们对时间做语言的处理，这种处理恰恰是在语言处理指导文字运用的时候。通过语言和整个文化间的互动，我们得到了诸如以下各项：

1. 记录、日记、簿记、账目、由会计学引发的数学。

2. 对精确序列、日期、日历、年表、钟、计时工资、时间曲线图和物理学中使用的时间的兴趣。

3. 编年史、历史记载、历史态度、对往事的兴趣、考古学、投入历史的态度，如古典主义、浪漫主义。

正像我们设想客体化的时间以与延伸至过去相同的方式延伸至未来，于是我们以与对历史的记载相同的形式估量未来，如拟订程序、时间表、预算。我们用以衡量和构想时间的是类似空间的单位，这种对应使我们把时间的“无形物”或“物质”视为同质的，可用单位数量来计算。因而我们把价值按比例分配给时间，又在世界比率价值的基础上建构了一个商品结构：计时工资（计时工作经常取代计件工作）、租金、贷款、利息、折旧费、保险费。毫无疑问，这样庞大的系统一旦建立，就会在有关时间的任何语言操作下持续运作；然而这样一个系统之所以能建立，能够在西方世界达到如此庞大而特别的形式，正是因为它和SAE语言的型式协调一致。如果语言对于时间的处理方式非常不同，我们这样一种文明是否还可能是现在的样子，这的确是个很大的疑问。在我们的文明中，语言形式和行为对于时间秩序的适应就是它们现在的样子，而且它们是一致的。我们自然很有兴趣使用日历、钟表，试图更精确地计算时间，以利科学的发展；科学又反过来遵循这些老生常谈的文化规约，不断回馈给文化大量的应用、习惯和价值；文化则又用它们来指导科学。但是，在这个螺旋发展之外又是什么？科学开始发现，宇宙中存在着某些东西，它们不同于我们开始用来建构这一螺旋的概念。科学正在努力构造一种**新的语言**，用来调整科学自身，以适应更大的宇宙。

“节约时间”与我们以上所述是一致的，它是非常明显的时间客体化。对“节约时间”的强调显然导致对“速度”的高度评价，这在我们的行为中处处显示出来。

另一个显示在行为上的结果是，我们将时间想象为具有相等单位的、无限长的带状计量方式，由此赋予时间单一和规律性的特点；因此，我们在行为中总是夸大事件的单一性。也就是说，夸大单一性有助于行为的惯例化。我们倾向于选择并赞同那些证明这种观点的东西，易于“讨好”存在的惯例的方面。例如在行为中表现出虚假的安全感，或假定一切将总是顺风顺水，缺乏对意外的预见与防备。我们利用能源的技术在常规操作中运用自如，我们改善能源技术的努力也是遵循着常规的路子。例如我们对制止能源引发意外事故、火灾和爆炸掉以轻心，而这些事故却接连不断，险象环生。对于像霍皮这样一个现在或过去相当微小、孤立、处于不安和危险中的社会，如此漠视生活的不可预期性会是灾难性的。

这样，我们由语言决定的思想不仅与我们的文化偶像和理想相协调，而且使我们无意识的个人反应遵循它的型式，赋予这些反应某种典型的特征。如我们所见，特征之一是粗心，像鲁莽驾车或把烟蒂扔进废纸堆。特征之二是我们的谈话手势。许多至少是由讲英语的人创造的，也可能是由所有讲 SAE 语言的人创造的谈话手势，用空间中的动作来表达意义，它们所指的并非真实的空间对象，而是我们的语言以虚拟隐喻塑造的非空间对象。也就是说，我们更容易在谈论抓住一个难以捉摸的念头时做抓的手势，而不是在谈论抓住一个门把手时做抓的动作。手势寻求的是使一个隐喻的、因而不尽清晰的所指物更为清晰。但是，如果一种语言指称非空间物时并未暗含空间类推，那么手势也无法使所指物更清晰。霍皮人说话很少使用手势，可能他们根本就没有我们所理解的手势。

动觉（kinesthesia），或者说肌肉运动的感觉，似乎应该通过虚拟空间的语言使用和运动的隐喻图像而提到更高的意识层次，尽管它产生在语言之前。动觉在欧洲文化的两个方面突出地反映出来，一是艺术，一是体育。欧洲的雕塑在世界上出类拔萃，它具有强烈的动觉，传达出强烈的身体运动的感觉；欧洲的绘画也是如此。我们文化中的舞蹈表达运动中的愉悦而非象征性或礼仪性的意义，我们的音乐则深受舞蹈形式的影响。我们的体育充满了“运动诗意”的成分。霍皮的竞赛和游戏似乎更强调吃苦耐劳和持续热情的美德。霍皮的舞蹈是高度象征性的，表演时情绪炽热、全神贯注，但运动幅度不大。

通感(synesthesia)是指某个感官接收到具有另一感官特征的暗示，例如由声音而引起光和色彩的感觉或由光和色彩而引起声音的感觉。而我们语言的隐喻系统可用表示空间物体的词来指称非空间的经验。由此，通感应当可以由这一语言隐喻系统提到更高的意识层面，虽然通感的发生无疑有更深的渊源。很可能最早的隐喻产生于通感，而非通感产生于隐喻。但是如霍皮语所显示，隐喻无须牢固根植于语言形式。非空间的经验有一个组织得很好的感觉，即听觉；嗅觉和味觉几乎无组织可言。非空间的意识主要是思想、感情和声音的领域。空间意识是光、颜色、视觉、触觉的领域，它呈现形状和维度。我们的隐喻系统通过以空间经验命名非空间经验，把颜色、光度、形状、角度、质地、运动等空间经验的品性注入声音、嗅觉、味觉、情感和思想。在某种程度上相反的情况也会发生。例如，在谈论了许多关于音调(tone)的高、低、尖、钝、重、亮、慢之后，谈论者很容易用音调的特征来思考空间经验中的一些因素。于是我们说颜色的“tone”(色调)、灰色的“monotone”(单调)、“loud”(刺耳的/刺眼的)领带、对服装的“taste”(品味)；所有这些都是将非空间经验的品性注入了空间经验。如今欧洲艺术的独特性在于它刻意追求通感化的表述。音乐试图传达场景、颜色、运动、几何图案；绘画和雕塑经常有意识地遵循音乐节律的抑扬顿挫；色彩的变化也和感情的和谐与不和谐结合在一起。欧洲的戏剧和歌剧讲究多种艺术的通感。也许正是以这种方式，在某种意义上引起思想混淆的我们的隐喻语言，正通过艺术产生具有深远意义的结果——一种更深的美感。这种美感使人们能够更直接地把握现象背后的统一性，尽管这些现象是由各不相同的感官渠道记录的。

历史意义

这样一个语言、文化和行为的网络是如何历史地产生的呢？哪一个先发生——是语言形式还是文化规范？大体上说它们是一起成长的，不断相互影响。但是在这个伙伴关系中，语言的本质更具有专制的特征，它限制自由可塑性，僵化发展渠道。这是因为，一种语言是一个体系，而不仅仅是规范的集合。大的系统结构要变成真正新的东西必须经过非常缓慢的过程，而其他许多文化革新则相对较快。因而语言代表大众心理。它接受创造和革新的影响，但这种影响微小而缓慢，而它对创造者和革新者所立之法，则须即刻执行。

SAE 语言-文化综合体(language-culture complex)的发展源远流长。早在古代语言，尤其是拉丁语中，它用空间词对非空间经验做的许多隐喻指称就已经出现了。这确是拉丁语的一个明显特征。如果与希伯来语相比较，就会发现希伯来语也有一些将非空间经验引喻为空间经验的现象，但拉丁语中此类现象更多。拉丁语中有一些非空间词，像 *educo*，*religio*，*principia*，*comprehendo*，通常是隐喻化的物质所指：lead out(开始)，tying back(向后系，束缚)等。并非所有的语言都如此——霍皮语就不是这样。拉丁语的发展方向碰巧是从空间到非空间(部分是由于智力未成熟的罗马人遇上了希腊文化，第二次刺激了抽象思维)，后来的语言被强烈地激励着模仿拉丁语，这些事实似乎可以解释一个至今萦绕在语言学家中的信念，即从空间到非空间是所有语言中语义变化的自然方向。这些事实似乎又可以解释西方学术界(与东方学术界截然不同)坚执的概念——客观经验先于主观性。也有一些哲学理论的观点与之相反，而且实际发展方向有时会反其道而行之。因此霍皮语的“心”一词是来源于表示想或记忆的词根意义，它的词形是较晚形成的。而“radio”一词的本义是“无线电话通信科学”，后来又有了“收音机”一义，可以说“he bought a new radio”(他买了一台新收音机)。

早在中世纪，拉丁语中已经形成的由空间到非空间的型式开始与不断增长的机械发明、工业、贸易、经院的和科学的思想交织在一起。测量的需要反映在工业、贸易、各种容器装的“东西”的容量、处理各种货物的量具、计量单位的标准化、钟表的发明和“时间”的计算、档案的保存、账目、年表、历史记载、数学的发展及其与科学的伙伴关系。所有这些合力推动我们的思想和语言世界发展至现代形式。

如果了解霍皮历史的话，我们会发现一个不同类型的语言和一系列不同的文化和环境的影响在共同起作用。一个宁静的农业社会，因地理环境和游牧敌人而与世隔绝。那里久旱无雨，要在贫瘠的农业生产中获得成功，唯有依靠极度坚忍(因而重视持久与重复的价值)和团结合作(因而强调集体心理和广义的精神因素)。庄稼和雨是主要价值标准，需要采取充分的准备和预防措施来保证庄稼在贫瘠的土地和多变的气候中生长。深刻认识到生存有赖于祈祷自然保佑，有赖于对自然力量的宗教态度，尤其是对于永远需要的赐福——雨水的宗教态度。上述这些与霍皮的语言型式相互作用，即模铸了霍皮语的型式，又反过来被语言型式所模铸，由此一点一点地形成了霍皮世界观。

总之，我们对上文提出的第一个问题，即我们自己的“时间”、“空间”、“物质”概念，是经验给予每一个人的，还是部分地由特定语言的结构决定的呢？我们的回答是：“时间”和“物质”的概念并不是由经验以完全同样的形式给予所有的人的，而是依赖于某种语言或某些语言的本质。在这些语言的使用中，发展了“时间”和“物质”的概念。这些概念依赖的主要不是语法中任何单个体系（如时态、名词），而是被语言固定下来的分析和报告经验的方式，即跨越典型语法分类的、整合性的“言谈方式”(fashions of speaking)。这样一种“方式”可能包括词汇、形态、句法，以及其他各种由某个统一框架协调起来的系统。我们自己的“时间”与霍皮语的“持续”非常不同，它被构想成一个有严格维度限制的空间，有时又像这一空间上的运动，并由此用作一个智力工具。霍皮语的“持续”是无法用空间或运动观来理解的。在它的模式中生命与形式不同，意识与意识的空间成分完全不同。某些在我们自己的时间概念中孕育的想法，如绝对的同时性，在霍皮人看来或是很难表达，或是没有意义，不可能表达，只能用操作性概念来替代。我们的“matter”(物质)是“substance”或“stuff”的物理亚型。它被视为无形而广延的东西。在它成为真实的存在之前，必须与形式相结合。霍皮语中似乎没有这么一回事，它没有无形而广延的东西，存在可以有形也可以无形。但有形也好，无形也好，它同样具有强度和持续的特性。这些存在不是广延的，且实质上一样。

那么“空间”的概念又如何？它也是包括在我的第一个问题中

的。就“空间”概念而言,霍皮语和SAE没有像时间概念那么大的区别。可能空间的理解是经验以基本相同的形式给予的,与语言无关。格式塔心理学家的视觉实验好像证明了这一事实。但是空间概念会随语言的不同而有一些变化。因为,作为一种智力工具,[1]它和其他智力工具的协同使用紧密相连,和在语言上限定的“时间”和“物质”的规则紧密相连。我们的眼睛看到的事物的空间形式与霍皮人看到的相同,但我们的空间观念还具有一个属性,它可用来替代非空间关系,如时间、强度、倾向,好像一个充满了想象的无形物的虚空,这些无形物中的一样甚至可以被称为“空间”。霍皮人所感觉的空间不能成为这种心理替代,它相对更“纯”一些,不与外部概念掺和在一起。

至于本文提出的第二个问题:在文化和行为规范与大部分的语言型式之间,是否存在可以追踪的密切关系?我们的回答是:在文化规范和语言型式之间存在着联系,但不是相关或诊断式的一一对应,虽然我们不可能从霍皮语缺乏时态推断霍皮社会存在着传令长,或从传令长的存在推断霍皮语缺乏时态,但一种语言与使用该语言的社会的其他文化方面存在着联系。一些实例显示,“言谈方式”与整个广义的文化是密切结合在一起的,尽管这些实例未必代表普遍规律。在语言和文化的结合中存在着各种联系——语言分析和各种行为反应的联系,语言分析和各种文化发展所采用的形态的联系。因而,传令长的重要性确实有一种联系,不是与缺乏时态这一特征本身的联系,而是与一个思想体系的联系。在这个体系中,与我们的时态不同的范畴是很自然的存在。要发现这

① 这里谈论的是“牛顿的”、“欧几里得的”空间,等等。

些联系，最佳途径不是专注于语言学、人种学或社会学的典型描写方法，而是将文化和语言当作一个整体对待（如果二者在很长的历史时期共同相处，这便是永远、唯一的方法）。上述这些学科之间可能是相互联系着的。如果这些联系确实存在，它们最终将被我们的研究发现。

（申小龙　译）

肖尼语词干复合构词中的格式塔方法*

C. F. 沃格林已经完成了一项艰巨而令世人瞩目的工作，他分析了肖尼语中大量令人迷惑不解的词干复合词。他把它们分解成词位（词干）和其他的词素（构成成分），将它们按肖尼语语法中的形式范畴分类，并且发现了一个关于关键词位（occurrent）的重要本土语义关系。所谓关键词位是指那些具有巨大语义影响力的词位，它们能使当地居民即使在忽略词干复合词中其他词位的具体变化时，也会紧紧抓住关键词位的变化。

沃格林要求我来说明语言学方法的另一方面的应用。这种方法只能用于形式语法分析之后，但是它有时能够说明，在复合词或句法结构中，意义不同的词位是根据怎样的原则排列成序列，以产生语义效果。

语言学家们已经将印欧语系诸语言研究了很长时间，他们能将这些语言句法结构上的典型序列及产生的语义效果归纳为某些一般形式，例如主语和谓语、施事、动作、目的、定语和中心词、外向结构和内向结构。对于那些与印欧语非常不同的语言，他们也能

---

* Gestalt technique of stem composition in Shawnee. 原载 C. F. 沃格林《肖尼语词干与雅各布·邓恩迈阿密语词典》(*Shawnee Stems and the Jacob P. Dunn Miami Dictionary*. Indianapolis: Indiana Historical Society, 1940. Prehistory Research Series, vol. I, no. 9, April 1940)附录。

对其中与印欧语有表面相似的关系进行命名和分析。但是后面这种能力在很多情况下实际上不过是一个幸运的巧合，有时则可能是不幸的巧合。当复合构词原则十分不同时，这种（以印欧语为依据的）模式化也就站不住脚了，它既不能解释序列规则，也不能说明最终的语义结果。让我举一个阿兹特克语的简单例子，这种属于犹他-阿兹特克语系的语言，与印欧语系诸语言句法类别差别不大。在阿兹特克语中，有一种十分确定的关系，看上去像是定语加中心词。定语或修饰语总是放在中心词的前面（此处我们没有足够的篇幅来解释为什么这是一个必要规则）。但是，许多表达都是“狭窄的道路”（narrow road, *oʔ-picak-tli*）这种类型，其中“狭窄的”（*-picak-*）必须用动词性的被动分词形式，并且这个分词要放在最后，也就是必须放在（“路”-*oʔ-*）的后面。在这种语言里，定语和中心词与词序之间的对应关系使我们得出这样一个结论：“狭窄”是中心词，而“路”是定语，就像英语的“roadside”（路边）这个词一样。但假如一个人想说“新路、好路、用砖铺成的路”，那么在这些表达中，“路”又变成了“中心词”，并且必须放在最后。“narrow road”（窄路）与“good road”（好路）在语义效果上看起来是如此相似，对于一个想用阿兹特克语写作的人来说，如果连像“路”这样一个简单的概念都无法说清在语义效果上到底是定语还是中心词，那么定语与中心词的语法范畴划分还有什么用处？我们可以得出这样一个结论：这种语法范畴不过是语言学的亲属系统，它们就像社会亲属系统一样，并不遵循一个普遍的标准。

将语言划分为主语—谓语、施事—动作、动作—目的也存在同样的问题。即使在英语中，将“the tree stood here”（这棵树矗立于此）这个句子描述为“施事—动作”也是非常牵强的，即使这句话与

“the boy ran”(那个男孩跑了)在形式上极其相似。假设的美洲语言 X 也许不是用两个,而是用三个或更多的词位来表达“the boy ran”;这三个词位有可能是(1)脚的动作,(2)在一个平面上,(3)男孩的很快的出现。也许(3)会带有一个使其成为动词形式或一个“动作”的构形成分;但是这样的构形成分同样也会是适用于整个句子的“功能词”,对句中的所有词位都同样适用。这样的一个句子即使在形式上只有两个词,实际上也不能分解为一个主语和一个谓语。但是这个句子是可以分解的,并且各个部分对应于某些从所描述情景中分离出来的要素,也就是说,该情景中的确有可以称为“表面”、“移动的脚”和“男孩”的东西。我们的问题是确定不同的语言如何从同一情景中分离出不同要素,这往往是描述某一语言时的主要问题。词位和词素代表了特定语言对情境要素的分离,我们不能假定,描述词位与词素组合成句子的形式规则,就可以回答上述问题。我们假设的语言 X 也许会用多式综合语的复合方法,将词干与构形成分合成一个单词,来表述(1)—(2)—(3)这个句子,这种情况在肖尼语中很常见。或者,它可以将许多词组成一个像英语那样的分析性句子。不管用什么方法,它与英语的最重要的区别是一样的,即,它分离出(1)、(2)、(3)三个要素,完全不理睬英语所做的主谓区分——作为施事的“男孩”和作为谓语的“跑”。我们讲英语的人说“cleaning (a gun) with a ramrod”(用通条擦枪),但肖尼语并不将工具“通条”和动作“擦”区分开来,它所表现的是一个干燥的点在一个洞中由于工具的运动而移动(《肖尼语词干》第三部分,157 页)。这就是为什么从英语的角度看,肖尼语是如此奇怪和令人困惑的原因,显然这绝对不仅仅因为肖尼语是多式综合语。一种多式综合语仍可能以多式综合语的方式表达

“用通条擦”，因而从英语的角度来看是容易理解的。

当我们在比较不同的语言以各种不同的方式“切分”同样的情境或经验时，假如能用某一种独立于任何语言和语系的非语言方式来进行分析或“切分”，那将十分理想。仅仅靠主语—谓语、施事—动作、定语—中心词等语言学术语来描述具体情境显然不能达到以上结果，因为任何对这些术语的科学的使用，都要考虑到它们的意义会依据特定的语言而有所变化，包括对某些语言来说完全没有意义。同样，我们也不能使用常识性的或准科学的为人熟知的术语做描述，试图将情境划分为“事情、物体、动作、物质、实体、事件”。对这些术语的谨慎使用也许是有益的或不可避免的，但是我们必须牢记，在其意义范围内，这些术语只是现代印欧语及其下属变体的产物，只反映这些语言切分经验的典型模式。它们并没有成为语言学的科学术语，因为它们有时会被用于物理学和化学。当它们指称心理活动，如“思想、主意、概念”等等时，在使用时也要求十分谨慎，但并没有因为“主观性”或“神秘性”而成为严重的禁忌语。它们毫无正宗意义上的神秘性，不过是“词汇”而已，就像“重力”、“奶酪”这些词一样普通。

观察到一个男孩在跑的所有人都会同意，至少在提问或实验测试后他们会达成一致意见，即，该情景可以分为几个部分。他们的分类会是相同的：(1)一个运动的图形或轮廓(男孩)；(2)这个图形或轮廓所在的背景(我们所说的观察是由一般的视觉感官进行的，也就是排除了眼睛失明的“观察者”)。

现代完形或格式塔心理学的发现给我们提供了一个指称原则。无论使用何种语言或科学术语，在分解和描述所有可用视觉观察的情景及许多其他类型情景时，所有观察者必须遵循这个指称原则。这一发现就是，对于所有已经度过婴儿期的正常人来说，视觉知觉基本上是一致的，并且有明确的规律，而这些规律有许多已经广为人知。在此我们没有足够的篇幅详细讨论这些规律，但它们清楚地说明视觉知觉的基础事实是图形与背景的关系；知觉大部分是以轮廓的形式存在的，而轮廓与其背景、轮廓之中的内容形成某种程度的对比；有关运动或动作的知觉是图形的，或者至少与一个模糊轮廓的感知紧密联系在一起。

我们说所有观察者所看到的事实大致相同，这并不意味着否认他们之间的细微差异和个体差异，但是这些差异相对来说是次要的。大脑损伤与眼疾会导致视觉偏差；特殊技能或心理上的努力可能重新安排重点，有时可能把图形与背景颠倒过来，正如一个人可以在“意愿”之中，将一个从边上看的立方体看作一个有三条半径线的六边形。色盲以及对色彩敏感度的不均只能造成很小的偏差。对大小的感觉也是如此：月亮在有些人眼中小如镍币，在有些人眼中大如房舍，但是它在人们视网膜上的成像，比起一臂之遥的铅笔的成像总是要小。当说到形状时，偏差就更微不足道了。所有这些偏差都受已知规律的支配，因此并不妨碍人们对感知到的材料进行规范性的描述。事实也许会有细微的差别，规律却是普遍适用的。假如知觉影响能使一个正常的人看见一个确定的轮廓，它们也会使所有其他正常人看到同样的轮廓。例如，虽然星星之间没有实线将其连成勺状或任何其他图形形状，但是所有人都将大熊星座的轮廓看作我们称为“勺”的形状，尽管他们可能不将其称为“勺”，或者在他们的文化中不存在这种炊具。

然而，这些视觉规律如何为非视觉经验提供指称原则呢？通过排除过程。任何“占据空间”的东西都能直接或间接地用视觉来认知。任何不可视的东西在性质上都是非空间的(反之亦然),并且在经验者的感觉中都是直接的。单纯的触摸在一定程度上是与视觉物融合在一起的,当触摸告诉我们形式、轮廓、质料时,它就是间接的视觉。视觉经验被投射而形成空间感,也就是我们称之为观察者的外部场域。非视觉经验被向内投射,根据格式塔心理学家的观点形成了自我内心场域,因为在观察者或自我的感觉中,他是独自与这些感觉和意识相处的。由此,如果某个经验进入自我场域,它不在视野之内或处于模糊的边缘(例如观察者的身体通过两种方式获得一种感觉),我们便对它进行分类,分类的方法同所有观察者一样——无论其语言是什么,只要他们理解那些区别的本质。进一步讲,自我内心场域有它自身普遍的格式塔法则,如感觉的特性、节奏等。我们可以毫不犹豫地将自我内心场域中表示听觉、味觉和嗅觉的词位所指称的对象与表示思维、情感等的词位所指称的对象划为一类(这里暂不提指称涉及外在轮廓或动作的经验的词位)。光与黑暗的区别,以及视觉(而非所视之物)的指称对象,也处于模糊的边缘或者自我内心场域之中,这是因为,虽然图形与背景向外投射,但感觉的本质是向内投射的。"说话"这一动作的指称对象也是自我的,因为观察者向内投射的不仅是他自己的话语,而且也有其他人的话语,观察者会将话语的实质等同于听觉或声音的自我内心场域。"拥有"这一动作的指称对象也是自我的。

以上划分指称对象的原则既不是语言学的,也不是一般意义上语义学的。孤立出来的外部世界经验或内心体验(如一个形状或一个声音)并非意义。但是一种语言有时也可能具有划分词素及其语义效果的原则,这一原则与有关的普遍原则相吻合。因此,在英语中,指称主语内心场域经验的动词,在表达当前的短暂事件时用一般现在时而非现在进行时。其他动词使用现在进行时来表达当前发生的短暂的或持续的事件，而使用一般现在时（除了一些特殊的惯用法，如“here he comes”）来表达常规性、习惯性的时体。学习英语的外国人往往不了解这点，因此会用现在进行时说“I am hearing you”（我正在听见你讲话）、“he is seeing it”（他正在看见它），而以英语为母语的人却用一般现在时说：“I hear you”（我听见你讲话）、“he sees it”（他看见它）、“he feels sick”（他感觉不舒服）、“I say that ...”（我说……）、“I think that ...”（我认为……），但在说到下面句子时又会用现在进行时：“I am working”（我正在工作）（而不是“I work/我工作”）、“the boy is running”（那个男孩正在跑）（而不是“the boy runs whenever .../每当……时那个男孩就跑”）。[①]

我已经发现，这种表述指称对象和情境的格式塔方法能够帮助我们理解语言当中一些令人困惑的问题，例如英语、霍皮语、阿兹特克语、玛雅语的视点差异。因此我决定将此方法用于肖尼语的分析，尽管除了沃格林在该丛书已经和将要出版的书籍、手稿中所提供的信息（这套丛书将完成他对肖尼语、迈阿密语词汇的描述），我对肖尼语以及其他阿尔冈昆语一无所知。以下是我的分析结果，其意义和使用价值有待阿尔冈昆语专家来判断。

肖尼语词干复合词的构成可用一个相当简单的一般规则来描述。在使用方面它也许与英语的名词词组复合的一般规则大致相似：修饰语在被修饰语之前。两个规则都不是绝对的，英语中“brick buildings”（砖房）是一个适用于该条规则的典型例子，

---

① 试比较：“he is feeling (outlining it)”（他正在触摸它/他正在描画它的轮廓）——外部视觉场的触觉；“he feels it”（他感觉到这一点）——自我内心场域的感觉。

“buildings brick except for frame porches”（除了门廊之外都以砖为材料的建筑）则表现了凌驾于一般规则之上的特殊规则。对现代欧洲人来说，英语规则是大略地指导英语学习的好工具，因为学习者的母语与英语有足够的相似，所以他能理解什么叫修饰语，什么叫被修饰语：他自己的母语对经验做相似的划分，最多也只是像法语一样将颠倒修饰语与被修饰语的顺序。①修饰语与被修饰语这样的术语不适用于肖尼语中的词干复合词，这些词干复合的结果往往是一个动词。肖尼语中的粗略的一般原则（除了那些高层支配原则之外）是：图形位于背景之前，显著的图形位于不显著的图形之前，但是自我内心场域一般会在所有这些成分之前。最主要的高层支配规则是：（1）一组表示模糊的图形的词干（模糊的运动、质地、大小等）位于一切词干之前；（2）即使与一般原则冲突，非首位词干前必须有其他词干，尽管前置的词干比非首位词干图形化程度更显著；（3）当结果是一个名词（而不是作为名词使用的句子，bahuvrihi）时，这个规则必须颠倒过来。背景要放在图形之前；（4）两个各自按前述方法复合而成的语义词干（theme）可以放在一起，有时会在整个词的构造中形成不规则的序列；（5）这种语义词干的使用有时与（语法）词干（stem）一样。②

---

① 但有时母语不是英语的人也会犯格式塔错误，例如一位墨西哥人将 *desierto de los leones*（狮子的荒漠）译成“lion desert”（狮子沙漠）。英语一般不说“lion wilderness”（狮子荒野）或“fish ocean”（鱼海），因为有一条制约性规则：小的、紧密的图形不能修饰整体的外部背景，用土话来说就是“小物体不能修饰所有的户外景物”。[“狮子的荒漠”：地名，在墨西哥城之郊，实际是一片森林，内有一座教堂。——译者注]

② 尽管英语中有关构词的“theme”和“stem”均可译为“词干”（见黄长著等译，《语言与语言学词典》，上海辞书出版社 1981 年版），但二者的意义有所不同，平时用得较多的“词干”是 stem。此文中沃尔夫将二者并列使用，他想要强调的也许是：theme 表示的完全是词义功能，而 stem 与表示语法功能的词缀相关联，可说是语法性的。因此，我们将 theme 译为“语义词干”，与译为 stem 的“词干”或“（语法）词干”相对。——译者注

词干指称对象的描述如下：

svf(special stem of vague figure)：表示模糊图形的特殊词干(通常是表示模糊的运动、方向、质地、表面或块状物的弹性，以及大小等)。

ef(egoic field reference)：自我内心场域的指称对象。

f(figure)：图形——这组词干着重表达轮廓和空间分布；并不一定暗示运动，但运动可能存在。一个f型词干可能用于某个比其图形化程度更高的f词干之后，表示相对的背景，或者前面所指之填充物的性质。

frg(figure as a relative ground)：如前文所述，是作为相对背景的图形，通常是躯体的一部分。

mf(movement figure)：运动的图形，某个运动的轮廓的"概念"或图形。

fcm(figure containing movement)：包含运动的图形，一个轮廓模糊的场域，它是相对静止的，但其中包含运动或"逐渐趋于休息状态"的成分。

xf(external field or ground)：外部场域或背景，带有极少的图形或轮廓性质。

i(instrumental)：工具，是数量很少的一组专门成分。

以下是这些词干一般的位置顺序：svf—ef—f—frg—mf—fcm—i，尽管frg，mf，fcm之间的相对位置关系没有硬性的规定。构形成分将以以下的方式标注：

s：表示主语

o：表示宾语和/或及物动词

t：及物成分

m：其他构形成分

广义上讲，f，frg，mf，fcm，xf 是一组，如果前后词干组成的序列足以表示图形性质的减弱和背景性质的增强，同一个词干可能出现在上述任何一个位置之上。

svf 型词干的例子包括：*paʔ-*“向远处去”；*paak-*“硬的、坚实的、断续的运动”；*tep-*“获得”；*kt-*“大的，最高级的”；*kaʔk-*“粗糙的，干的”；*laakeet-*“轻松的，容易的，迅速的”；*laašiwe-*“向下，从……下，之上”；*loʔθee-*“出去，下，通过”；liil-“差异”。

ef 型词干的例子包括：*paʔpa-*“轻轻拍打的声音”（因为是一个声音，所以归为 *ef*）；*petškw-*“反感，深恶痛绝”；*petθak（y）-*“麻烦，讨厌的东西，难懂的，困难的，迷惑的，激动的”；*pt-*“偶然的，无意的；错误的”；*teepwe-*“真实情况，真理”；*tepaat-*“令人满意的”；*čiʔθ-*“害怕”；*kiš-*“温暖的，炎热的”；*-kiiškwe-*“意识”；*katawi-*“能力”；*katow-*“问，请求”；*laluwee-*“咯咯的声音”；*miimʔkaw-*“被发现的，被记住的”；*wiyakowee-*“气愤”；*waaši-*“有意的”；*halan-*“通告”；*-eele-*“思想”。

f—xf 词干组合中的第一等级，基本上作为 f 型出现，例子包括：*pap-*“宽敞的构型”；*pat-*“潮湿的点或块”；*Ppeʔt-*“勉强支撑的构型”；*petekw-*“圆的，周边，滚动”；*petakw-*“覆盖的，顶上的，上面的”；*piit-*“内部框架，内部的，洞”；*piʔtaw-*“在图形之间”；*pakw-*“像植物的，树叶形的”；*peekw-*“干燥的点”；*peʔkw-*“一束，束在一起的”；*poʔk（y）-*“打破的，粉碎的状况”；*pašk（y）-*“从洞口出现”；*poškw-*“不规则部分，劈开成半的，破的”；*tepilahi*“直的（轮廓）”；*tepet（w）-*“一起，在一个组里”；*čee-*“配对的组合，相等，持平”；*kip-*“盖着的，关上的”；*kotekwi*“转的，旋绕的”；*kakaanwi*“长的

(长的轮廓)”;*kooky-*“沉浸在水中的”;*šaapw-*“里外,通体”;*škote*“火(燃烧的图像)”;*laa-*“区域中间”;*leep-*“在底部逐渐变小”;*lii-piik-*“澄清的液体”;*-lʔpw-*“收缩的,打下来的”;*lakaʔkwa*“有棱纹的轮廓,就像洗衣板或腭”;*lekw-*“被土地或灰覆盖的”;*liiky-*“拆散的,离开的”;*leʔθawaa-*“分叉的”;*laal-*“悬垂的,远离的”;*lelʔky-*“破的外形,将撕破的布,等”;*waawiyaa-*“圆”。

一些f型词干是作为frg型词干使用的,它们包括:(-)*leč-*“手指,手,在手指上,在手上”;*-eče-*“腹部,身体”(实际上,所有关于身体或身体部位的词都往往是*frg*型);*-aʔkwi-*“(大批的)蔬菜,植物群,木材”;*-aalaka*“洞,空洞”;*-kamekwi*“房屋,在房屋里”;*-šee-*“布,衣物”;*-wale*“背包”;*-api*“坐着的形态,坐着的”。

mf型词干包括:*peteki*“时空的回溯”(运动或路径);*-pho*“在跑时捡起”;*ptoo-*“跑动”;*čiip-*“传入,秘密传送”;*čiʔčiip-*“摇晃的”;*-ʔtan-*“流动的,浮动的”;*-ke-*“一般的身体动作”;*-eška-*“开始的身体动作”;*-eka*“跳舞”;*-kawi*“往下滴”;*-ʔθa-*“飞的”;*loop-*“摇摆的”;*lek-*“溶解的,融化的”;*miil-*“给予”;*hee-*“去”;*-ʔθen*“从运动的物体上脱落”。

fcm型词干包括:*piʔte-*“起泡沫的”;*pootawe*“燃烧的木头”;*-eʔtekwi*“溪流”,*kapee-*“越过溪流”;*kalawi-*“交谈(交谈中的人)”;*kon-*“吞”;*kwaap-*“从水中上升”;*kwaškw-*“弹回的”;*kwke-*“鱼钩在水中的运动”;*-a-*“牙齿的运动”;*-ʔši-*,*-ʔšin-*你“趋于停止状态”;*-laa-*“沸腾的”。

主要作为xf型使用的词干包括:*-piiwe*“头发,羽毛”;*-aapo*“液体”;*-pki*“分散于平整的表面,平整的表面”;*tepki*“潮湿的布满苔藓的地带”;*tepeʔki*“夜晚”;*-taškwi*“植物群”;*-la*“颜色”;

-kami“宽阔的水域”；*-ʔki*“宽阔的区域，丰富”；*-ʔkwatwi*“天空”；*-šwaa*“空间，地方”；*-ʔškw-atwi*“植被”；*-aam-*“土壤，大地”；*-ʔho-*“水，潮湿”；*-ʔšk(y)-*“柔软，苗条”。

i 型(工具型)词干表达的是用手、脚、工具、高温等进行的操作，这类词干数量不多，几乎没有必要在此举例。

关于复合方法的一些例子也许应该详细介绍。在《肖尼语词干》第三部分第 289 页 f 型词干的 *kip-*、*kipw-* 条目下，一个表示关闭或物体被覆盖的轮廓被置于或“描绘于”这样的背景下：(a)鹿皮，(b)路径，(c)眼部，(d)有手的运动的眼部(*-kip-iikwee-n-*，-f-frg-i-)，同时也在肛门区、嘴、耳朵等部位。或者让我们思考一下“在沼泽地中”的表达方法。我们的造词方法是从经验中分离出我们称之为“沼泽”的一个要素，赋之以典型的英语名词形式。作为这样一个名词，按照英语名词的刻板规则，人们会把它当作一个典型的“东西”，人们谈到它时会考虑到它的独立性、单数、复数、与冠词和介词的合理搭配等。语言学以完全相同的方式对待“沼泽”与“蝴蝶”，尽管二者在客观世界里是如此不同。在肖尼语里，我们不得不摒弃英语的造词法而依赖于我们所感知的客观世界。介词“among”(之中)的指称对象实际上是最具轮廓特征的图形的一部分——一个处于无限场域(沼泽地带之背景)之中的有限的固定的点。整个图像就如同一张以这样的方式做成的草图：先把图形成分“在地域之中”(*laa-*)放在最前面，再将图形所在的背景“沼泽地带”(*tepki*)放在后面。由此得到 *laa-teepki*(f-xf)“在沼泽中(的一点)”(第三部分，137 页)。

在第二部分，157 页，我们看到这个例子：“来回拉动通条，将枪擦净擦干”(*ni-peekw-aalak-h-a*，s-f-frg-i-o)。在这个复合结构里，中心图形(*peekw*)是一个干燥的或干净的点，它所处的背景是一个中空的洞，以词干-*aalak*-表示(frg)。而后，中心图形通过“工具的运动”(表示工具的-*h*-词干)而被激活或者说运动起来，由-*a*这个构形成分标注为带非生命宾语的及物动词。在第二部分，143页，f 型词干*čee*-为该复合结构构建了一个基本框架，即一个配对单位结构。其填充物的要素由表示“某个种类、总的外表、颜色”的 xf 型词干表示，有时也由 frg 型词干“人”(person-s)或 xf-xf 型词干表示，如“颜色加体毛”和“颜色加水”。因此这些词表示“同一种类、看起来一样、同一种颜色”等。第一部分，69 页的 *ni-Ppeθ-k-a* (s-f-mf-o)“我紧靠着它，把它撑直”里，“支撑”之基本轮廓给人的视觉印象往往如一个草写的 T 或小写的希腊字母 λ，由 *Ppeθ*(<*Ppeʔt*)表示，而一个运动的、有生命的躯体的模糊图形性，是由 mf 型词干-*k*-“身体运动”表示的。在 *ni-Ppeč-ši-m-a* (s-f-fcm-t-o)“我把他放在那儿(在一个支撑物上)以防止他掉下来”当中，第二个图形-ši-(一个表示动作在某个范围内趋于停止的模糊轮廓)在表达支撑的基本轮廓之内或之上(作为其填充物)停止下来，成为带有生命宾语的及物动词。

本附录末尾的词表简要分析了其他许多进一步说明词干复合的例子。名词复合和语义词干的复合还有待说明，在此我们认为它们凌驾于词干复合的基本规则之上。当复合的结果是一个名词时，基本规则被逆转：背景在图形之前，模糊的图形在显著的图形之前。由于这一规则与英语中定语—中心词的大多数结构类型相吻合，所以肖尼语的名词(不同于动词)在一般情况下被理解为定语—中心词关系，如第三部分，290 页的 *kopeleko-miyeewi* (xf-f)“iron road, railroad”(铁＋路，铁路)。也像在英语中一样，在心理上与中心词或图形相联系的东西要放在中心词之前。在这种分析中，它被看作是说话人记忆中自我内心场域的一份资料，因此用 efm 表示。由此，便有第二部分，139 页的 *takhwaan-ekaawe*（emf-f）“面包舞”；141 页的 *taamin-aapo*“玉米液（威士忌）”；143 页的 *čiipa-yeemo*（efm-f）“精灵蜜蜂”；145 页的 *čaki-yʔkweeθa*（frg-f）“小女人”。在这些结构中，模糊的图像以及对大小程度的意识位于更明晰的轮廓之前。

两个复合语义词干也可以相互复合在一起，但是我说不清它们的顺序是由什么规则来确定的。此类例子与大量的普通词干复合词相比数量极少。因此在第一部分，67 页，有一个结构形式 *waasinitašipaʔlenaweewi-či*，也许可分析为“语义词干加语义词干”，其中第一个语义词干应为 *waaši-nitaši*（ef-f）“有意于那里的某处”，第二个应为 *paʔlenaweewi*（svf-ef）“去那里，生活”。但是，此例的结构也可能是两个词干加一个语义词干。

在肖尼语中也许存在着两种词位——（语法）词干和语义词干，以及两种复合方法——一种是（语法）词干的，一种是语义词干的。根据这种理论，词干复合词应使用图形位于背景之前的原则，由此而产生一个动词性的语义词干，假如它是在该复合词的末尾，那么它会将这个结构变成一个动词或一个句子，否则就是一个名词性句子做名词用（一种偏正形式）。语义词干复合词会使用背景位于图形之前的原则，由此而产生的结果是，无论最后一个词位是什么，整个词必然是一个动词或名词。由此，某些词位尽管不可分析，但总是语义词干，例如基本上是名词性的词位和 svf 型、ef 型词位。这些 svf 和 ef 型词位由于图形程度相对较弱，所以总是位于 f—xf 动词性词位之前。当然，以上我的分析只是尝试性的。

本附录没有解释当地人认为哪种词干是使用最普遍的词干，即关键词位。这可能是一个与复合构词法不大相关的问题。我也许可以冒险做这样一种猜想：这个问题也许取决于一个复合结构中各词干所受到的类推压力的程度。有一些词干会比另外一些具有更强的结合力。那些与某种结合有着最多对应的词干，也许就是当地人认为的关键词位。

下面是第一、二、三部分中一些词的结合方式分析。每一个词的前面都加上了页码，后面则是类型分析式和翻译（直译、意译）。这些分析多是在沃格林分析基础上的再加工，目的是用来说明复合的方法，偶尔也附带对语义效果的评论。

第一部分：67 页，*pa-kwke*（svf-fcm）“他去水的环境带着钩子在其中运动，他去钓鱼”；67 页，*ni-paʔ-pem-ʔθe-ʔto*（s-svf-f-mf-o）“我把它（决定）传过（传开）”；67 页，*yeʔ-paʔ-nekot-θee-θi-ya*（m-svf-f-mf-m-s）“当我一个人去那里时”；68 页，*papi-šwaa-wi*（f-xf-s）“占有宽敞空间的图形位于一般空间背景的情况发生了，有宽敞的空间”；69 页，*ni-pat-šk-a-m-a*（s-f-xf-fcm-t-o）“我吻了他”（f 湿的点，xf 一般的柔软性，fcm 嘴唇的运动，词干-*a*-可视为 fcm 型，但也可能是 i 型）；69 页，*ni-pat-šk-aʔh-w-a*（s-f-xf-i-t-o）“我用泥将他弄湿”（i 工具的运动）；70 页，*ni-peteko-n-a*（s-f-i-o）“我将它卷起”；70 页，*peteko-če-ška*（f-frg-mf）“他把身体蜷起来”（在相对的躯干或腹部背景下的蜷起的轮廓，一般的身体运动）；70 页，*taʔpetekiši-miimʔkaweele-ta-m-akwe*（语义词干-语义词干-t-o-s）＜ *taʔpete-ki-ši*（svf-mf-m）“回到那个地方”；*miimʔkaw-eele*（ef-ef）“记住”；71 页，*ni-petškw-eele-m-a*（s-ef-ef-t-o）“我恨他”；71 页，*petθaki-lee-θa*（ef-f-m）“（某人）是个讨厌鬼”；71 页，*ni-petako-l-aw-a*（s-f-mf-t-o)"我朝他的头部上方开了一枪"(上部方位轮廓,投射动作);71页,*ni-pt-a-m-a*(s-ef-fcm-t-o)"我偶然咬了他";72页,*piič-θe-ʔθen-wi*(f-mf-fcm-s)"它挣脱了,然后飞了进来";72页,*piiči-leče-ʔšin-wa*(f-frg-fem-s)"他把手放在里面";72页,*ni-piiči-miil-a*(s-f-mf-o)"我通过一个小洞将它传给他";72页,*piit-alwa*(f-frg)(内部轮廓,子弹填充)="子弹袋";72页,*piʔteewi-laate*(fcm-fcm)作为相对背景,"它在沸腾时会起泡";73页,*ni-piʔtawiše-ʔθe-to*(s-语义词干-fcm-o)"我将几块布拼在一起",*piʔtawi-še*(f-xf)"布(xf)的连接(f)";73页,*piimi-pooteθ-wa*(ef-f-s)"他吸烟是犯了个错误";74页,*paak-aameʔki*(svf-xf)"它是地(xf)上一个坚硬的点(svf)";74—75页,*ni-paak-eele-m-a*(s-svf-ef-t-o)"我想到他的力气";76页,*ni-paki-kaw-ʔto*(s-svf-mf-o)"我使它往下滴";77页,*ni-pkw-eʔko-ta*(s-f-fcm-o)"我从它上面剪下一块";83页,*leelawi-piikwa*(f-xf)"灌木丛(xf)的中心点(f)出现";83页,*kinwi-piikwa*(f-fx)"狭长的灌木丛(xf)地带(f,狭长的地带)出现,灌木丛伸展开去";83页,*ni-poʔki-če-el-aw-a*(s-f-frg-mf-t-o)"我使上膛(f)在体内(frg)用投射运动(mf)对他,我将子弹射入他的体内";83页,*poʔk-iikwe*(f-frg)"他有后膛(f)在一边脸上(frg),他的一只眼睛没有了";87页,*ni-poškwi-piye-en-a*(s-f-frg-i-o)"我导致了不规则的断裂(f)长的延伸的(frg)以手的运动(i)它(树)的,我弄断了一根树枝";87页,*ni-poškwi-nʔke-ʔši-m-a*(s-f-frg-fcm-t-o)"我弄断了(f)他的胳膊(frg)以趋于停止的运动(fcm),我将他摔向某物,弄断了他的胳膊";91页,*ni-paalač i-we-l-a*(s-f-mf-t-o)"我带(mf)他向下(f)";91页,*ni-pele-še-en-a*(s-f-frg-i-o)"我将它的线缝扯开";92页,*meelawaač i-paam-ʔθe*(ef-f-mf)"他累了(ef)由于

跑(mf)四处(f),他跑来跑去跑累了";99 页,*piyet-aalak-θen-wi*(svf-f-xf-s)"它位于(xf)带有一个洞(f)这边(svf),它带有一个洞,坐落在这边"。

第二部分:135 页,*ni-tephikan-ʔθe-to*(s-f-fcm-o)"我将它放在罐子里";135 页,*ni-tepi-kiiškwe*(s-svf-ef)"我苏醒过来";136 页,*paʔ-tepowee-ki*(svf-ef-s)"他们前去委员会(咨询)";137 页,*ni-tepeto-kalawi-pe*(s-f-fcm-m)"他们在交谈(fcm)在一组里,在一起(f),他们在一起交谈";137 页,*tepeto-ptoo-ki*(f-mf-s)"他们跑在一组里,他们在一起跑";138 页,*tepep-aʔkwi*(f-frg)"缠绕着的植物轮廓=葡萄藤";138 页,*ni-waawiyaa-tap-šk-a*(s-f-mf-i-o)"我卷起(mf)它成圆形(f)通过踢(i),我将它踢卷了起来";141 页,*ni-meʔči-tehe*(s-svf-ef)"我想过了"; 149 页,*ni-θaki-čaalee-pi-l-a*(s-f-frg-fcm-t-o)"我使握住的轮廓(f)在鼻子上(frg)通过捆绑(fcm),我给他套上了马笼头"。

第三部分:289 页,*kape-ho-kwi*(fcm-xf-s)"他横过漂流着,他漂流过去";293 页,*kotekw-aakami*(f-xf)"水(xf)在一个蜿蜒的(f)渠中";295 页,*ni-kakaanwi-leče*(s-f-frg)"我有长手";297 页,*ni-kooki-tepe-en-a*(s-f-frg-i-o)"我浸他的头(frg,填充被浸之形)于水中";298 页,*ni-Kki-lečee-pi-l-a*(s-f-frg-fcm-t-o)"我带(束缚的动作,fcm)戒指(圆形轮廓,f)于他的手指上(frg)";300 页,*kaško-ʔše*(f-frg)"他有敏锐的耳朵";300 页,*ni-kišw-eele-m-a*(s-ef-ef-t-o)"我认为他值得信任,准许他";301 页,*kiišoo-kwaam-wa*(ef-ef-s 或 svf-ef-s)"他睡得暖和";303 页,*ni-kilek-a-m-a*(s-f-fcm-t-o)"我导致混合的构型(f)用嘴里的运动(fcm),我将它放在嘴里嚼烂";304 页,*kolep-šin-wa*(f-fcm-s)"他翻过身躺着";306—307 页,*ni-*

kaawat-eele-m-a(s-语义词干-ef-t-o)“我认为他胖”(*kaaw-at-*是语义词干，所以可以位于 ef 之前?)；308 页，*ni-kwaško-l-aw-a*(s-fcm-mf-t-o)“我将他打倒以枪击他的方式，我以枪击的方式将他打倒”；308 页，*ni-kwaškwi-tepe-en-a*(s-fcm-frg-i-o)(不规则顺序，但 fcm 可被看作 f)“我推开他的头”；310 页，*šaapot-aalakat-wi*(f-frg-s)“它有一个洞直通另一侧”；319 页，*θaak-ho-ʔθen-wi*(f-xf-xf-s)“它部分地浸在伸出于水，它部分浸在水中部分伸出水面”；320 页，*ni-θak-aalow-een-a*(s-f-frg-i-o)“我抓住他通过他的尾巴，我抓住他的尾巴”。

（刘鸿勇　译）

玛雅象形文字语言部分的解读*

玛雅人是美洲土著人世界中仅有的完全能读会写的民族。在玛雅人遗留的石制建筑和纪念碑上刻有他们的文字;可除了起始日期外,这些文字鲜为人解。此外,他们著有许多书和手稿,其中成于晚期的三本书得以保存了下来——这便是三个著名的玛雅文手抄本。在本文中,我将解读节选自其中之一的一小段,由此简明地展示玛雅文字体系及其符号组合规律。

在玛雅文字体系中有一组指称专门事物的符号及其组合,这些符号用来指称数字、时段、日历的期限等;它们之间存在着数学关系,其使用构成了一种数学体系。我们根据观察到的存在于这些符号之间的数学关系,确定了这些符号的数学指称,由此我们便可读出见录于多数铭文开头的太阳-太阴历的日期和位置。除数学记录外,玛雅文字系统还有纯语言的部分(purely linguistic portion);在这些部分之间我们能观察到语法或语言学的关系,而不是数学关系。我要讨论的正是这些纯语言的部分。此外,我还要讨论手抄本中的文字,而不是铭文中的文字,尽管二者总体相似。

---

* Decipherment of the linguistic portion of the Maya hieroglyphs. 原载 *Smithsonian Report for* 1941(Washington: Government Printing Office, 1942)479－502 页。该论文曾在第八届美国科学大会(the Eighth American Scientific Congress,华盛顿哥伦比亚特区,1940 年 5 月 10—18 日)的人类学组上宣读。

可能会使许多人惊讶的是，手抄本中的非数学的、语言的符号与数学符号之比大于 100∶1(同一符号的重复不计)。这一事实足以推翻玛雅文字主要是数学符号的说法。

当商博良[①]开始解读埃及文字时，他处于相对幸运的位置，因为他不需要抵抗广泛建立起来的信条：那些标记并非文字，而是一种非语言符号体系。固然在商博良之前出现过阿瑟那修斯·基歇尔[②]，他完全沉浸于自己奇妙的推想——他在象形文字中读出的宗教和神秘的符号象征。不过这些推测未得到任何一个学术领域的认可，并在商博良无可辩驳的逻辑问世之前很快被人们所遗忘。当时，古代文化的研究是由文献学家和文学学者统治的。所以商博良只需向文献学家证明其研究结果中的语言逻辑；他没必要向考古学家宣扬自己的方法，因为当时只有文献学家，没有考古学家。目前被普遍接受的学科分界那时尚不存在。在文献学的框架指导下，铭文的解释刺激了独立的考古学的形成。

大家普遍猜想商博良的成功完全在于刻有双语铭文的罗塞塔石碑的发现，并认为在玛雅象形文字中没有任何与罗塞塔石碑相对应的东西。这两种猜想都是错误的。即便没有罗塞塔石碑，商博良最后也会成功，因为他恰好知道铭文所用的那种语言——埃及语，也就是科普特语[③]——由古埃及人口头和书面所用的语言

---

① 商博良(Champollion, Jean François 1790—1832)，法国历史学家、语言学家、科学的埃及学奠基人，根据刻有希腊文字、埃及象形文字及通俗文字的罗塞塔石碑铭文释读了埃及象形文字。——译者注

② 阿瑟那修斯·基歇尔(Kircher, Athanasius 1601/1602—1680)，耶稣会教士，出生在现德国境内，有时被称为最后一个文艺复兴人物，他的大量活动在传播知识方面占有重要位置。——译者注

③ 科普特语属闪含语系含语族，由埃及语演变而来，现仅用于科普特基督教会礼拜仪式中。——译者注

演变而来，而且基本上仍然与埃及语是同一语言。中美洲的文字也恰好是可能为人们所知的一种语言。它们可能是用一种死语言写成的，那样的话，情况的确会非常棘手。幸运的是，它们是用玛雅语写成的，这种语言还有人说，并且可以从多种渠道对它进行研究。可我们怎么知道那是玛雅语呢？对于研究语言的学者来说这是显而易见的；如果某个无名文本是用他懂得的某一语言写成的，他就可能根据符号的性质和重复搭配的频率，鉴别出这种语言。再有，玛雅语系统中不同符号丛的意义是可以根据传统（比如表示月份的象形文字）或根据手抄本带有的图画得知的。在这种用象形文字记录的语言中，表示某一月份和“坐姿”的文字都是以同一个符号即羽毛的形象开始的。只有玛雅语满足这种条件，在玛雅语中这些特定词的词根和“羽毛”一词的词根都是以同一音节开始的。玛雅语满足的另一条件是：表示“蛇、鱼”和某一时段的文字是以相同或可相互替换的符号开始的。此外，在玛雅语中，“蜜蜂、土地”与某一天的名字以相同的符号开始；“手握着”与“什么也没有”以相同的符号开始；“矛”与“套索”以相同的符号开始，这一符号也出现于“美洲豹”、“九”、“阴历月份”等文字中。这种例子举不胜举，成为一种普遍现象。即便与玛雅语关系最近的乔尔蒂语或策尔塔尔语[①]也不能满足这种条件；唯有玛雅语可以。

另外一些符号与罗塞塔石碑有着稍弱程度上的对应：保存下来的古代月份的名字和其他用符号丛表示的历法术语、数字的书写方式，由兰达主教[②]记录的 27 个字，表示主要方向、颜色、大量

---

① 乔尔蒂语和策尔塔尔语同属西玛雅语族。——译者注

② 兰达主教（Landa, Diego de 1524? —1579），西班牙教士、尤卡坦（墨西哥）主教，著有关于玛雅人生活和宗教的作品《尤卡坦记事》（1566），至今仍被视为有关玛雅文化的经典作品。——译者注

动物和不同的神等的符号丛——这些零星事物一旦汇总在一起，就构成了并非无足轻重的整体。此外，手抄本中有些文本带有详细的图画，对内容进行说明，因而文本的意义十分明了，如同有与其平行的译文。因此我们完全可以说，我们有玛雅语的罗塞塔石碑，以及关于这些文本所用语言的知识。所以，只要具备商博良的语言学识，解读和翻译其中的一些篇章现在就是完全可行的，而且我们最终能够解读和翻译所有这些文本。

但另一方面，今天的语言破译者必须应对目前存在于美国考古学和文献学之间的分歧。文献学的研究兴趣在于把文本仅视为文本，它的观点在现代美国考古学看来是奇怪而又难以理解的。而现代美国考古学注重科学的一面，在严格的物质证据的逻辑相关方面取得了高度发展，同时，它通俗的一面以及资金筹措多与审美趣味相关联，与对具体有关人的事情尤其是异乡奇事的兴趣相关联。现在，对语言学和文献学的兴趣需要与物质、物理方面的科学兴趣相区别，也需要与审美的人文兴趣相区别；这是因为，虽然语言学和文献学不能与后面两种当中的任何一种完全分离，不可能存在于真空，但它所关注的是一个不同的层面——它有自己独立的层面。研究语言的学者对文本本身感兴趣，将之视为在某一时间点保存下来的语言的纪念碑。他关心的主要不是文本涉及的事件，诸如历史、民间传说、宗教、天文，等等，而是它的语言形式——对他来说这是兴趣之最。由此而来的是其客观性，他要努力保证自己的解读不会受到那些有关文本内容的理论的影响。他将内容旁置，专注于语言形式。他的目标是根据辅音和元音在词中的确切位置、语言的变格、变位表和它的句法型式来重构这一语言的本来面目，并最终在整个语言类型学领域增加大量新的事实。

他的研究的副产品是对历史和文化的解释，但可以提出疑问的是，他从时间角度发现的纯语言事实是否更为重要。对赫梯语[①]的解读已经证明，它对印欧语言发展史的启示比它对赫梯人的统治和征服的解释要重要得多。赫梯人的战争和政治已如赫克托耳棺木上的钉子化为陈迹，而他们的动词形式、代词和常用词此刻正是美国大学感兴趣的事情，因为对赫梯语的认真解读所反映的准确的语言事实，正使我们的印欧语言学概念发生彻底的突破性的变化。假使解读者不是语言学家，不是通过学者的方法，怀着对文本本身的深深敬意，精细地确认准确的词和语法，并将这种工作视为自己的首要职责，那么有关赫梯语的权威性知识就不可能产生。如果这些解读文本的学者认为自己的职责是迅速读完对赫梯历史、文化的宏观概括，或是为考古发现的骨架披上有血有肉的故事叙述外衣——尽管这些事情也很重要——就不会有今天有关赫梯语的权威性知识。

对玛雅语解读所希求的结果也没有什么两样。对玛雅文本的解释应该是对其语言形式做逐步细致的调查，而对文本的内容缺乏兴趣或忽略这种兴趣。我们决不能认为自己的任务是风卷残云般地读完玛雅语文献，从而获取有关历史、文化、宗教或其他含于其中的信息。试图很快读完或一下子“阐释”玛雅文手抄本的原始材料——从布拉瑟·德·布尔布尔[②]到最近一次这样的尝试，都

---

① 赫梯语是安纳托利亚地区最重要的已消亡的印欧语言，主要是以保存在博阿兹柯伊(古都哈图萨，在今土耳其境内)赫梯档案馆的约 25000 块楔形文字泥板或残片而闻名于世，它提供了有关早期印欧语语音体系的重要材料。——译者注

② 布拉瑟·德·布尔布尔(Bourbourg, Charles Brasseur de 1814—1874)，法国传教士，民族志学者，尤长于中美洲及墨西哥史前史。其学术研究的最大成就是 1861 年出版基切语《圣书》的法译本。在 1869—1870 年发表的《特罗安诺手稿：玛雅书写系统及语言研究》一书中，他曾论述并解读印第安图画文字的一些规则。——译者注

糟蹋了有关的历史记载。这些研究者渴望轰动效应,渴望尽快出成果,不能正确地认识什么是研究结果中最有价值的东西。与此相对照,居鲁士·托马斯的许多工作以及由莫利等人指出的点滴语言学材料至少在方向上是正确的,他们看来已经懂得问题的真正所在。

玛雅语的文字系统是复杂但自然的。说它对于玛雅人的心理是自然的,这是因为他们刚开始尝试用视觉符号把语言固定下来,即用图画似的符号代表话语片段的发音(通常是一个音节或更小的单位),然后把这些符号组合起来,从而使这些话语片段的组合勾画出一个词或一句话的整个框架。以往对这个系统的研究遇到很大障碍,因为人们纠缠于毫无必要且毫无效果的争论,即整个系统或特定符号是表音还是表意。从完形语言学的观点看,二者没有什么区别。“表意”是一个所谓的心灵主义术语,从语言学的角度来看,它并没有告诉我们任何东西。无论多么粗糙或原始,没有一种文字是用来表示与语言表达形式相分离的概念的。单独的一个符号可表示一个“纯粹的概念”,但为了在一个确定的概念序列中表示一个概念,这个符号就必须成为表示一种语言形式或该语言形式的一部分的符号。所有的文字系统,包括汉语,都只是话语(utterance)的符号化。一旦足够的话语符号放在一起,能以独特的方式与该语言中意义明了的序列(如,短语或句子)相对应,该符号组合体就肯定向本族语读者传达了那个语言序列的意义,无论每个符号在单独使用时表示什么。意义就是以这种方式,而不是以其他任何方式进入了文字,任何一种文字。任何按线性或时间排列的符号的意义都不是这些符号在单独使用时的意义的总和,而是该序列所表示的整体语言形式的意义。所以,一些单独的符号看上去像话语词汇所指事物或概念的图画，这一事实在解读中并没有真正的作用；这些符号如同任何其他字或字母一样，都只不过是表示话语片段的象征性、习得性、从根本上说是任意性的符号。另一方面，在文本的解读中，符号与事物或图画的相似性可能的确很重要。在解释符号是如何发明的，它的最初使用的逻辑，以及与符号相应的话语片段的声音方面，它都是一条线索。这条线索的验证，需要看有关话语片段或声音在多大程度上与每一种推测性的解释相符。

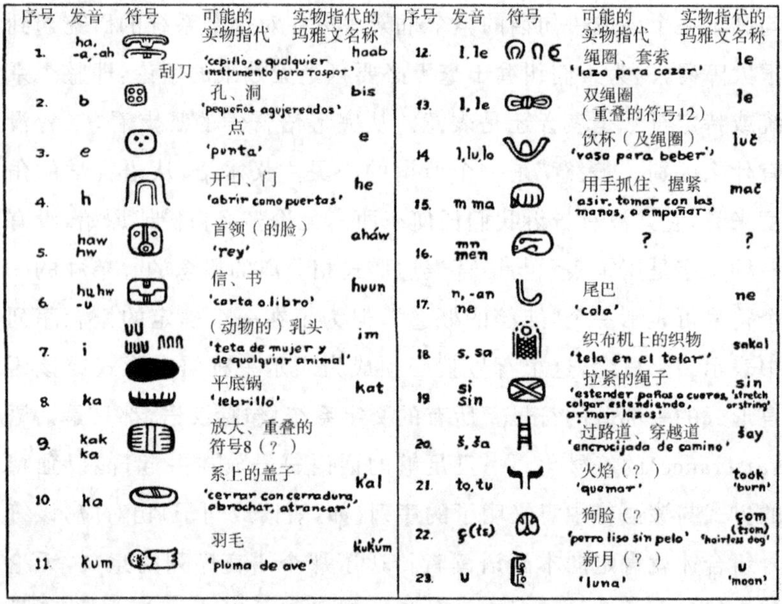

图 3　具有语音值的玛雅符号实例

图 3 是从整个玛雅语文献的几百个符号中选出的 23 个。选择这些特殊符号的原因是，它们出现于本文解读例子的书面词汇

和手抄本的句子之中。这些符号一般对应于某些通过比较证据识别出的话语片段，这使我们最终又回到我称为玛雅罗塞塔石碑的那批证据。兰达也在他的《尤卡坦记事》一书中以相同的数值给出了符号1、2、3、7、8、12、17、22(符1、7、12、17在形式上略有变化)，他的作品是对被征服①后不久的玛雅文化的第一手阐释。左栏显示的是按字母顺序排列的话语片段，即一般情况下②与符号的书写形式外形相对应的声音。紧靠它右边的一栏是书写符号的通常形式，有些项附有常见的变体。我认为语音值已很明确的所有符号当中，有不到1/3列在了图中。“可能的实物指代”(probable object source)一栏中列出的，是书写符号可能的实物源，即曾以图画形式指代的事物或情形。然而，这些关于图画来源的理论虽然好像是可能的并有实际价值，但它们不能作为音值的证据。如果它们被证明是错误的，这既不能否定音值也不能否定解读方式，而只是意味着符号的来源并非如我所测。有几个符号我不能提供任何解释(如符16)，但其音值是相当确定的。我是在知道符号6

---

① 指西班牙占领后时期，即15世纪以后。——译者注

② 只是一般来讲，但并非所有符号在所有情况下都是如此，因为一符多音是玛雅文字的一个普遍特征，正如苏美尔语和阿卡德语(巴比伦语)的楔形文字中也有这种现象。也就是说，很多符号都是多音符，除在一组内有轻微的音值差别外(如ha或h，其中的元音缺少或不确定)，还有两组或两组以上相区别的音值。前者的轻微差别与后者的多音区别分属不同的层面。操本族语的读者，由于能整体把握词汇，不会为这些多音值所迷惑。他能从并用的其他符号中得知，在特定情况下用的是多音值中的哪一个。这就如同英语读者不会被“women”中的“o”或“colonel”中的“olo”搞糊涂，他受整个搭配的影响，以话语片段做出反应，这些片段与那些同书写形式*o*和*olo*有规律性联系的音截然不同。所以一符多音与字母文字系统中不规则的拼写同属一类现象。因此，图3中符号5还有值*la*，*l*——可见于*lak'in*，*lik'in*(“东”)的写法，这个值很可能源出*lalail*“最大的、首要的、主要的”这个词(*ahaw*的近义词)。符号15有时值为*č*，如*čik'in*“西”；这个值可能是由*čuk*“用手抓住或攫取”(*mač*的近义词)一词衍生出来。

的音值数年之后，才对其可能的实物源做出推测的。

最右边的一栏是在《莫图词典》[1]中给出的玛雅词，表示猜测中作为实物源的事物或状况。我们可以看到该事物玛雅名字的首音（即第一个辅音和/或第一个辅音和元音）就是符号在文字中代表的音，如左栏所示。符号 1 是个例外，它的首音 h 或脱落或移位，由此形成了 *a* 或 *ah*。实物源英语名字下的西班牙语条目是《莫图词典》对最右栏玛雅语词语的解释。

有了上面的描述，图 3 应已不释自明了。不过要补充的是：符号 1 不出现在词首。在玛雅语中首要词的首音 *h* 变为词中的次要成分时——比如当它是合成词第二个成分的起始时——就趋向弱化或脱落。这说明了为什么起初表示 *ha* 的音节在只用于拼写词的非起始部分时就变成了表示 *a*。符号 6 尤其有趣。玛雅语表示“写”或“书”的词简单而不可分解，不像在阿兹特克语和许多其他美洲语言中与“绘画”有关系。如果其余情况相同，这一事实进一步说明了玛雅文化的文字比其他那些文化的文字都古老。玛雅人

---

① 《莫图词典》是一部归于弗瑞·安塔纽·德·修大·瑞亚尔（Ciudal Real，Fray Antonio de）名下的匿名作。这是西班牙征服时期关于玛雅语的最浩繁最可靠的信息源。实际上，它不仅是一本词典，而且是一部语法和文选，因为多数引用的词都给出了大量的短语和句子作为例子。这一时期的玛雅文词干构词技巧在这些例子中完美地表现了出来；句法也是如此。图 3 中的玛雅词语没有用《莫图词典》中的传统玛雅文正字法，而是采用了为大多数研究美国印第安语的当代语言学家所认可的语音字母（修订后的美国人类学协会体系），除了用 *ç* 而不是 *c* 表示类似 *ts* 的齿龈塞擦音之外。*c* 加上变音符是为了避免与玛雅文正字法中表示 *k* 的 *c* 发生混淆。兰达赋给符号 22 的值是 c；毫无疑问他指的是西班牙语里的 *ç* 或 *c* 的软音，如字母“*ce*”的名称——它很可能是他要求玛雅语料提供者写下的。*c* 的软音接近于古西班牙语的 *ts*，它与玛雅语表示 *ts* 的符号 22 相对应的原因就在于此。*č* 和 *š* 相当于英语中的 *ch* 和 *sh*，*k'* 是 *k* 的声门化；玛雅语中有一系列这样的声门化音：*p'*，*t'*，*c'*，*č'*，*k'*。《莫图词典》奇怪地省略了“尾巴”一词 *ne*，但这无疑是一个广为人知的玛雅词语。

把信和书(如手抄本)写在拉长的薄织物上;而后将织物叠起来,一旦束起或扣紧,其外形与现代人封在信封里的信并无二致,如符号6所示。[①]表示 *i* 的乳头状符号(*im*)在手抄本中通常以三个乳头出现,这使我推测,鹿或其他某种动物的乳头可能是最初的形式之一;有时,乳头符号以两个乳头出现,兰达所示的就是这样;表示Ik (*ik'*)这一天的符号,可能最初是以只有一个乳头的人的乳房形状为基础的。符号8可能代表 *kat*——一种土制的、编织的或木制的锅、盘或矮扁桶,常为船形;它也可以叫作 *ĉem* 或"船"(参见《莫图词典》中的 *chem licil ppo* 和 *chem che*)。反过来,船也可以被称作 *kat*。那些梳子状的线条可能是有凹槽的圆形物或凸出的柳条圈的形式化,或表示 *kat*(意为"船")上的人。符号10是在玛雅艺术和书写符号中发现的许多透视图之一。它是一个圆形的扁平罐、篮子或葫芦,上面系有或扎有 *k'al*,即盖子。众所周知,玛雅人很早就用透视法绘画。符号11是 *k'uk'úm*,即"羽毛"。这个词中

---

① 我认为由此可以推断,以往有关符号6的解读理论——其中一种把它称为玉米粒(二者没有相似之处)——是毫无根据的。在一些玛雅图画上,玉米可能从字符中长出,字符可能参与人或物的画面,但这是辅助性的符号象征方式,并非文字产生的最初逻辑。这种复杂的辅助性符号象征也许在很大程度上带有宗教和巫术特征,它与解读这些字作为书写符号的能力没有任何关系;前者对后者的影响,丝毫不会甚于中世纪犹太法师传统中围绕希伯来语字母生成的复杂象征和数字命理学对希伯来语文本解读的影响。这种辅助性符号象征可能最终会成为语文研究的对象,在这里它很可能是重要的。目前,从语言学角度来说,清除这种符号体系对理解真正的符号体系和玛雅语字符的作用至关重要。用来指代Kan日的符号6是Hu日的最初名字的书写形式,Hu即"蜥蜴,鬣蜥"(比较阿兹特克语的Cuetzpalin,意为"蜥蜴",表示同一天)。除Ik、Cimi、Caban,也许还有Manik、Cauac、Eznab以及其他一两个名字之外,所有日子的最初名字都在建立文字体系之后的玛雅文化中发生了变化。有些日子仍由最初名字的首字母或首字表示,很像我们把"libra"(磅)写作"lb",但读作"pound"。赛勒关于日符号的大量猜测即便并非真的是最糟的绊脚石,我们也应非常谨慎地加以对待。

的 *k'úm* 让人感觉可能是词干的真正起始部分，而 *k'u-* 是一个重叠。在历史上情况可能未必如此，但对于像玛雅语这样广泛使用词首重叠派生方法的语言来说，类推得到的感觉就是如此。符号 16 是一个类似鹦鹉喙的头部侧面，其实物源是什么尚未推测出来，此处我提供的可能是一种叫作 *moan* 或 *muan* 的类似鹦鹉的鸟。这个符号相当于辅音系列 *mn*，中间可插入任何元音或完全没有元音；它是一个日符，表示 Men 这一天。符号 23 看上去与符号 1 形状相似，但它总是直立地放在符号丛之前，凹面向着符号丛，而符号 1 则不放在符号丛之前，且通常是水平放置。符号 23 相当于一个词的首字母 *u*，或相当于作为单独一个词或前缀的 *u*。

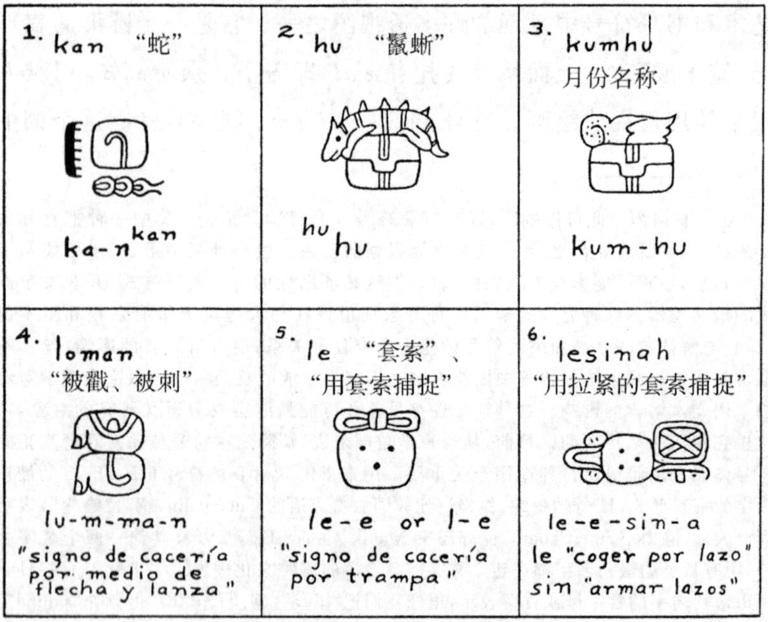

图 4　象形文字的玛雅符号丛

图 4 是手抄本里出现的 6 个词的书写形式。[①]最初由史尔哈斯根据符号与图画共现确定的表示各种动物的符号丛或象形文字,早已为人们所熟知。[②]史尔哈斯引用了符号 1 作为义为"蛇"的象形文字。我们会注意到它是由图 3 中的符号 8 *ka*、符号 17 *n* 和另外一个符号构成的。这第三个符号和图 4 中的下一个象形字里的鬣蜥状图,是本文引例中仅有的两个未见于图 3 的符号。前两个符号拼写为 *kan*,在玛雅语中表示"蛇"。第三个符号可能源自响尾蛇角质环的图画,意在唤起语言反应"蛇",即 *kan*,而它本身也有 *kan* 的音值。但是,单独用它来写 *kan* 这个词显然是不够的。在玛雅文字体系中单音节词仅由与之音值相同的符号来代替的情况并不常见,这可能是因为那个符号一符多音,还有其他音值。与此相反,玛雅文的方法是用符号的组合来表示音节,这些符号对于熟悉书写规范的玛雅人来说,也许没有歧义。符号组合的依据是两个原则:(1)综合的原则,即,构成音节的符号可被理解为音节的各个部分,它们共同构成整个音节;(2)重复肯定的原则,即,以重复的方法将表示整个音节的不同标示方式结合在一起。单音节词或长词内的一个音节,常可用两种方法中的任何一种或兼用两种方法来书写,如 *kan* 的写法。*Ka* 和 *n* 依据综合原则构成了这个词,而符号 *kan* 将之加以重复;写法是重叠的,但读的

---

① 在 1936 年 12 月于华盛顿特区举行的美国人类学协会年会上,我宣读了一篇目前尚未发表的论文,题为《玛雅文 46 个书面词语的比较释读》("A comparative decipherment of forty-six Maya written words"),其中列举了用相似方法分析的 46 个词语的书写形式,包括现在 6 个中的 *hu* 和 *kumhu*。

② 保罗·史尔哈斯,《玛雅文手稿中的神的形象》(*Gottergestalten der Mayahandschriften*),1897 年。

时候只读一次。这个字仿佛说:“我的第一部分是 *kan*,第二部分是 *n*,我的整体是响尾蛇角质环状符号的音值之一,所以我一定是 *kan*。”各部分叠加而成的组合体就是 *ka-n-kan*,但我们可以用音译惯例 *ka-n*$^{-kan}$来表示最后的 *kan* 只是写法上的重复,而不是读法上的重复。

图 4 中的符号 2 是一个符号丛,表示“鬣蜥”或“大蜥蜴”。它的意义非常明显,因为除该符号丛本身含有这种动物的图画外,还有另一幅清晰的鬣蜥图画伴随它出现。但无论这个图画式符号看起来与那种动物如何相像,仅用它来书写意为“鬣蜥”的词是不够的。正如我们已经注意到的,玛雅文字体系要求一个符号必须与至少一个其他符号相组合,才能构成独立存在的书写单位。不符合这个原则的例外情况数目的确有限,其中最为重要的是表示 20 天的符号,它们都是由单个成分扩展为符号丛,能够独立存在。而表示月份的符号及日历和数学上用的符号都是符号丛,一般来说严格遵循这一原则。符号 2 是完全按照重复肯定的方式写成的单音节词 *hu*“鬣蜥”。它用了表示 *hu* 的一般符号(图 3,符 6),在这个符号上面是一个鬣蜥的形象,当然有这种动物的名字的语言意义。我们这里用的音译形式是 *hu-hu*,在读的时候当然应念成 *hu*。

符号 3 是完全按照综合方法写成的 *kumhu* 一词,这一书写形式表示的是一个玛雅月份的名称,即手抄本中为人熟知的 Cumhu 月。它用了图 3 中符号 11 的羽毛状符号 *kum* 和符号 6 *hu*;所以我们把它音译为 *kum-hu*。手抄本里使用图 3 中符号 11 *kum* 这个符号的其他一些词包括 *kumah*——词干“坐”加上意为“座位”或

“载有座位的”的及物性后缀 *kumaç*，以及意为蛇的另外一个词（参考基切语中的 *kumaç*，“蛇”）。尽管我们对这些词中的元音的意义还有某些疑问，但手抄本把 *kumah* 既写作 *kum-ma*（符 11、15）又写作 *kw-m-a*，这一事实有趣地证实了总体语音轮廓。兰达曾引用由 *kw-m-hw* 符号丛构成的 Cumhu 书写方式。在两种写法中，*km* 和 *m* 两个符号没有包括在图 3 里（但已被其他证据证实），而 *a* 和 *hw* 分别是图 3 中的符号 1、符号 5。

图 4 中的符号 4 出现于《特-卡提西阿纽斯抄本》的文本中，该文本的内容是狩猎，配有说明性的狩猎图画。符号 4 显然是表示被矛或箭刺死的动物的符号丛或词；《特-卡提西阿纽斯抄本》维勒卡特版[①]的释文称之为“用箭和矛狩猎的符号”。它是由一个次音节符号（subsyllabic sign）的重复而综合构成的文字。其顶部是杯-环形符号 *lu*，*lo*，即图 3 中的符号 14，它写在了符号 15 *m*，*ma* 的轮廓内。符号 15 重复出现，其中下面的那个包含图 3 中的符号 17，即尾状符。如果发现重复的符号根据总的结构可能被解释为由一个次音节确定的音节，我们在音译时就不采用写上标符（superscript）的惯例，而是用另外一种约定俗成的方法，即允许把它视为长辅音或长元音的可能解释，比如在此例中写作 *m-ma* 而不是 *ma-ma*。由此符号 4 可音译为 *lu-m-ma-n* 或 *lo-m-ma-n*，这个词的意义与所附的图画完全相同。*-an* 是一个表被动的分词屈折形式，词干 *lom* 的意思是“用矛或刀刺或攻击”，可引申为“矛”，二者结合起来表示用矛刺的动作。《莫图词典》中的

---

① J. 安塔纽 · 维勒卡特 · C.、卡勒斯 · A. 维勒卡特，Codices Mayas，*Arqueologia Guatemalteca*，1932。

条目是："*lom*：矛或投枪的投击；类似的攻击；剑或匕首的刺击。"这个词干与及物性动词屈折后缀构成的形式在词典中是："*lomah*，*ob*：用鱼叉捕鱼；用矛、剑扎或刺"，此条之后紧跟的被动分词形式是："*lomán*：用鱼叉捕到之物。"因此，出现在玛雅象形文字文本中的 loman 一词意为"被刺、被戮；被矛或箭刺穿、刺伤或刺死"等。

图 4 中的符号 5 是由一个符号的内在元音（inherent vowel）之重复综合而成，在《特-卡提西阿纽斯抄本》的狩猎部分经常出现。这个词显然是表示用一种套索捕捉动物。这种捕捉装置中有一个套索，它会由于绳子拉紧而突然关上，绳子上装有扳柄，系在一棵被弄弯的小树上。一旦有动物踏入套索，扳柄便被松开，树随即弹回，拉动套索的滑结从而将动物捕获。符号 5 象形字或符号丛配有这种过程的图画，如《特-卡提西阿纽斯抄本》中的 42c。维勒卡特称之为"用套索狩猎的符号"。它是由双环或双结状符号 *l*，*le*（图 3，符 13）和点状符号 *e*（图 3，符 3）共同组成的，可音译为 *le-e*，读作 *le*"套索、滑结、套索捕捉器或陷阱"。《莫图词典》中的条目是："*le*：用网（套）捕捉"，它与动词屈折成分可构成如 leah 的形式，意思是"用套索装置捕捉"，《莫图词典》中相应的分词形式是："*lean*：用网捕获之物。"在此我们再次看到这一原则：单独一个符号是不够的。就符号 13 来讲，尽管它源自滑结或套索 *le* 的图画并且表示语音片段 le，但单独用它来拼写发这个音的单音节词 le（"套索"）是不够的。它受这样一个规则的支配：一个符号自身不能独立成词，而必须与另外一个符号相结合。此处它的内在元音由附加的符号 *e* 重新确定。所以，这种符号丛或象形字混

合使用了综合和重复肯定两个原则。我们还发现,动词屈折形式 *leah*"用套索捕捉",写作 *le-e-a*,含有表示 *a* 的图 3 中的符号 1。我相信,居鲁士·托马斯正确地分析了 *le-e* 这个符号"丛",尽管我没有参考他的著作而独立解决了这一问题。托马斯的许多解读无疑都是正确的。

图 4 中的符号 6 是玛雅语中常见的多式综合词之一,由两个词干的合成与附加后缀构成。《特-卡提西阿纽斯抄本》第 46 页有三幅画说明了这一点。图画生动地描绘了一个过程的几个阶段:一只鹿陷入套索,系有套索的弯曲的树枝反弹,将鹿向上弹拉。这个字写作 *le-e-sin-a*(或-*ah*),由图 3 中的符号 12、13、19、1 构成,读作 *lesinah*。它是一种常见的玛雅合成词的典型代表——由两个词干和第二个词干后面的动词屈折后缀组成。词干包括前面已经解释过的 *le*,以及 *sin*"拉紧(如同把布、兽皮或绳子在框架上拉紧)、用拉紧的绳索束起、吊起、拉动套索捕捉器或类似装置,使之在滑结松动时会突然弹回",等等。《莫图词典》中有这样一个条目:"*zin*(即 *sin*):将布或兽皮展开挂起来;织网;做弓或弩。"这样的合成词通常有如下意义:用 *X* 和 *Y* 代表两个词干,那么合成词 *X-Y-ah* 或 *X-Y-t-ah*[①] 的意思是用 *Y* 的方式,及物性地或以宾语为对象做 *X*。因此,由于 *le-ah* 意为捕捉于套索之中,我们可以自由地组词,如 *le-k'ab-ah*(或更现代的 *le-k'ab-t-ah*)"通过手的动作把……捕捉于套索之中"(*k'ab*"手"),*le-k'as-ah*"通过系捆的动作把……捕捉于套索之中",等等。由此,*le-sin-ah* 的意思就是:"通过 *sin* 这

① 在《莫图词典》中,带有后缀-*t*-加后缀-*ah* 的形式是这种玛雅语双成分合成词的常见形式。

个动作把……捕获于套索之中”，也就是“通过拉紧把……捕获于套索之中，通过拉紧之套索的突然关闭，把……捕获其中”。[①]

以上我们解读了几个单词，现在让我们来解读用玛雅象形文字写成的一个短句。图5所示的是《特-卡提西阿纽斯抄本》的第38页。这里要特别研究的句子，是由*b*部分（即该页三个水平层面的中层）中位于第二个坐着的人上方的四个符号丛或象形字构成的。图6是这个句子的线性排列形式，附有分析、音译和翻译。从图5中不难看出，解释图画的文字或者说图画所说明的文字位于图画的上方，读时应从右到左跨过整个画面，然后以相同方式转入下一行，在没有图画的情况下沿垂直方向向下延伸。这个顺序很容易从平行书写中得到说明；我们在这儿可清楚地看到相似的短句或从句的重复。因此，如果我们用字母表示每一个相同的符号丛或象形字，那么在第一幅即左手图画上方的文字就可表示为$A—B$，下面的一行为$C—D$，靠近右手图画垂直向下的文字为$A—B—E—F$；在下一幅图画上方是$A—B—C—D$，向下的是$A—B—G—H$。顶部和底部的文字可看作是以同一方式写成的，这种方式在整个手抄本里的确相当普遍。这样的文字看来与美洲土著人的歌曲、赞美诗和仪式风格相似：每组短语都含有一个始终重复的不变成分，如同歌曲的每一段以相同方式开头，然后引出不同的歌词。所以，上述几行文字中每一

① 我们在手抄本里还发现了这种类型的其他合成词，包括用*sin*做第二个成分的其他一些词；所以在《特-卡提西阿纽斯抄本》（如41a）里有一幅画：一只鹿被捆作一团，四腿交叠，由绳索捆扎；画边附有符号丛*ma-sin-a*（还有兰达的符号*ma*），可能读作*maassinah*——由*mačinah*（词干*mač*和*sin*的合成）同化而来，意思是“通过拉、绷紧、紧束、拉紧绳索等，把……紧扣在一起（像握紧的拳头）”。

图 5 《特-卡提西阿纽斯抄本》第 38 页

行都以 A—B 开始,然后才变得不同。纳瓦霍圣歌是这种形式的典型。如图所示,顶端部分的内容是用矛狩猎,每个分句都以前述 *loman*"被矛刺"一词开头。由于篇幅限制,我们就不再详细分析这部分了。

中间和底端部分尽管不完全一样,但很相像;如图画所示,都是关于钻孔的。中间部分的图画表示以钻取火;底部部分所示的是正在钻某种东西,看上去像是石头。每个部分的每个分句都是以表示钻孔的词开头的,这不仅可以从这些图画的比较中,而且也可以从另一本用玛雅文写成的书《德累斯顿抄本》中明显地看出来,其中相同的符号丛都附有表示钻孔的图画。符号丛 A 居于首位,在 16 世纪(即便现在已非如此)的玛雅语中,句子谓词常出现在这个位置,正如《莫图词典》中数百个短小的简单句所显示的那样。在玛雅语法中,谓词没必要是正式动词(尽管多数情况下是如此),但总是相当于英译中的谓语。每一分句的最后两个词,即,C、D 等,是众所周知的玛雅神名字的象形字。人们早已知道它们是图画上显示的人的名字,因此毫无疑问是句子的语法主语。中间和底端部分每一分句的第二个符号丛可分别称为 B_1 和 B_2,以便表明部分之内的相同和部分之间的相异。根据排除法以及谓词后面的位置来判断,它应该表示语法宾语和/或动词动作的结果,这一点与以下事实吻合:在两部分中所钻物和结果都不相同。由此我们可归纳出第一组表达式:

A,谓词或动词(钻)

B_1, B_2, 对象和/或结果(火、石头)

C, D,……主语(神名或人名)

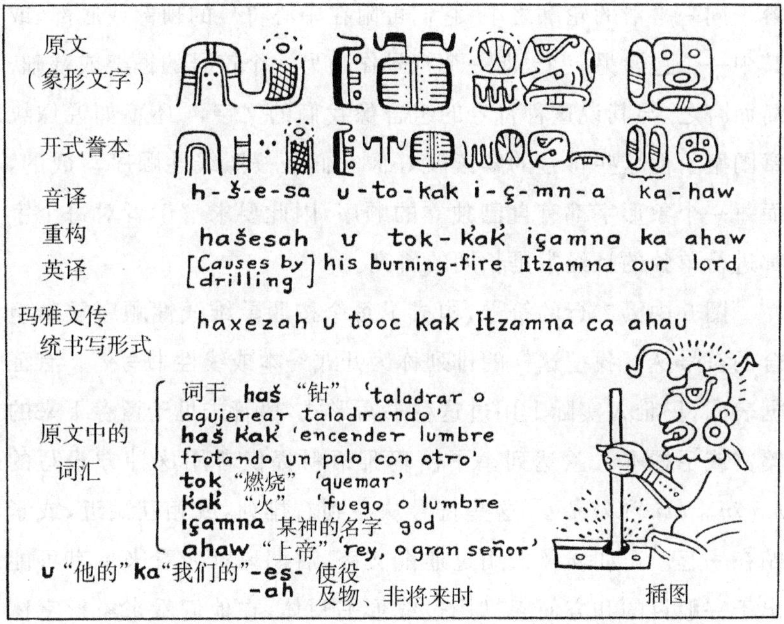

图 6 从《特-卡提西阿纽斯抄本》第 38 页摘取的一个玛雅句子的分析

图 6 详细说明了中间部分第二幅图画上面的句子。图画描绘了手抄本中长着高鼻梁鹰钩鼻子的神或 *D* 神用钻取火。图 6 中最上面的一行是对原文的复制，但不像原文那样是两行，而是从左到右排成一行。这一行如原文一样用的都是象形文字——手抄本的书写形式。它与碑铭的纪念性雕刻文字的风格极为相像，但没有那么华丽且有更多的圆形轮廓。按照这样的两种风格，一个符号丛中的符号都聚集成紧密的一串或椭圆形，结成两维的组，只有一点线性顺序的痕迹——符号丛的前部或最左手的部分从来不表示一个词的最后一部分，同样，后部或右手部分从不表示词的开头。一个符号丛中的符号通常相互联结，并且经常相互融合或包

容于同一平滑的轮廓之中;它们可附在中心符号的顶部或底部,或其中一个包含另一个,即一个符号作为另一个符号的框架或基础。简而言之,与其说这种符号的组合像我们的文字,[①]还不如说像纹章图案。但这些符号的解读就好像它们是按照线性顺序写成的,而每一个象形字都有自己独立的顺序,因此要求解读者对每个字都进行单独的且经常是长期的研究。

图 6 中第二行的符号,构成了每个按照单维线性顺序重新组合的符号丛。我把这样的排列称为开式誊本或线性书写体。有证据表明,玛雅人实际上用过这种书写形式,尽管未见于留存下来的铭文或手抄本。兰达列举了由玛雅语料提供者用这种方式写的 *ma in k'ati* 和 *elele*,[②]这些符号从左到右排列,或相互贴近,或紧贴在一起。正如埃及人用过通俗文字,后期玛雅人看来也有可能出于一般目的和方便起见用过线形书写体,在他们看来象形字体更似僧侣书写体、更华丽,是用于写重要书籍、牧师文件和铭文的。不管怎么样,把用象形文字文本转写为开式誊本对译解者经常很有帮助。可以看到,这段文本中的所有符号都已在图 3 中给出,这样,根据开式誊本,整句话的大致轮廓就可以解读出来,如第三行

---

① 应该指出的是,即便在我们的文字即拼音文字中,符号的线形排列在许多体系里也不是非常绝对的,因为这些体系具有以前两维组句的痕迹。由此,在带有变音符的阿拉伯语和希伯来语中,在皮特曼速记法当中,元音的变音符与辅音符号以两维方式组合,而不是按照实际话语的顺序紧跟其后。在天城体拼音文字中,元音符号以两维方式与辅音符号相混合,发音在辅音后面的 *i* 实际上写在了那个辅音的前面。与此相似,我们的"*wh*"也是逆写而成,它实际上是"*hw*"——一个位置顺序很特别的符号丛。一些交织字母和现代的广告牌也用两维法组合字母。

② 迪戈·德·兰达,《尤卡坦记事》。第一个短语表示"我不想";第二个从玛雅人的观点来说是文理不通的话,但从语境判断,它显然表示语料提供者想满足调查者"写 L-E,'*le*'"的要求。

的音译文所示。由于许多符号的元音音色不确定,即便它们暗示了更有可能出现的内在元音,话语中的元音仍有多处疑问,尽管确定的元音的标示一般来说大大强于埃及语或没有注元音的希伯来语。元音的音译在很大程度上(但决非完全)是以 16 世纪的玛雅语为基础的,在这方面从手抄本时期以来(也许不是在此许多世纪之前)没有很大改变。元音音译也部分基于来自其他玛雅方言的比较证据,这个领域的研究当然必须与对手抄本进行学术性的文献学解读同步进行。但同时必须强调的是,文本本身为其许多元音提供了明白无误的所指;因此,尽管图 3 中的 *a*,*e*,*i*,*u* 等符号在词中的位置并非总是很清楚,但它们的元音标示是毫无歧义的。我们由此可得出以下音译形式:

h-š-e-sa u-to-kak i-ç-mn-a k-ka-haw

第一个词中的 *e* 的位置不完全清楚,因为这个符号既写在了 *h* 符号内,也写在了 *s* 符号内;另外一种音译形式是 *h-e-š-sa* 或 *he-e-š-sa*,读作 *hešesah* 或 *heššah*,这就意味着 16 世纪玛雅语中表示"钻"的词根 *haš* 在手抄本方言里的发音更接近于 *heš*。目前需要有更多的证据证明这 点,但写作 *hušesuh* 似乎更可取,元音 *a* 虽未在文字中标出,但它是根据玛雅语言证据进行的合理重构。

图 6 中音译下面的一行,是以玛雅语言学为依据对原句所做的重构,用普通美式标音系统标示。在这行的翻译下面,是用玛雅传统正字法书写的同一重构形式。之所以把这一形式包括进来,是为了使玛雅语研究者可以看到用自己最熟悉的方式写出的句子。从语言研究的目的出发,使用这种传统拼写是不可取的,它会带来障碍,很可能会在研究者头脑中引出错误的概念。因此,我们的重构形式如下:

标音法:*hašesah u-to·k-k'ak' içamna ka-ahaw*

传统法:*haxezah u tooc kak Itzamna ca ahau*

标音的下面是它的直译:"makes (or made) by drilling his burning-fire Itzamna[①]our lord"(做 用钻 他的 燃烧着的火 伊察姆纳 我们的主),用更流畅的英语就是:"Our lord Itzamna kindles (kindled) his fire with a drill。"(我们的主伊察姆纳以钻取火。)

第一个词是由 *haš* 派生而来。词干表示"在掌间搓动或转动、钻",加上动词屈折变化就表示"用双掌搓、搓动钻、钻孔、钻"。《莫图词典》中的条目是:"*hax*, *ah*, *ab*(即 *haš*, *hašah*, *hašab*):用单手或双手的手掌搓草绳"和"*haxs*:钻孔打眼"。据我所知,这个词干是玛雅语中唯一表示钻孔的词,所以这个例子尤其有说服力。表示"钻、工具"的词是 *hašab*,手抄本中没有这个词,但有它的动词屈折变化形式。动词屈折变化后缀-*es*,-*s*(后接-*ah*)表示使动,与后缀-*bes* 意义相近;*X-es-ah* 表示"使它(语法宾语)处于 *X* 状态",或者"通过情况或动作 *X* 使它得以存在,通过进行 *X* 或做 *X* 来做它"。第二种使动意义适用于当前的例子。后缀-*ah* 表示已经完成的及物性动作,与此相反,-*ik* 表示未完成的将来的或现在仍继续着的及物性动作。因此,*hašesah* 表示"钻制东西"。

钻制什么呢?根据上文的图示,应是由下一个符号丛 B_1 所指代的事物。在同一页的底层部分,相应的符号丛 B_2 指代被钻的石头或石物。在那种情况下,"钻制"当然并不意味着完全靠钻来制出东西,而是表示在制造物品的过程中完成需要钻的那

---

① 伊察姆纳,哥伦布发现美洲大陆前玛雅人所信奉的主要神灵,主管天和昼夜。——译者注

一步。因此，*hašesah* 和 *hašah*“钻东西”之间只有极其微妙的差别。说两句题外话，符号丛 B_2 可能读作 *e-i-l-l*：*e* 表示点，这里不是三个而是很多个，*i* 即三个乳头，还有由环间的道痕（*lač*）重复的双环状 *l*。*eil* 这个词可能表示“有刃之物”，即“武器之尖头、刀”等。这些尖头或刀在玛雅人那里当然主要是石制的，而且无疑有时是钻制成的。

让我们回头看看中间部分的文本。这里的 *hašesah* B_1 表示“钻制 B_1”，它的意义实际上是“致使”或“创造”，因为 B_1 显然指的是火。这与《莫图词典》表示“以火钻取火”的短语 *hašah k'ak'*（*k'ak'*“火”）相当一致，后者没有用 *hašesah*，而是用了较为简单的或屈折形式较少的 *hašah*。词典中给出了“*hax kah*（即 *haš-*[*ah*] *k'ak'*）：钻木取火”以及“*haxab kak*（*hasab k'ak'*‘钻火’）：印第安人取火的技艺”。

符号丛 B_1 可分析为 *u-to-kak*，它包括图 3 中的符号 23 *u*；符号 21 *to*，*tu*（这里读作 *to*）；符号 9——如果它是 *ka*（符 8）的重叠或放大，就可能读作 *kaka*，*kak*，或仅读作 *ka*。*kak* 的读法在此处完全适合。词首 *u* 指代前置的第三人称的所指 *u*，它应被视为前缀还是总出现于紧靠非代词词根之前的独立的词，就当前的分析而言无关紧要。完全是因为英语（以及其他欧洲语言）语法型式的影响，如果把后面的词根译作英语动词，*u* 就必须译为“他（她、它、他们、她们、它们）”，但如果把那个词根译作英语名词，*u* 就必须译为“他的（她的、它的、他们的、她们的、它们的）”。从玛雅语的角度来看，它总是指示同一种关系；玛雅语词干不是英语意义上的名词或动词，而是按照与我们的词性不同的分类基础限定的一类词。这个与 *u* 组合的词干在符号丛的其余部分写作 *to-kak*。

但 *to-kak* 的写法只是大致地表示读音，玛雅语文字体系总的来说也是如此。它只提示话语的大致声音轮廓；读者需要根据这一提示，通过联想推定正确的玛雅词语。如我们所见，玛雅文字对表音拼法的应用仅限于此。明显标出的这个词并不是现代美国语音学家所理解的 *tokak*，按照我们的标音方式它应是 *to·kk'ak'*。它是一个合成词，即 *to·k-k'ak'*，由词干 *to·k'*“燃烧、燃烧着、点燃”（*o·*表示长 *o*）和 *k'ak'*“火”组成。《莫图词典》相应地给出了“*tooc*（即 *to·k*）：烧，被烧物”和“*kak*（即 *k'ak'*）：火，或烧”。需要注意的是，*to·kk'ak'* 这种玛雅文书写方式没有区分 *k'ak'* 末尾的声门化腭塞音 *k'* 和 *to·k* 末尾的非声门化塞音 *k*，没有区分二者构成的序列 *kk'* 和单个的 *k'* 或 *k*，也没有区分元音 *o* 的长音和短音。这就是玛雅抄写员用的标音方法的重要特征，它只是大致的语音轮廓，是隐性的而不是有明确意识指导的语音拼写。玛雅语的简单塞音和声门化塞音之间存在着音位差别，但只是最小差别。简单塞音和同器官的声门化塞音是用同一个文字符号表示的，此类例子还有很多。这并不意味着这些音在手抄本的玛雅方言中没有区别。我们几乎可以确信它们是有区别的，正如它们在现代玛雅方言中一样。它们在拼写上没有被区分开，很可能与最小区别性音位（如拉丁语的长元音和短元音）在文字体系中经常不被区分一样，因为本族语读音总是能根据语境判断出应该用哪个音。这只不过是我们在所有一般文字体系中都会遇到的情况，只是程度不同而已；语言科学家设计的文字体系，其表达目的超出了简单交往所需的准确性，这应另当别论。

u-to·k-k'ak' 可译作“他的燃烧着的火”，或许译作“他的燃着的火、他对火的点燃”更好。它采用的是玛雅语双词干合成词类

型，也许与我们解释过的合成词同属一种，尽管这里的翻译不用加上“通过……的手段”。现在我们已得到了整个谓语的译文：“（他）通过钻致使他的火的点燃。”很明显，*hašesah u-to·k-k'ak* 只是 *hašah k'ak'* 的复杂形式，二者采用了同一基本模式；在《莫图词典》中表示用火钻取火。

考虑到有人可能会提出错误的反对意见，在此我可能需要简短地说两句题外话。符号丛 *to-kak* 于手抄本中出现时，有时没有关于火的图画。在这种情况下它似乎指的是狩猎场面中的一只动物。我们可以在图 5 顶部第二幅图画上方看到这样的例子。这里出现了符号丛 *to-kak-a*，其中有图 3 中的符号 1，即-*a*，但前面没有-*u*。它构成的句子部分大致可分析为 *loman u*-北 *tokak X*“被刺的（在）他的北边（是）（语法宾语）- *X*”。我想首先并非当真地提出一种过分强调心理主义方法的解释：这个象形字既附有火的图画也附有被猎的动物的图画，其原因在于它表示献祭或祭品——祭火或祭牲。很显然，这种具有人种学外表的解释在一些研究玛雅象形文字的人看来是合理的，所以有必要提醒人们加以提防。这就是为什么只有语言学家才有权解读象形文字。当然，眼下的这种解释完全是我随手编造出来的，只是为了说明一个观点而已。我相信受过训练的语言学家会问：“在采纳这种猜测性很强的假说之前，你是否已经在话语结构和词汇材料中寻求过解释？”真正的原因无疑是，除了 *to·k*“燃烧”这个词干外，玛雅语还有一个与之发音相似的词干 *tok*（带有非长音 *o*），意为“带走、用武力夺取、抓获、抓走”等。《莫图词典》中的有关条目是：“*toc*，*ah*，*ob*（即 *tok*）：强行占有；掠夺、抢；偷；侵吞房屋、家具”。在此，符号丛 *to-kak* 不是用来书写复合词 *to·k-k'ak'*，而是用来书写与之发音相似的词干

tok 的派生词或屈折形式。这个词可能表示"猎物、被带走或抓走的动物、捕捉、猎物"。也许这个词由 *tok* 和重复性复数后缀 *-ak* 构成，因此表示"(不断地)捕获猎物"。语境足以帮助我们将这个词与那个写法相近的表示火的词区分开来。

由下一个符号丛 *i-ç-mn-a* 所写的是 *içamna* 这个词，即"伊察姆纳，玛雅最重要的神的名字，手抄本中长有高鼻梁鹰钩鼻子的神"。这个符号丛非常重要，因为它是用玛雅象形文字书写的第一个待解读的专有名词。专有名词，尤其是人名，在任何符号体系的解读中都有特殊的说服力。如果有的话，它们是译解的理想工具。如果解读者在其体系指导下，能够拼写出文章中某个为人熟知的专有名词，他便知道自己的解读方法是正确的。我们会记得，正是铭文中托勒密和克娄巴特拉①的名字给了商博良最有效的解读线索；同样，贝希斯敦铭文中泽克西斯和大流士②的名字为罗林森③解读楔形文字提供了切入点。手抄本图画中那个长有高鼻梁鹰钩鼻子的神或 D 神，其文字形式对应于传统上被称做伊察姆纳的神。伊察姆纳神的书写形式总是如此。如果更多古代神的名字为我们所知，解读的进展就会得到实在的帮助。遗憾的是，名为库库尔坎(Kukulcan)的神虽然在手抄本中频繁出现，但在手抄本中显然有另外的名字；假如他叫库库尔坎，就会出现统一的

① 托勒密(Ptolemy)，从公元前 323 年至前 30 年埃及王朝之诸王。克娄巴特拉(Cleopatra，69—30 B. C.)，古埃及女王，是托勒密王的最后一代。——译者注

② 大流士(Darius Ⅰ，558？—？486 B. C.)，古波斯王；泽克西斯(Xerxes Ⅰ，519？—465 B. C.)，波斯国王，大流士之子。——译者注

③ 罗林森爵士(Rawlinson，Sir Henry Creswicke 1810—1895)，英国军官、东方学家，著有《贝希斯敦波斯楔形文字铭文》、《巴比伦及亚述楔形文字铭刻注释》。——译者注

词语书写符号。

下一个符号丛 *k-ka-haw* 表示 *kahaw* 的发音，应重构为 *ka-ahaw*，即“我们的主，我们的主人，我们的国王”。这是对作为玛雅宙斯的伊察姆纳的特别指称。丘迈耶和提悉民的《方士秘录》[①]中曾提到过这个神，并把它称为 *Itzamna kavil*。这里的 *kavil* 相当于美式表音系统中源自 *kahawil* 的 *k'awil*（由 *-ah-* 脱落而造成的声门化）。而 *kahawil* 又来自与 *ka-ahaw* 意义相同的 *ka-ahawil*。因此，对 *kavil* 的解读可能就像罗林森在泽克西斯名字后面认出了“国王，伟大的国王，王中王”。《莫图词典》将 *ahaw* 解释为“*ahau*(*ahaw*)：皇帝、统治者、王子、大公”。前置代词 *ka*（传统拼法为 *ca*）是第二人称复数，统辖它后面的词。如果把后面那个词译作名词，它们在译文中就是所有关系；如果将之译作动词，在译文中代词就是主语。这里当然要译为“我们的”。符号丛 *k-ka-haw*“我们的主”在手抄本中几乎总是附在名字伊察姆纳的后面，它很少被省略，也很少与其他神的名字一起出现。偶尔与神的名字在一起的有 *ahaw*“主”这一指称，写作 *a-hw*，其中符号 *a* 没有在本篇中列出，但兰达曾列举过它的一个稍有不同的变体。图 3 中的符号 6 代表 *hw*。玛雅文总的书写原则是，除表示日子的符号外，任何符号都不能独立使用。依据这一原则，除表示 Ahau 这一天之外，*ahaw* 这个词并不仅仅是用符号 5(*haw*)来写的。

由此我们得到了最终的译读：“我们的主伊察姆纳以钻取火。”

---

① 《方士秘录》，(*Books of*) *Chilam Balam*，旧译《契拉姆·巴拉姆丛书》，17、18 世纪中美洲流行的用西班牙字母写成的尤卡坦玛雅文文集。它是了解古代玛雅人习俗的主要资料来源，其中包括神话、预言、验方、制历资料和史实记录。丘迈耶和提悉民是两个城镇，曾在那里写成文件。——译者注

这一解释和翻译的重要性与人们对内容本身是否感兴趣无甚关系。至于翻译提供的有关其内容(即玛雅人)的信息并不重要,这些信息我们仅从图画中就可得到。它的重要性在语言学和文献学方面。在语言学方面,它揭示了在过去某个时期、就文字所能表达的某个语言的结构;在文献学方面,它先于对文献及文献所反映的文化的研究,这种研究是过去某个时期人们在历史环境之中以历史观点进行的。从这一短句中,我们能搜集到大量的语言学和文献学材料,本文只讨论了其中的一小部分。这些材料可以得到验证、可以相互关联,在进一步深入的研究中被启发式地运用。我只是在脚注里涉及这句话进一步意义中的几点,由于篇幅限制,这些注释相当简洁。实际上,每一个脚注都代表一项广泛的研究。这样,我们就可以在不断扩大的句子网络上建构解读。这些句子的翻译受到图画系列的影响,它们相互作用,解读出更多的语法、句法、词汇和符号。

玛雅语手抄本的解读主要有两种错误方式。一种是试图一网打尽、一劳永逸,最终写出一本"全书"——一下子囊括《特-卡特西阿纽斯抄本》的第一页到《德累斯顿抄本》的最后一页,对之加以阐释、解释、概括和评论。在过去的百年中已出现过几本这样的书。它们通常宣称发现了一把钥匙,而后作者随心所欲地使用这把钥匙,如魔术师从帽子中取出兔子那样轻而易举。而且,此类作者经常暴露出他们对玛雅语以及语言研究的一般步骤知之甚少。历史上的文字不是靠钥匙来解释的;从来就没有什么钥匙,有的只是研究。业余译解者往往把直白的文字与密码做错误的类比。我在文章里大量使用了"解读"("释读"、"译解",decipher)这个词,实际上它蕴涵着一种误解。那么为什么我又使用它呢?

我想，也许是因为它简单而生动，并且普遍用于此类研究，所以我才不得已用它。但事实上人们并不解读文献；人们解读的只是密码。用密码书写是有意要隐藏内容，使没有钥匙的人不得而知。可用钥匙解开密码，是因为它首先是用钥匙编成密码的。直白文字的目的不是对所有人而是对有选择的一些人隐藏内容，它不是真正被解读，而是被分析和翻译。这些分析和翻译的方法，与信息译解员的方法大不一样；它们是商博良和扬①解读埃及语、罗林森和戈罗特芬德②解读巴比伦语、赫罗兹尼和斯特蒂文特③解读赫梯语时所用的方法；它们是语言学和文献学用的方法。

解读玛雅手抄本的语言部分的另外一种错误方法是死抠字词。这种方法长时间地专注于独立的符号或词，轻易地忽略了句子的存在。设想人们用这种方法成功地解读或部分解读了伊察姆纳这个字。然后他花上数年时间，细抠文献中每一个表示伊察姆纳的字，注意其间最细微的差别如运笔特征，首先将它与有关伊察姆纳的所有能搜集得到的点滴信息联系起来，进而将它与中美洲地区与伊察姆纳有关的每个神联系起来。伊察姆纳这一象形字本

---

① 托马斯·扬(Young, Thomas 1773—1829)，英国医师、物理学家和埃及学家，曾译解古埃及罗塞塔碑文。——译者注

② 乔治·弗里德里克·戈罗特芬德(Grotefend, Georg Friedrich 1775—1853)，德国教师和语言学者，最先对破译古波斯楔形文字取得重要突破。他久负盛名的著作是1837年出版的《帕塞波利斯楔形文字新释》。——译者注

③ 贝德里奇·赫罗兹尼(Hrozny, Bedrich 1879—1952)，捷克考古学家和语言学者，楔形文字赫梯语专家，在1915年提出赫梯语属印欧语系之说，曾翻译赫梯法典等文献，后在土耳其发掘了卡尼什古城。埃德加·霍华德·斯特蒂文特(Sturtevant, Edgar Howard 1875—1952)，美国语文学家、比较印欧语言学家，接受了印度-赫梯语学说，认为安纳托利亚语与印欧语言的其他所有分支都有联系。——译者注

身从他的视野中消失了，它已成了他潜入神话、宗教和民间传统海洋的跳板，也许最后他会写出一本题为《伊察姆纳概念》的专著。这种完全专注于词的研究方法，已过多地偏离了文本中词的具体发生，最后它已全然不是语言研究，而是成了其他事物。脱离句子的词是没有意义的。一个词是什么，取决于它的功能，即它在句中的位置和作用。这一点甚至比它的书写形式更为重要。与英语一样，玛雅语中有许多同音异义词，以及并非同音但同形的词，如英语中的"lead"（金属"铅"）和"lead"（"带领"）一样。因此，确定符号的发音和它们的书写形式组合，并不等于完成了解读任务。

玛雅象形文字的解读和玛雅文献的解释只有一条正确的路子，那就是将越来越多的句子联结起来——从易到难，从那些可以"看图识义"的句子开始。在此过程中，研究者应始终将对语言研究的兴趣和语言学发现放在最重要的位置，坚决避免对文本的内容下结论。最终，语言学的发现必须经过不同语言学者的共同检查，并成为他们合作的基础。一个人不能成为解释整个文献的媒介，这一任务需要由许多学者按照一致的基本原则共同努力。而只有语言学原则才具有这种科学一致性所必需的说服力。

随着研究的深入、扩大和结论明确性的增强，我们便会有信心解读未配有图画的句子。于是我们就可以谨慎地解释部分铭文和《派若西阿纽斯抄本》中没有图画的长文本——它的意义目前完全是个谜。随着主要的语言学问题得到解决，研究中就有了越来越多的文献学成分，也就是说，论题、文化资料和历史的作用越来越重要。要做的事情已不仅仅是阅读，而且要尽可能地去理解典故、所指事物、非语言环境和文化模式——这些因素可以说只要瞥几眼译文的词语和语法就可看出。这就是文献学，但作为文献学的基础我们必须有语言学。只有这样我们才有望理解玛雅历史和文化。

（李朝 译）

霍皮建筑术语中的语言学因素*

霍皮建筑中最常用的材料是石头，而那些在里奥格兰德郊外常用的建筑材料——土坯——在这里很少使用。这些石头是霍皮人自己从采石场开采出来后，经粗略加工而成的，在建筑时甚至连砂浆都不用。墙是石头的，屋顶和地面之上的地板是这样构成的：将一些圆柱状栋木或横梁架于墙上，在横梁上密实地码放一层杆子，再将几英寸厚的泥土或黏土填盖在杆子上，并压实。室内的墙壁和天花板通常是先涂上一层灰泥，再用一种细腻的白色黏土粉刷；室外的墙表面有时候也涂上灰泥，但更多的时候就是裸露的石头。一层建筑物是最常见的，但二层的也并非稀有，在瓦尔皮(Walpi)有时甚至还能看到三层的建筑物。楼梯和梯子都有使用，一般在房子外面。举行仪式用的坑房称为kiva，它与其他房子基本类似，只是位于地下，房子的全部或部分是在地下挖的，上部像露出地面的井沿，屋顶上有个窖口，出入用的梯子就放在这里。

霍皮语中有相当数量有关建筑物之结构成分或材料的术语，其中包括不可或缺的附件，如梯子、楼梯、窗户等，从语法成分上来

---

* Linguistic factors in the terminology of Hopi architecture. 原载于 *Int. J. Amer. Linguistics*, 19:141-145(1953)。本文是沃尔夫为1940年2月25日纽约与耶鲁语言学小组活动准备的，其手稿是在沃尔夫留给乔治·特拉格的文章1当中找到的，由E. A.凯那德核实。

说都是名词。下面就是一个代表性的词表，按建筑的顺序由地基向上排列。

kiŋa“地基”；*te·kʷa*“直立的石造物”，不是完工建筑的一部分，而是“未完成的墙壁、未加屋顶的墙壁”或“残垣的直立部分”；*tekʷánmère*“圆形或环形的墙”；*te·wi*“墙壁突出的部分、搁板、墙壁逐渐缩入的部分”，适用于自然的突出部分和建筑物上的突出部分；*tekʷni*“墙壁”，主要指有屋顶的墙，但也适用于完工的石篱或防御土墙；*ʔe·ci*“隔墙”，或任何一种用来“封闭”的东西；*ʔeʔécpi*，*ʔecpi*“门”，即用来关闭的设施或门本身；*höciwa*“门洞、门口”；*poksö*“通风孔、未装玻璃的窗户、烟囱”；*panávea*“玻璃、有玻璃的窗户”；*nayáve*“砖坯”；*palwi*，*pálwicǒqa*“灰泥”，用于粉刷墙壁或铺涂地面；*ki·qölö*“多层建筑的最底层、像地窖那样的地下房间、上方还有楼层的楼层”；*kɛ́·vɛ̀la*，*kɛ́·vɛ̀ʟpi*“天花板”；*wúna* 任何一种栋木，如“木板、厚木板、柱子、圆木、圆柱”，且不管是否在房屋结构之中；*lẹ́stạ̀vi*“屋顶或高层地板的横梁或托梁、栋木或圆木”，通常在房屋结构中，*kiqálmö*“屋檐”或“雪檐”；*kíʔạ̀mi*“屋顶”（但不用于“在屋顶上”这样的表达方式）；*kiska*“隧道、遮蔽起来的通道、上面有顶的走廊”。

这 19 个最常用的术语当中，8 个是不可分的词干，或者在少数情况下部分可分或推测为可分；其他 11 个很明显是派生词或复合词。

以上这类术语都指建筑结构中的成分或部分，它们都是名词，有主、宾两种格，以及一系列语法结构位置或属有形式。它们都指几何意义上的三维固体，固态刚性的物质，完全被圈起来的区域，或者穿过这种固体的洞。

在观察这些名词的语法范畴时，我们惊奇地发现，其中没有表示内部三维空间的词，如我们所说的“房间、卧室、大厅、走廊（屋内走廊）、小房间、地下室、地窖、阁楼、顶楼、酒窖、储藏室”等，而事实上霍皮人的建筑通常是被分为若干房间的，有时候各个房间有其特定用途。如果我们不是先从语法的角度来看这个问题，就永远也不会意识到这种状态，因为如果我们只是向霍皮语料提供人询问表示“房间”的词，我们肯定会得到一个答复——一个对他来说等同于英语中“房间”（room）的词。即便如此，在仔细分析之后我们会发现，这个单词以及其他几个用来指内部空间的词，与上文所列用来表示建筑材料或结构成分的词，在语法上或词形变化上有不同的属性。它们至少在严格意义上不是名词。用来表示“房间”的词 *ʔá˞pạ̀vɛʔ* 没有主格和宾格，也没有结构位置，我们不能由这个词干引申说“我的房间”，但却可以说“我的门”、“我的天花板”，虽然这些表达实际上并无社会功能意义，因为霍皮社会并没有显露个人对房间、门或者天花板的个人拥有或占有。从这里我们可以看出两种意义的差别：一种是纯语言学或惯用语的意义（可以说但可能不说“我的天花板”等），另一种是与语言学意义一致的文化或实践意义（如“我的房子”）。与此相反，霍皮语中不存在与英语“我的房间”这一形式对应的表达，甚至也没有形式上的意义，在此霍皮语与我们的语言之间有很大差异。如果霍皮语向我们借用拥有个人“自己”房间的习俗，或在访问其他霍皮村庄时租用个人单独的房间，那么他们仍然不能说“我的房间”。他们很可能会为这种需要创造一个新的表达方式。有很多方法可以采用，比如说，他们可以说“我的天花板”、“我的门”，或者“我的地板”。这时“天花板”、“门”、“地板”就具有了引申意义，指称个人的房间，就像法语中*foyer*“壁炉”可用来指代家一样。以上这一小段偏题的话主要是想举例说明，与简单的词项相比，语法模式较为保守，抗拒变化。

现在让我们回到表示“房间”的词 *ʔáˑpạvɛʔ*，分析一下它的格属性。虽然没有名词的主格和宾格，它却有方位格 *ʔáˑpạvɛʔ*、推论格 *ʔáˑpạmiq* 和夺格 *ʔáˑpạŋk*，这些是在代词中才有的格关系，而且还有其他类似的，被称为地点格的格。但代词在具有自身特别属性的同时，也有主格和宾格。*ʔáˑpạvɛʔ* 属于一种被称为方位词(locators)的词类，其中包括“这里、那里、上面、下面、前面、后面、东、南、西、北”等许多，其中包括霍皮地名，如 Oraibi，Walpi 和 Shipaulovi。这些方位词都有地点格的词形变化，每种形式都以后缀结尾，不像名词那样有赤裸的词干并由此形成主格。要说“北面”，就必须要说“在北面”、“从北面”或“到北面”，等等。这些形式都属于谓语，做主语的是其他成分，或者干脆没有主语。换句话说，它们是状语形式，这些译为“房间”的词意为“在房屋、房间或其他封闭的室内”，或者更精确一点，“在建筑物内部”、“进入”建筑物内部，或“出自”建筑物内部，等等，其意义根据不同的格后缀而变化。*ʔáˑpạvɛʔ* 中的后缀 *-vɛʔ* 是方位格，此外还有一个准方位后缀 *-vi* 或 *-pi*，不能用于词干 *ʔáˑpa-*，也不能用于大多数地点格，但可用于地名和一两个其他表示“房间”的特别的词。该后缀的方位意义是如此之弱，以至于它可用做主格或宾格名词，尽管这个用法很少见。用来表示建筑物内部空间的另一个主要的词是方位格的 *yéˑmòkvi*，推论格的 *yéˑmòk*，常译为“另一房间”或“隔壁房间”，但也可用作“后屋、壁橱、壁龛、备用房间、储藏室”。可能英语中与之在语义作用上最接近的要数“内室”(inner room)了,但这里面的“内”必须从霍皮推论格的意义上解释,其中包括“更远的房间”和“相邻的房间”。它指的是,从作为目前参照点的一个内部空间,进入任何一个其他的房间。图7显示的是霍皮房屋最常见的格局。

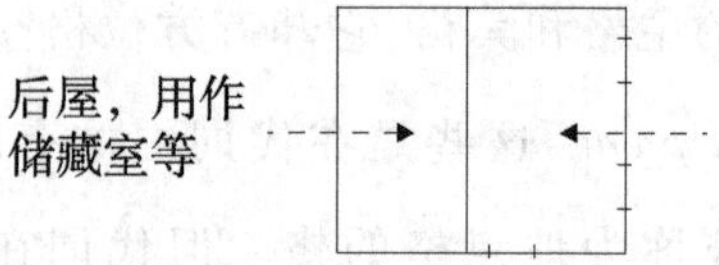

图 7

这与霍皮语,事实上也是大多数或全部犹他-阿兹特克语系语言表达空间位置或区域的方式是一致的。它们不是实体,在句子中的功能不同于人、动物、有独特形式的物质、人群、人类关系等的名称,而是纯粹关系概念,起着状语的作用。因此,像房间、室、厅等空间实际上并不是作为物体被命名(named),而是被定位(located);也就是指明其他物体的位置,以显示它们在这样一个空间中的方位。与大量的建筑成分实体术语相比,这种建筑空间术语初看上去明显少多了,只有两个比较重要的词干。我们最初可能会把这种现象归结为霍皮建筑中的文化特性,以为这是一个既定的文化事实,即霍皮人对建筑概念的局限性和片面性。在对霍皮语有了进一步了解之后,我们会发现,在某些方面我们的术语很多而霍皮语的术语很少,这与建筑本身并无关系,而是一个语言结构的问题。决定表达方式多少的并不是那两个词干;而是可用于词干的大量地点格后缀,因为它们属于方位词的总体范畴。在这一范畴中,衡量词汇丰富程度的重要标准并非首位词干的数量,而是后缀的数量。而在此,这些后缀实际上是处于非词首位置的词干。

值得探讨的还有第三类建筑术语，即表示不同建筑物类型的术语。霍皮社会当然也有不同结构类型的建筑物，它的三种主要类型如图所示（图 8）。

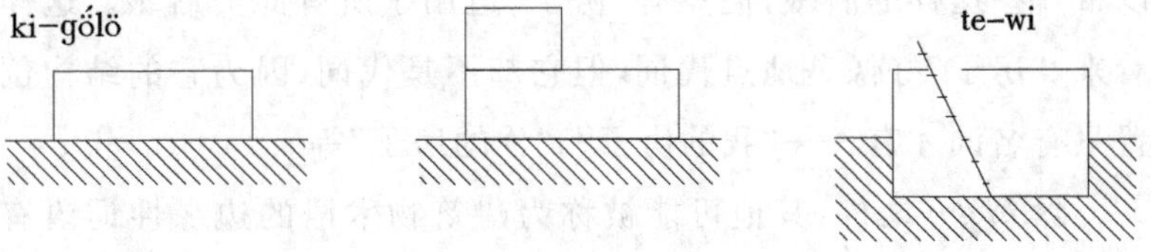

图 8

这些建筑物各有专门的用途：大多作居住之用；所谓 piki 房只用于烤 piki（霍皮玉米饼）；另一些专门用作储藏室；kivas 只用于仪式庆典。由于白人文化的影响，霍皮人也有专门做商店、教堂和学校的建筑。我们以及许多在建筑思维方面不及霍皮人精细的群体，都有表示不同建筑的专门词汇；比如在英语中有"房子、楼房、农舍、城堡、碉堡、庙宇、教堂、小礼拜堂、宫殿、剧院、学校、商店、旅店、宾馆、谷仓、小棚、车库、马圈、小屋、木屋、监狱、监牢、塔楼、车站、停车场"等等。其中很多指的是占用（occupancy）或用途类型，其他则指结构类型。从外部角度来看，英语中的建筑词汇十分庞杂，而且也没有什么系统性。然而在我们看来，这好像是十分自然的事情；一个像霍皮人那样具有多种技术的群体，似乎也应该具有许多表示建筑物类型的词汇。

然而事实上，除了几个用法极受限制的边缘性术语（见下文）之外，霍皮语中只有一个单词是真正用来表示建筑物的；可以确切地说，霍皮语中没有将建筑物分为不同类型的术语，尽管用于其他目的的建筑术语有很多。霍皮语中只有一个单词 *ki·he*，即"房子"（house，通常译法），而事实上它表示任何一种"建筑物"。这是个名词,也是霍皮语中唯一的此类名词。“房子”这一单词虽然不是复合词的词尾(-house),却可用作词基或首位词干,后面跟地点格后缀,就好像它是一个代词或方位词一样。其他某几个名词也可以带一些这样的后缀,但只有“房子”适用于所有此类后缀。这样看来,“房子”好像是地点代词,但它却不是代词,因为它的结构位置只有名词才有——“我的房子”、“你的房子”等。

除 *ki·he* 之外,其他可能被称为建筑物术语的边缘性词语有如下一些。可以看得出来,它们几乎不指通常意义上真实的建筑物。如 *mecávki*“帐篷”,字面义是“布房”,它对霍皮语来说是外来事物,由“房子”的复合词来表示;*té·tèska*“神龛”,用石头粗粗围成的小型封闭空间,上有顶,位于户外。*kiska*“通道”,位于户外的通道,有顶和墙,通常连接着不同的建筑物。

霍皮语中只有极少量建筑物术语的一个原因是,霍皮人要么不以用途术语来指称为这种用途提供场所的建筑物,要么尽管这么做,但只是近期才开始,因此几乎没有积累什么有关词汇。他们没有,至少没有根深蒂固地拥有这样一种对我们来说十分自然的思维方式,即表示某一机构的名称,如“church”(教会),在不知不觉中与作为这一机构活动地点的建筑名称“church”(教堂)合二为一。如果不经提醒,人们几乎感觉不到二者之间的差别。对我们来说,“学校”这一机构与“学校”校舍之间几乎没有区别;同样,作为一种用途的“车库”与为此用途提供空间的建筑物之间,作为一种用途的“医院”与“医院”这幢楼之间,或者“戏剧艺术”意义上的“theater”(戏剧)与“theater”(剧院)这幢楼之间,在我们看来几乎没有区别。在霍皮语中却没有此类令人难以觉察的混同,相反,它将二者区分开来。用途发生的那个地点或地面只被称为“房子”,

ki·he。这并不是一个文体问题，因为 *ki·he* 不是说话者可以选择的艺术风格；不管愿意不愿意，他都必须遵循这一形式，就像他必须遵从霍皮语语法一样。表示 piki-house 之用途的术语，意为“架起浅铁锅的地方”，但如果浅铁锅架在户外，也照样用这一指称。所以 piki-house 这一建筑本身并没有一个专门的术语（除了用英语），尽管它很明显是一种建筑类型。

用途术语可与单独的“房子”一词结合使用，附以各种词尾变化形式，用以指称建筑物内外的各种地点——在表达的流利性方面，这种方式弥补了建筑物术语的缺乏。然而形状明显不同的建筑物（比如一层建筑、二层建筑，以及 kiva）都没有专门的术语，这确实看上去很奇怪。这一事实必须作为一种语言的特别现象而记录下来。它既无法用同一语言中的其他型式来解释，也无法用建筑或文化中的其他因素来解释。

从我们思维方式的角度来看尤其奇怪的是，kiva 这种如此具有普韦布洛印第安文化特征，并与其宗教联系如此紧密的建筑结构，居然没有一个名称。

许多人知道英语词汇中的 kiva 来自霍皮语，他们以为这就是霍皮语中用来指 kiva 的词，而事实却不是这样。

霍皮建筑术语

不可分词干：*ʔá·pa-*“内部”，*ʔá·pạ̀vɛʔ*“在内部”；*ʔé·ci*“门”，*ʔéc̀pi*，*ʔéʔec̀pi*“在门口”；*ʔéci*“封闭、隔墙”；*sa·qa*“梯子”；*té·kwa*“石造物，但不是完工的建筑物、直立的石头、未完成的墙、残垣的直立部分”；*té·wi*“狭长的突出部分、搁板（自然中的或建筑中的）”；

wéna“木料、木板、厚木板”。

ki·he“建筑物、房子”。

带-*ki*的复合词：用途术语：*hé·yaɴki*“商店、贸易摊点”；*té·teqàyki*“学校”。

方位后缀：*kíco*ʔ*o*-“屋顶”，*kícó*ʔ*òvi*“从屋顶上”，*kícó*ʔ*òmiq*“到屋顶上”；*yé·mok*“进入另一封闭的空间、房间、储藏室”等，*yé·mokvì*“内部深处”。

复合词及各种建筑术语：*kiŋa*，*ki·het ŋa*ʔ*at*“地基”；*kiska*“通道、带顶的走廊”；*kí·coki*“村庄”；*kí·sonvi*“广场”；*hő́ciwa*“开口、门口”；*kɛ́·vẹla*“天花板”；*kiqálmo*“屋檐、雪檐”；*kí·qölö̀*“房子的最底层、地洞”；*lẹ́stạvi*“粗劈杉梁、横梁、屋顶支撑物”；*mecávki*“帐篷”；*nayávɛ*“土坯”；*pálwicö̀qa*“灰泥”；*panávca*“窗户、玻璃、镜子”；*poksö*“通风孔、烟囱、窗洞”；*tekʷni*“带屋顶的墙、石篱”；*tekʷánmère*“封闭的墙、畜栏”。

（沈英英　译）

科学与语言学*

世界上每个正常人从孩提时代开始就都能够说话，并且一直在说话。出于这一原因，无论是否生活于文明社会，每个人都存有一些关于说话及其与思维之关系的观念——这些观念相当幼稚，但却根深蒂固，伴随人终生。这些观念与机械的、无意识的语言习惯紧密相连，所以很难被反对意见动摇。它们绝非完全个人的、偶然的，而是有自己系统的基础。所以，我们完全有理由称它们为自然逻辑的体系。过去我们常用“常识”来指称这些概念，在我看来，“自然逻辑体系”这个术语比“常识”更合适一些。

根据自然逻辑，每个人自孩提时代起便能够流利讲话这一事实，使每个人在组织语言并与他人交流的过程中成为自己的主宰。在此过程中，他只需参考一下众所周知的逻辑或推理原则。自然逻辑认为，说话只是伴随交流而出现的过程，与观念的形成无关。说话，或者说语言的使用，只是为了“表达”已经以非语言方式基本形成了的东西。观念的形成是一个独立的过程，称为思维或思想，这一过程在很大程度上被认为与具体语言的特征无关。在人们心目中，语言有语法规则，但语法仅仅是习俗和社会规范；

---

* Science and linguistics. 原载 *Technol. Rev.*，42：229－231，247－248，no. 6（1940 年 4 月）。

影响和制约语言使用的主要因素并不是语法，而是正确、理性、充满智慧的思维。

根据这种观点，思维并非取决于语法，而是取决于逻辑或推理的法则，而这些法则对宇宙的所有观察者来说应该是一致的——它们代表了宇宙中可以被所有聪明的观察者独立"发现"的原则，无论他们讲的是汉语还是乔克托语。在我们自己的文化中，人们普遍认为公式化的数学和形式逻辑可以处理这类事情，也就是说，处理纯粹思维的范畴和法则。自然逻辑认为，不同的语言用基本一致的方法表达这一完全相同的思维原则。语言确有不同，但这种不同实际上并不重要；它们显得重要，是由于我们将视线集中于一个狭小的范围。自然逻辑还认为，数学、符号逻辑、哲学等体系与直接同思维相联系的语言形成对照，不认为它们本身是语言的特殊延伸。有个古老的讽刺，讲的是一位德国语言学家花了一生的精力研究与格。这一讽刺清楚地反映了自然逻辑的态度。从自然逻辑的观点来看，与格以及一般意义上的语法问题不过是鸡毛蒜皮。古代阿拉伯人据说态度很不相同，他们有这样一个故事：两个王子为争穿该国最博学的语法学家的鞋子而争吵，他们都想获得这一殊荣。而他们的国王父亲说，伟大的语法学家比国王更受尊崇，这是他的王国的光荣。

我们都熟悉这样一句格言："例外的存在证明了普遍规律的存在。"这句话中包含着许多智慧，虽然从形式逻辑的角度来看，一旦"证明"(prove)不再表示"试验"(put on trial)的意思，这句话就会变得很荒谬。当古老的格言在逻辑中不再有地位时，它就变成了深奥的心理学。今天它给我们的启示是，如果一条规律没有例外的话，它就不会被当成规律或其他什么，就成了我们无意识当中经验背景的一部分。如果我们从来没有经历过与之形成对比的东西，我们就不可能将它分离出来，概括成规律；只有随着经验的丰富和参照系的扩大，当我们体验了规律性的打破之后，才能将它分离、概括出来。这种情形有点类似于井干之后才会想起水，感到窒息才会意识到空气。

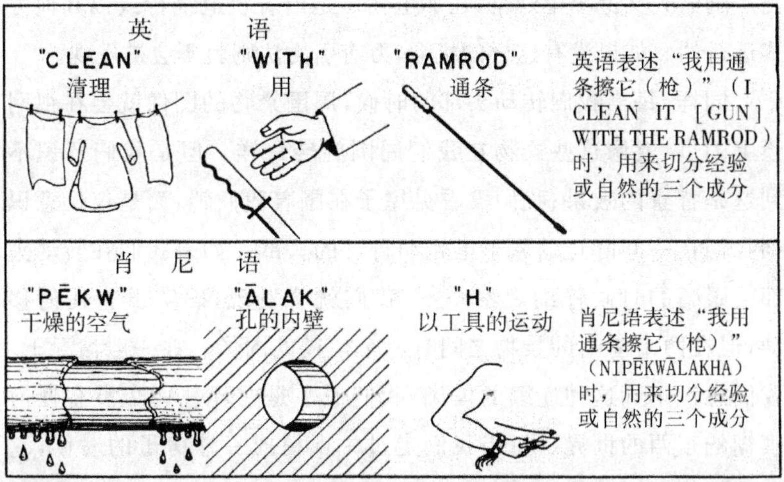

图 9　语言剖析自然的方法不尽相同。英语和肖尼语在描述用通条擦枪这件事时，使用了不同的意义（概念）成分。代词“我”(I)和“它”(it)没有用符号表示出来，因为在两种语言中它们的意思都一样。在肖尼语中，ni-相当于英语的“I”，-a 相当于英语的“it”。

比如，如果某个种族的人有生理缺陷，只能看见蓝色，那么他们很难概括出自己只能看见蓝色这一规律。“蓝色”这个词对他们来说没有任何意义，他们的语言会缺乏表示颜色的词汇。他们表达对蓝色的不同感觉的词，可能相当于我们的“深、浅、黑、白”等，而不是我们的“蓝”。要得出“只能看见蓝色”这一规律或概念，他们需要经历某些例外——某些能够看见蓝色的时刻。万有引力现象是一条没有例外的规律；毋庸多言，没有受过教育的人完全意识不到任何与引力有关的法则，因为他从来不会设想这样一个宇宙，其中的物体运动方式不同于在地球表面的运动方式。像蓝色对于我们假设的种族一样，引力法则是这个人的背景的一部分，而不是从背景中分离出来的东西。人们有幸获得机会，将总是下落的物体置于更广阔的天文世界中观察，在那里物体是沿着轨道绕行或以其他方式运行的。如果没有这样的机会，万有引力法则就不会被发现。

同样，每当我们转动头部的时候，周围景物的图像就会在视网膜上闪过，就像这些景物在我们周围旋转一样。但是我们意识不到这是背景的效果；我们没看见屋子在围着我们转，而是仅仅意识到我们在一间静止的屋子里转动自己的头部。如果我们在转动头部或眼睛的时候仔细观察一下，我们就会发现，确实没有任何移动，但在两个清晰的景物之间有一个模糊的图像。在一般情况下，我们意识不到这种连续的模糊，我们似乎是在环视一个没有任何模糊的东西的世界。每当我们走过一棵树或一幢房子的时候，它们的图像在视网膜上不断变化，就像这棵树或这幢房子在一根轴上转动一样；但是当我们以正常速度行走的时候，我们是看不见树或房子的转动的。当我们四下环顾时，有时不合适的眼镜会让我们看到周围景物的奇怪的运动；但通常情况下当我们自己运动时，我们看不到环境的相对运动；我们的心理结构使我们轻易地忽略所有习以为常而无处不在的现象。

自然逻辑有两个谬误：第一，它没有认识到，语言现象对于讲这种语言的人带有很大程度的背景性质，它不受自然逻辑阐释者那种审慎的意识和控制的影响。由此，当一个自然逻辑学家或其他人在表达推理、逻辑以及正确思考的准则时，他往往只是墨守纯粹语法事实之成规，而这种语法事实打上了他自己的母语或语系的背景烙印，绝非普遍适用于所有语言，也根本不能成为推理的一般原则。第二，自然逻辑把通过语言达成的关于某个问题的一致意见，混同于有关达成这一一致意见的语言过程的知识，即混同于受鄙视的（并且对其概念实属多余的）语法学家的研究领域。比方说，两个能讲一口流利英语的人很快便就他们讲话的主题达成了一致意见；对他们的语言所指的东西，两个人的理解是一致的。A所发出的指令可以由B去执行，并能做得完全令A满意。由于他们可以充分地理解彼此的意图，作为自然逻辑学家的A和B便假定，他们肯定了解这一过程是如何完成的。他们可能认为，这个问

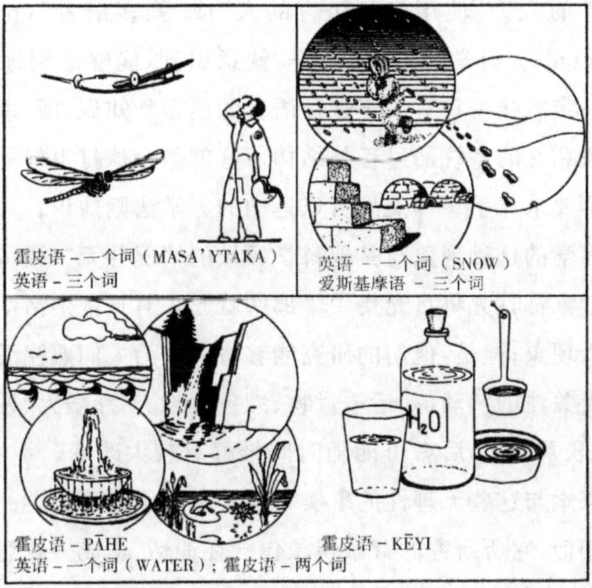

图10 语言对人类经验的各种成分进行分类的方法不同。在A语言中对应于一个词或一个概念的同一类经验，在B语言中可能对应于两个词或两个概念，是两类不同的经验。

题不过是如何选择合适的词句来表述的自己想法。如果你让A解释一下他为何这么快就得到B的赞同的话,他只会向你重复一下他对B所说过的话,也许多少有点儿增减。他对达成一致意见所涉及的过程毫无概念。这种A和B在适应彼此的谈话以前就共有的、非常复杂的语言模式和分类体系,对他们来说完全是一种背景知识。

这些背景现象属于语法学家或者说语言学家的研究范畴,也许我们可以给他们一个更现代的称呼——科学家。按照普通的、尤其是报纸上的说法,"语言学家"有完全不同的意思,即,一个能够很快和讲不同语言的人就某个主题达成一致意见的人。我们最好称这样的人为"使用多种语言的人"或"操多语者"(polyglot,multilingual)。科学的语言学家早就意识到,能够流利地讲一种语言不一定意味着具有关于这种语言的语言学知识,即,理解它的背景现象和它的系统的过程与结构。这就像台球打得好并不意味着或并不要求球手掌握支配台球运动的力学法则知识。

语言学的这种现象与其他科学领域的情况并无二致。所有真正的科学家都首先将目光集中于那些看起来对日常生活中影响极小的背景现象;但是,他们的研究能够将那些为人们熟视无睹的事实与备受关注的活动(如运输货物、准备食物、治疗病人、种植马铃薯)紧密联系起来,后者可能随时间推移有较大改变。不过,纯粹的科学探索与这些无理性的事实本身并不相干。语言学的情形与此十分相似:它所研究的背景现象包含在谈话、达成一致意见等前景活动中,也包含在所有案例的推理和论证中,包含在所有的法律、裁决、调解、合同、和约、公众意见以及科学理论的评价、科学结果的公式化过程中。每当人们形成了某种一致意见或协议,无论这一过程中是否使用了数学或其他的专门符号，这种一致都只可能是通过语言过程达成的。

如上所述，为了达到意见的统一，我们不一定要具备有关这一语言过程的知识，但这种知识并对意见的统一并无妨碍；问题越复杂越困难，它的帮助作用就越明显；直至这样一个点——这种知识不仅起帮助作用，而且是一种必需。我想，现代社会正在向这一点迈进。这一情形和航海有点类似。每条航行的船都受行星运动的影响；虽然一个小男孩可以在没有任何天文、地理、数学和国际政治知识的情况下，划着小船在港湾中穿来绕去，但是对于一艘远洋客轮的船长来说，这些方面的知识却是非常必要的。

当语言学家能够用一种批评的、科学的态度去检验许多模式差别很大的语言的时候，他们的参照基础便得到了扩展；在此以前被认为具有普遍性的现象，其普遍性已被打破；一种全新的意义秩序进入了他们的视野。我们已经发现，背景性的语言系统（或者说语法）不仅是一种用来表达思想的再生工具，而且它本身也在塑造我们的思想，规划和引导个人的心理活动，对头脑中的印象进行分析并对其储存的信息进行综合。想法的形成不是一个独立的、像过去被认为的那样非常理性的过程，而是特定语法的一部分，在不同的语法中或多或少有所不同。我们用自己的本族语所画的线切分自然。我们从现象世界中分离出范畴和种类，并不是因为它们客观地呈现于每一个观察者面前；相反，呈现在我们面前的世界是千变万化的印象流，它们是通过我们的大脑组织起来的——在很大程度上是用我们大脑中的语言体系组织起来的。我们对自然进行切分，用各种概念将它组织起来，并赋予这些概念不同的意义。这种切分和组织在很大程度上取决于一个契约，即我们所在的整个语言共同体约定以这种方式组织自然,并将它编码固定于我们的语言型式之中。当然,这一契约是隐性的,并无明文规定,但它的条款却有着绝对的约束力;如果我们不遵守它所规定的语料的编排和分类方式,就根本无法开口讲话。

这一事实对现代科学来说意义重大,因为它意味着没有人能够对自然进行绝对公正的描述。即使在他认为自己最为自由的时候,他也受到了某些阐释方式的限制。在这些方面最接近自由的人,应是对差异极大的各种语言系统都很熟悉的语言学家。目前还没有一位这样的语言学家。由此,呈现在我们面前的是一种新的相对论。该理论认为,同样的物质现象并不能使所有的观察者对世界产生同样的认识,除非他们的语言背景相近,或是可以通过某种方式得到校准。

假如我们只比较现代欧洲语言,或者再加上拉丁语和希腊语,这一令人惊讶的结论并不明显。这些语言的基本模式带有一致性,而这种一致性初看起来似乎证明了自然逻辑。但这种一致性的存在仅仅是出于以下原因:这些语言是同属印欧语系的同源语,其基本轮廓大致相同,从历史上看是从很久以前的同一个言语共同体传承而来;这些同源语长期以来分担了形成一种共同文化的任务;这种共同文化中较为理性的许多成分,源于拉丁语和希腊语的语言背景。所以,这组语言是满足了上一段末尾“除非”从句的条件,是语言相对论原则中的一个特例。现代科学家对描述世界的一致性正是建立在这一条件上的。但我必须强调,“所有讲印欧语言的观察者”并不等于“所有的观察者”。现代中国或土耳其的科学家们在对世界进行描述时,使用了和西方科学家们一样的术语。这一事实只能说明他们全盘套用了西方的理性体系,而不意味着他们立足于本族语观察角度证实了这一体系。

当我们将自己的语言与闪族语、汉语、藏语或非洲语言进行对比的时候，分析世界的差异就变得较为明显。我们不妨再看看美洲土著语言，它们在几千年的发展过程中彼此独立，并独立于欧洲之外。这样，不同语言以不同方式切分自然这一事实就显而易见。所有的概念体系，包括我们的在内，其相对性及其对语言的依赖性是很明显的。只讲自己母语的美洲印第安人从未被邀做科学观察者，这对研究并无影响。然而如果排斥这些语言为人类大脑功能的研究提供的证据，那就好比让植物学家只研究可以吃的植物和暖房里的玫瑰花，却期待他们告诉我们整个植物世界是什么样子！

让我们来看几个例子。在英语中，我们把大多数词分为两类，各自具有其语法和逻辑特性。第一类我们称之为名词，如"房子"(housc)、"人"(man)等，第二类是动词，如"击打"(hit)、"跑"(run)等。一类词当中的许多也可以辅助性地用作另一类，如"一次击打"(a hit)、"一次奔跑"(a run)等，又如"(为一艘船)配备人员"(to man [a ship])等；但是，在基础层面这两类词的划分是绝对的。所以，我们的语言给予我们的是对自然的两极划分，但自然本身却不是两极化的。假如说将"击"(strike)、"转"(turn)、"跑"(run)划为动词，是因为它们表示短暂的或暂时的事件(event)，即动作(action)，那么为什么"拳"(fist)是个名词？它也是短时事件。为什么"闪电、火花、波浪、旋涡、脉搏的跳动(pulsation)、火焰、暴风雨、阶段、循环、痉挛、噪音、情感"是名词？它们是短时事件。如果"人"和"房子"是名词，是因为它们表示长久、稳定的事件，即东西(thing)的话，那么，"保持、附着、延伸、规划、坚持、生长、居住"等在动词中做什么呢？如果有人提出，“附着”和“占有”是动词，是因为它们表示稳定的关系而非稳定的知觉表象，那么为什么“平衡、压力、电流、和平、小组、国家、社会、部落、姐妹”或任何表示亲戚关系的词都被划归名词呢？我们会发现，“事件”对我们来说意味着“我们的语言将其划分为动词的东西”，或由此类推而来的东西。我们还会发现，从自然中无法找到“事件、东西、物体、关系”等词的定义；要定义这些词，总是要间接地回到定义者所用语言的语法范畴。

在霍皮语中，“闪电、波浪、火焰、流星、一口烟、脉搏的跳动”等是动词——以短时延续为必要条件的事件只能是动词，不可能是其他词。“云”和“暴风雨”大概处于名词之持续的最低极限。那么你看，霍皮语实际上是以持续来为事件（或者说独立语言单位，linguistic isolates）分类的。用我们的思维方式来看，这颇有些奇怪。另一方面，在温哥华岛的努特卡语中，所有的词在我们看来似乎都是动词，但确实没有词类 I 和词类 II 的区别；我们似乎在用一种一元化的眼光看自然，这种眼光使我们在描述各种事件时只能用一类词。“房子”（house）的表达方式是“出现了一间房子”（a house occurs）或“它能住人”（it houses），正如“出现了火焰”（a flame occurs）或“它在燃烧”（it burns）一样。我们觉得这些词像动词，是因为它们依据延续性和时间性的细微差别形成不同的屈折变化。由此，表示房子事件（house event）的词，依后缀的不同有不同的意义——长久的房子、暂时的房子、将来的房子、过去的房子、开始时是房子的东西，等等。

在霍皮语中，有一个名词表示除了鸟之外的任何可以飞的东西或生命。鸟类是由另外一个词表示的。我们可以说，这个名词表示“飞行类减去鸟”（FC-B，flying class minus birds）。在霍皮语中，昆虫、飞机以及飞行员实际上都用这个词，并没有什么不便。当然在这种情况下，像FC-B这样的宏大类别中，差别很大的个体之间可能会出现混淆。在我们看来，这个类别太大，包容的东西太多了。但是对爱斯基摩人来说，我们的“雪”也正是如此。我们用同一个词来描述各种不同的情形——正在下着的雪、地上的雪、压实如冰的雪、半融化的雪、被风吹起飘着的雪。对爱斯基摩人来说，这样一个概括一切的词简直是无法想象的；他会说，“正在下着的雪”和“半融化的雪”等在感觉和功能上是不同的，是互相矛盾的不同的东西；他用不同的词来表示这两种雪，其他种类的雪也各需其名。在相反的方向上，阿兹特克人比我们走得更远。在阿兹特克语中，“冷”、“冰”和“雪”都是由一个基本词来表达的，只是词尾有所不同：“冰”是名词形式，“冷”是形容词形式，而“雪”则是“冰雾”。

令大多数人惊讶的是，我们发现西方对事件所做出的许多总括性的归纳，如时间、速度、物质等，对于构建一幅宇宙的连贯画面并不是必不可少的。当然，归纳在这些术语下的我们的心理体验并未受到破坏；只不过从其他体验中派生出来的范畴占领了宇宙哲学的上风，而且好像运行良好。霍皮语也许可称为没有时间性的语言。它所承认的心理时间很接近柏格森[①]的“延续”(duration)，但这种“时间”与我们的物理学家所说的数学意义上的时间T很不一样。霍皮语时间的奇特属性还包括，它随观察者的不同而不同，没有同时性(simultaneity)，也没有长度；也就是说，它不能和一个大于1的数字连用。霍皮人不会说“我待了5天”，他们

① 柏格森(Bergson, Henri 1859—1941)，20世纪初法国哲学家，“变的哲学”的创始人，“非理性主义”的主要代表。试图建立“持续时间”的概念，与科学中使用的受空间限定的时间概念相对应。——译者注

说“我在第 5 天离开”。表示这类时间的词，如“天”，是没有复数的。下面那幅谜语般的图画（图 11）对每一个试图搞清霍皮语如何处理动词时态的人来说，都会是一种智力锻炼。在只有一个动词的句子中，英语时态唯一的实际作用就是区分图画中所表示出来的 5 种典型情况。在没有时间性的霍皮语中，动词并不区分事件本身的过去、现在和将来，但必须表明说话人希望这句话具有什么类型的效度：a）事件的描述（图中的 1、2、3 种情况）；b）对事件的

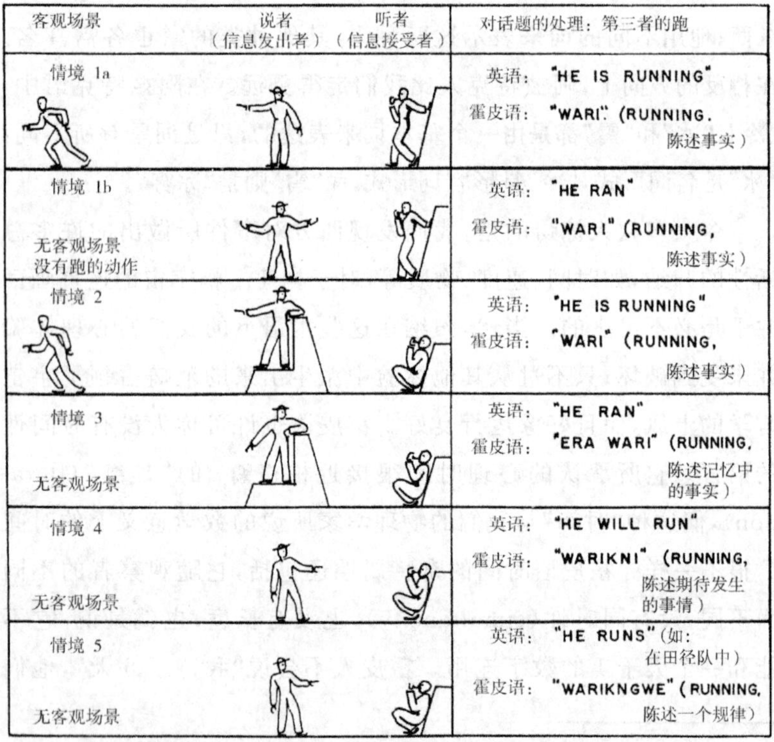

图 11　“有时间性的”语言（英语）与“没有时间性的”语言（霍皮语）的对比。英语中的时间差异在霍皮语中是效度（validity）差异。

期待(第 4 种情况);c)对事件做出的概括或事件的规律(第 5 种情况)。在第 1 种情况下,说话人和听话人接触到的是同样的客观场景,但我们的语言把它划分为两种不同的情形,1a 和 1b,分别称为现在和过去。对于想告诉人们这一陈述是事实描述的语言来说,这种划分并无必要。

霍皮语法通过体和语气的形式,很容易将瞬息发生的(momentary)事情、持续发生的(continued)事情和重复发生的(repeated)事情区别开来,并表明所称述事实的实际顺序。这样,霍皮人就可以完全不借助线性的时间概念而对宇宙进行描述。那么,以此为基础的、在等式中没有时间(T)的物理学又会如何运作呢? 在我看来,它的运作会是完美无缺的,尽管它肯定需要与我们不同的意识形态,甚至是不同的数学。V(velocity,速度)也会被剔除出等式。霍皮语中没有真正相当于我们的"速度"(speed)或"快"(rapid)的词。要把这两个词翻译成霍皮语,通常是用一个表示强烈(intense)或非常(very)的词,它可以和任何表示运动的动词连用。这也许可以成为新物理学特征的一条线索。我们也许应该引入一个新的术语 I,即强度(intensity)。每样东西或每件事都有一个 I,无论我们认为这样东西或这件事是在运动,还是仅仅持续或存在。电荷的 I 可能表现为它的电压,也可能表现为电位。我们会用时钟来测量某些强度,更确切地说是某些相对强度,因为绝对强度问题无论对任何东西来说都是毫无意义的。在新物理学中,仍然可以找到我们的老朋友加速度,但它肯定会有一个新名字。也许我们会称它为 V,但它不表示速度,而表示变异(variation)。也许所有的生长和积累都会被看作 V。我们也不会有时间意义上的速度或速率(rate)的概念,因为像物理意义上的速度一样，它表示的是数学意义和语言意义上的时间。我们当然知道，所有测量到的尺寸都是一种比率。但是强度的测量是通过与时钟或行星的标准强度相比较得到的，我们不把这样得来的强度看作是比率，就像我们不会把某段距离有多少直尺长当作比率一样。

来自另外一种文化、使用时间和速度概念的科学家，可能会发现很难让我们理解这些概念。我们会讨论化学反应的强度；而他会谈论反应的速度或速率。开始我们会把这些词仅仅看作是他的语言中表示强度的词；同样，最初他会认为强度是我们用来表示速度的词。开始我们的想法会是一致的，而后我们会产生分歧，而且双方可能都会意识到，我们用的是不同的理性化体系。他会发现很难让我们弄明白，他所谓的化学反应速度究竟是什么意思，我们没有合适的词来表达这个意思。他会尽量为我们解释这个概念，把它比作一匹正在奔跑的马，比作好马和懒马之间的区别。我们会充满优越感地大笑起来，并试图让他明白，他的比喻是不同的强度的问题，而且马和烧杯中的化学反应也没有什么相似性。我们会向他指出，相对于大地来说，一匹正在跑的马是运动着的，而烧杯中的物质却处于静止状态。

语言学对科学的一大重要贡献可能是视角意识的进一步发展。我们不会再把印欧语系的几种同源语以及以之为基础发展出来的理性化方法看作人类心智进化的顶峰，也不会把它们目前的广泛传播看作是适者生存的结果，而只会把它看作是某些历史事件的结果——只有从受益方的狭隘观点来看，这些事件才可能被称为好事。我们不会再认为这些语言以及与之相伴的我们的思维过程囊括了全部理念和知识，而会认为它们只是广袤星系中的一个星座。当我们充分地认识了全球语言系统惊人的多元性，我们就会不可避免地感到，人类的精神令人难以置信地古老；我们以文字记录的几千年历史，在衡量我们在这个星球以往经验的尺度上，不过是细细的一道铅笔痕；最近几千年内发生的事情，从进化的意义上看说明不了任何问题；人类没有任何突飞猛进的发展，在过去的几千年中未合成任何引人注目的新东西，只是与一些从无限久远的过去遗留下来的语言形式和自然观游戏了一番。然而，尽管有这种感觉，尽管我们意识到自己的知识危险地依赖于语言工具，而我们对这一工具本身仍知之甚少，我们不必为科学感到悲观。

相反，这种感觉应有助于培养与真正的科学精神相伴的谦卑，从而杜绝有碍于科学探索兴致和客观性的心理自大。

（王志欣　译）

作为精确科学的语言学*

1890年以来，科学领域内发生了革命性的变化。化学、生物学和人文科学领域都发生了这种变革，物理学领域中的变革尤为明显。变革的主要原因与其说是发现了新的事实，不如说是发现了新的思考事实的方式。当然，科学家的确发现了数量众多且意义重大的新的事实，但更重要的是，发现这些事实的领域（如相对论、量子论、电子学、催化作用、胶体化学、基因理论、格式塔心理学、精神分析、不带偏见的文化人类学等）具有以下一些共同标志：破天荒地使用了全新的概念；抛弃了在伟大的科学古典时期从未受到挑战的世界观；不懈地寻求解释、和谐、重述。

我说“思考”（THINKING about）事实的新方式，然而更为准确的说法应当是“谈论”（TALKING about）事实的新方式。科学进步的关键，正是施加于材料事实之上的语言使用。不过，“谈论”、“讲述”或“说”（talk）在通常使用中已经被赋予贬义，隐约带有嘲讽意味，例如我们常说的“说说而已”（just talk）。英语世界的人喜欢在“说”和“做”之间虚构出某种对立。在此，我们首先需要摒弃这种强加的贬义和虚构的对立。我们没有必要为言语感到

---

* Linguistics as an exact science. 原载 *Technol. Rev.*, 43:61－63,80－83（1940年12月）。

歉意，这是所有行为中特性最鲜明的人类行为。野兽能够思考，但它们不会讲话。“说”应该是比“想”更高贵、更有尊严的词。我们还必须面对这样一个事实，即科学由“说”而始，以“说”而止；这没有丝毫不光彩之处。“分析、比较、演绎、推理、推论、假设、理论概括、检验、证明”一类词意味着，每当科学家做某件事时，他总是在“说”他所做的事情。正如莱昂纳德·布龙菲尔德所指出的那样，科学研究是从一组语句开始的，这些语句指出如何去完成特定的观察和实验；观察和实验的结果只有在转换成语言，产生出另一组语句时，才会完全具有科学性。而这另一组语句，又成为进一步探索未知的基础。这种对语言的科学的使用，受到研究所有言语的科学——语言学的原理和规律的支配。

我已经在发表于今年四月《技术评论》上的《科学与语言学》一文中指出，我们每个人对“说”都有一种错觉，认为说是自由自在、自然而然的，仅只是“表达”我们想表达的一切。之所以会出现这种错觉，是因为表面上自由、流畅的谈话蕴涵着固有的、完全专制的性质，以至于说者和听者不自觉地受到束缚，就像受到自然法则的制约一样。语言现象属于背景现象，说话的人对此浑然不觉，至多有一点十分模糊的意识。这就好比人们极少意识到屋里空气中尘埃微粒的存在，尽管语言对说话者的制约作用更类似于万有引力而非尘埃。这些必然的、无意识的语言型式并非为所有人共有，每种语言都有自己特有的模式或型式。这些型式构成了语言形式化的一面，即“语法”。此处“语法”这一术语的意义远远超过我们在学校课本上所学语法的内容。

由此即引出了我所说的“语言相对论原则”(linguistic relativity principle)。用通俗的语言来讲，就是使用明显不同的语法的人，会因其使用的语法不同而有不同的观察行为，对相似的外在观察行为也会有不同的评价；因此，作为观察者他们是不对等的，也势必会产生在某种程度上不同的世界观。（我在4月份的文章中，已经对这一观点做了更为正式的阐述。）这种世界观是朴素的、未经概括的。人们可以对孕育了这种世界观的基本语法模式进行更高层面的特征概括，从而由每一种朴素的世界观发展出一种清晰的科学世界观。由此看来，现代科学的世界观是根据西方印欧语言的基本语法特征概括而成的。当然，这并不是说这种语法导致了(caused)科学的产生，它只是影响了(colored)科学。科学产生于该语系之中，是因为一连串的历史事件刺激了世界上某个地区的商业、度量制度、制造业以及技术革新，而在那个地区，该语系的语言占了主导地位。

持特定世界观的人对自己说话和思考方式的独特性习焉不察，十分满意，以为是逻辑的必然。但是，在持这种世界观的人看来合乎逻辑必然的事情，在一个圈外人、一个熟知多种不同的语言和文化的人、甚至在一位后来者，一位使用基本类型相同但多少有些差异的语言的科学家看来，却不一定是这样。在这些人看来，被普遍正式接受的理由也许只是些非常独特的“说话方式”。我们不妨反观一下过去，看看人们——甚至是博学的人——是如何回答有关自然的问题的。为什么水泵能出水？因为自然厌恶真空。为什么水能灭火？因为水是湿的，或者因为水的原理与火的原理相反。为什么火焰向上燃烧？因为火元素很轻。为什么人可以用皮吸管吸起石头？因为吸力会把石头吸引上去。为什么飞蛾会扑火？因为飞蛾好奇，或者被火吸引。如果这些语句过去看起来合乎逻辑，那么现在看起来则相当奇怪，这种变化并不是因为科学发现了新的客观事实。科学是在用新的语言形式表达旧有的事实。

现在既然我们已经熟悉了新的语言形式或者说新的方言，旧有方式的某些特征便不再对我们具有约束力。

但是，我们现代人还没有资格取笑那些自以为无所不知，用“水是湿的”来解释水的各种属性的古人。我们用来解释语言和文化现象的术语，在很多情况下类似于“水是湿的”或者“自然厌恶真空”。语言学家还需要对各种语言的不同表现方式做大量的、各种各样的研究。只有这样，我们才能正确地进行思考，并可以避免由于对语言背景习焉不察而产生的错误。本文开头提到，科学的新领域、新突破要求新的思考方式，而新的思考方式又要求语言学对科学的基本原理做出进一步的贡献。

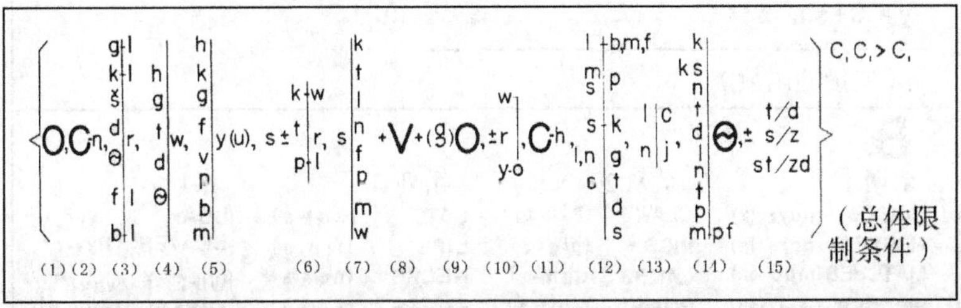

图 12 英语（标准中西部美国英语）中单音节词的结构式。可以用一些特殊符号来代替某几组字母，从而简化这个公式，但那会使之变得更难以解释。可能出现的单音节词的最简结构式是 C＋V，而且确实有几种语言符合这个型式。波利尼西亚语结构式的简略性次之，为 O，C＋V。比较该结构同上图所示的英语词的错综复杂的结构。

哲学和数学分析家们对目前的状况帮助不大。他们对语言学本身知之甚少，却在此条件下探究更高领域的语言符号体系。该领域内的大多数现代学者不幸缺少这种基础训练。对语言朴素的基本原理毫无正确认识而试图去研究高级数学公式的语言意义，这无疑会招致失败。物理学并非起源于原子结构或宇宙射线，而是起源于普通的、肉眼可见的物体的运动以及如何用符号的(数学的)方式表述这些运动。同样,语言学的起源既非意义理论,也非逻辑命题的结构,而是某种语言中听得见的声音的固有型式,以及该语言对这些型式的符号表达。正是从处理这些普通声音型式的相对简单的术语之中,发展出了语言学的高级分析步骤,正如从对木块下落和滑动的简单实验和数学运算中,发展出了物理学中的高级数学,形成了量子理论。即便有关声音型式的事实也并非十分简单,它们独特地揭示了讲话时无意识的、强制性的背景现象。

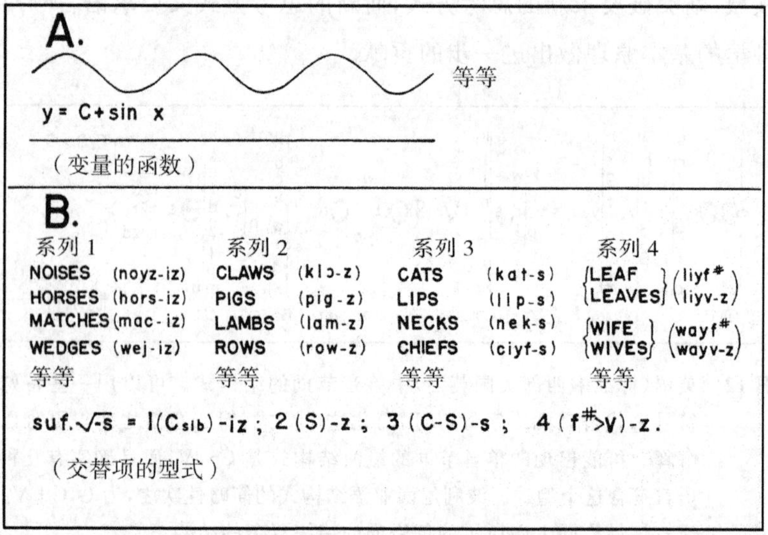

图 13　变量与交替函数:A 中用曲线图与数学公式(等式)表示出各变量之间的相互关系。B 通过可扩展的例子与型式公式说明交替函数之间的相互关系。这个公式表示,英语中表示复数形式的后缀从理论上来讲(“根”,用√表示)是词尾的 s,但它实际上是由四种替换形式之一实现的:在以咝音结尾的辅音后读作“-iz”;在响音(元音或辅音)后读作“-z”,在清辅音(非响音)后读作“-s”;有一个例外:在特殊的音“f♯”之后读作“-z”,“f♯”转换成“v”。

比如,英语中单音节词(图 12)的结构式看起来相当复杂;但作为一种语言型式,它却是相当简单的。在讲英语的人当中,每个2—5 岁的儿童都在学习由这个结构式表达的语言型式,同时也学习许多其他的型式。当长到 6 岁的时候,这个结构式在儿童的脑子里已经根深蒂固,成为自动的。即使他自己编造的没有任何意义的词也符合这个型式,他在这个型式的框架之内探索各种可能性,但不会越此雷池一步。这一型式很早便会在孩子的头脑中定型,与成年人头脑中的型式一样。要发出偏离这个型式的一串声音是有很大难度的。像"blurb"这样的新词,刘易斯·卡罗尔①文中的无意义词"mome raths",还有用来表示野人的语言或动物的呼号的"glub"、"squonk"等,都脱胎于这个结构式。年轻人在开始学习外语时,会不自觉地按照这一结构式去组织音节。当然这样做行不通,外语的单词是按照它们自己的结构式组成的。通常情况下,学习外语的学生会经历一段艰难的时期。他不知道问题的根源是结构式,还以为这一切都是他自己的错。抑制和挫折感会在开始阶段不断对他造成妨碍,使他不敢做出使用外语的尝试。他甚至会听到与母语的结构式相符的声音,例如,他所发出的英语声音组合在他自己听起来像是真正的法语。这样,他所感受到的学习阻力就会减小,而他也可能成为所谓能讲"流利"法语的人——是糟糕的法语!

但是,如果他能够幸运地找到一位理论语言学家做他的法语启蒙老师,这位老师首先会向他解释英语的结构式,使它们进入半

---

① 刘易斯·卡罗尔(Carroll, Lewis 1832—1898),英国数学家、作家,以笔名卡罗尔写了童话《艾丽丝漫游奇境记》和《镜中世界》。——译者注

意识状态。这样，涉及英语的时候，这些型式虽然仍在他头脑中自动起作用，但已经失去了习惯赋予的束缚力。这样一来，他在获得法语的型式时就不会有内在的对抗，掌握这门语言的时间也会大大减少（见图 14）。当然，可能没有人用这种方式教授初级法语——至少在公共机构中没有人这样做。如果采用这种方式的话，我们就可以节省目前在教育中被浪费掉的数年的时间和几百万美元的资金。可是，具有理论语言学基础的人才太少了，而且主要集中于高等学校和研究机构。

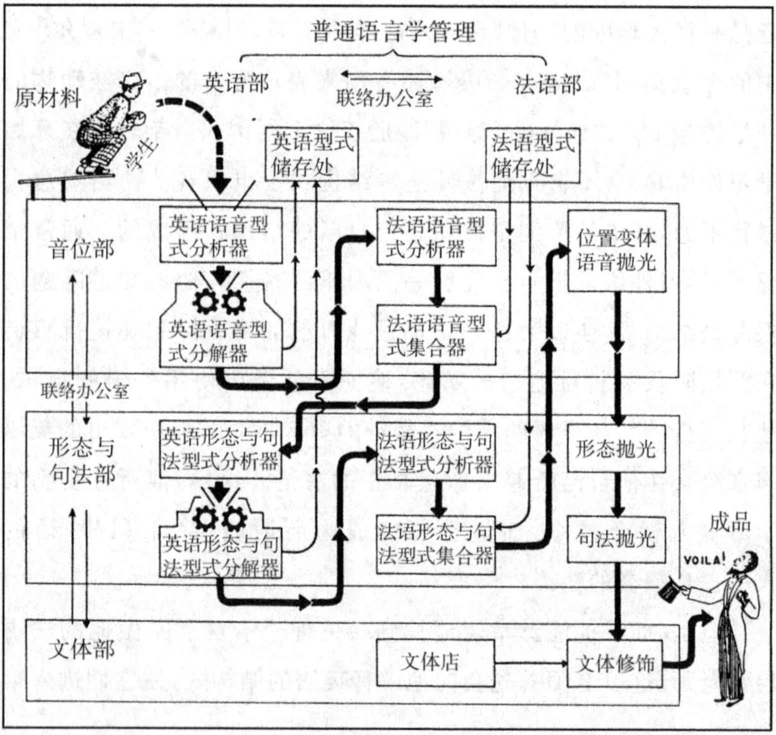

图 14　改进之后的无痛苦法语学习流程图，保证没有语言使用上的瓶颈式障碍。

现在让我们来看一下英语中单音节词的结构式(见图 12)。这个公式看起来像是数学公式,其实则不然。它是型式的符号表达式,是一种源于语言学的分析方法。它与语言学的关系,恰如高等数学与物理的关系。有了这些型式的表达式之后,我们就可以进行各种各样的操作,就像我们可以对数学表达式进行加、乘和其他类型的运算一样。不过这里的操作不是加法乘法之类,而是适用于语境的语义。通过这些操作,我们便能够得出结论,并且在所研究的语言呈现出大量材料的情况下,将实验明智地指向真正的关键点。通常情况下,语言学家无须在纸上演算这些结构式,而只要在脑子里进行符号操作就可以说,"上一位研究者所做的关于 A 类动词词形变化的描述肯定是不正确的",或者"哦,这种语言肯定有交替重音,虽然一开始我没听出来",或者"很奇怪,但在这种语言中,*d* 和 *l* 肯定是同一个音的不同读法",等等。然后,他将一位母语为该语言的人作为对象进行试验性调查,发现结论得到印证。型式—符号表达法很精确,这一点类似于数学,但这些表达法是非量化的。它们并不像数学那样最终指向数字和次元,而是指型式和结构。我们也不能把它们和数学中的群理论或符号逻辑混淆起来,虽然它们有类似之处。

现在让我们回到单音节词的结构式。该结构式中最简单的部分是第 8 项(每项下方都编了号),在两个加号中间有一个大写 V,这说明每个英语单词都有一个元音(vowel)(并非所有语言都如此)。V 的左右没有其他符号的限制,这说明英语中的任何元音都可以出现在单音节词中(在多音节的英语词中,并非每个音节都如此)。下面我们来看一下第 1 项。这项是零,它表示元音之前可以没有任何东西;单词可以以元音开始——许多语言是不允许这种结构存在的。各项之间的逗号表示“或者”。第2项是C减去一个长尾巴的 *n*。这表示单词可以以英语中的任何辅音开始，但有一个辅音是例外，语言学家们用一个长尾巴的 *n* 来表示这个音，它的拼写方式通常是 *ng*，如在单词“hang”当中。*Ng* 这个音常出现在英语单词的词尾，但它从不出现在词首。在许多语言中，如霍皮语、爱斯基摩语或萨摩亚语中，*ng* 是一个很常见的词首音。我们的语音型式对以 *ng* 开始的外语单词具有很强的排斥力，不过一旦我们弄明白这个音的发音机制，并且意识到自己之所以不会发这个音是因为习惯型式的束缚，就能够把 *ng* 放在任何位置，并很轻松地把这些词读出来。所以，结构式中的字母并不总是等同于我们在通常拼写中用来表示单词的字母。这些字母是清楚明白的符号，语言学家可以用这样的符号来表示规则的、科学的拼写系统中的各种发音。

第3项由两栏字母组成。它表示单词的词首可以是第一栏中的任何一个辅音，后边跟 *r*。如果是 *g*，*k*，*f*，*b* 中的一个的话，后边也可以跟 *l*。上面带有一个三角符号ˇ的 *s* 代表 *sh*。由此我们可以说“shred”，却不能说 *shled*。该公式说明了这样一个事实：shled 是非英语的发音，它有可能是中国人发的“shred”，也有可能是德国人发的“sled”（从第7项来看，*sl* 是可能的）。希腊字母 θ 代表 *th*，所以英语中有“thread”而没有 *thled*，后者可能是一个中国人发的“thread”，也可能是一个孩子咬舌发的“sled”。但是为什么第3项中没有 *tr*，*pr* 和 *pl* 呢？这是因为它们可以出现在 *s* 之后，所以被排在了第6项。同样，第4项表示单词的词首可以是第一列中的任何辅音，后边跟 *w*。*Hw* 并非在所有英语方言中都存在；在通常的拼写中我们把它倒过来写成 *wh*。如果某方言中没有

hw,那么即便拼写形式为 *wh*,发音时也只发 *w* 的音。Thw 出现在极少数词中,如“thwack”和“thwart”,而 *gw* 则非常奇怪,它只出现在专有名词中,如“Gwen”或“Gwynn”。*Kw* 在通常情况下拼写为 *qu*,它可以出现在 *s* 之后,因此属于第 6 项的内容。

第 5 项表示词首音可以是第一列辅音中的一个,后面跟 *y*,但只有在元音是 *u* 时才会出现这种情况,由此有诸如“hue”(*hynw*)、“cue,few,muse”这样的词。有些方言中也有 *tyu*,*dyu* 和 *nyu*(如在“tune”、“due”和“new”中)。但我的这个公式是为典型的美国北部方言建立的,在这些方言中,这些词当中有简单的 *tu*,*du* 和 *nu*。第 6 项表示的是可以作为词首出现的几对辅音,它们可以单独出现,也可以出现在 s 之后。这几组辅音是 *kr*,*tr*,*pr* 以及 *kw* 和 *pl*(让我们来看看这些词:“train,strain;crew,screw;quash,squash;play,splay”)。第 7 项表示词首音可以是 *s* 加第二列中的任何辅音。到这项为止,可以出现在元音之前的辅音就描述完了。

8 以后的几项表示的是可以出现在元音之后的音。与词首相比,这部分比较复杂,详细地解释每一项需要用很长篇幅。通过前边的解释,我们已经清楚了这些符号的一般原理。第 9 项是零,意味着一个单词可以以元音结束,如果这个元音是 *a* 的话。这指的是:1)冠词 a 与感叹词“huh?”中的元音;2)“pa,ma”和感叹词“ah!”、“bah!”中的元音。如果这个元音发 *aw* 音的话,它也可以出现在词尾,如“paw”、“thaw”。在有些方言(新英格兰东部方言、美国南部方言、英国南部方言)中,元音词尾出现在拼写形式为 *ar* 的词中,如“car,star”(在这些方言中发音为 *ka*,*sta*)。但在美国的大部分方言以及爱尔兰和苏格兰方言中,这些词实际上是以一个 *r* 音结尾。在新英格兰东部方言和英国南部方言中,如果跟在这些词后边的是一个以元音开头的词，*r* 要与后面的词首连读；但在美国南部方言中却不是这样。如此一来，就“far off”这个词组来说，南方人说 *fa of*；波士顿人和英国人说 *fa rof*，在 *of* 开头有一个流音 *r*；但大多数美国人说 *far of*，*fa* 后边有一个卷舌音 *r*。在有些方言中，第 9 项可能会有所不同，因为还有一个可能会出现在词尾的元音，那就是波士顿人所发的“fur”和“cur”(*fə*，*kə*)中的 ə 音。中西部人会觉得波士顿人的这个音很特别，甚至有点古怪。这个古怪的音在威尔士语、盖尔语、土耳其语、犹他语和霍皮语中很常见，但我敢肯定地说，波士顿人所发的这个音不是来自这几种语言。

单音节词可以以 *e*，*i*，*o* 或 *u* 结尾吗？不能，在英语中不能。在拼写形式上以这几个字母结尾的词在发音上以辅音 *y* 或 *w* 结尾，因此，在结构式中，“I”表示为 *ay*，“we”表示为 *wiy*，“you”表示为 *yuw*，“how”表示为 *haw*，等等。如果我们比较一下西班牙语的 no 和英语的“No!”就会发现，这个西班牙语单词的尾部确实有一个拖长的 *o* 音，而与之相对应的英语词却以 *w* 音收住。习惯性型式使我们在很多元音之后加上一个辅音来结束一个单词。于是，当我们学西班牙语的时候，我们不说“*como no*”，而会说“*kowmow now*”；我们不说 *si*，而是说我们自己的“see”(*siy*)。在讲法语时，我们不说 *si beau*，而会说“see bow”。

第 10 项表示这里可以插入 *r*，*w* 或 *y*，只要插入后 *w* 和 *y* 不连在一起就行。第 11 项表示单词可以英语中除 *h* 之外的任何辅音结尾；有些语言是没有这种例外的，如梵语、阿拉伯语、纳瓦霍语和玛雅语的许多单词都以 *h* 结尾。读到这里，读者一定能够猜出第 12、13、14 项的内容。小 *c* 代表“child”中 *ch* 的音；*j* 代表“joy”

中 *j* 的音。第 13 项中包含的这些字母表示英语中可能出现"gulch，bulge，lunch，lounge"这样的词。第 14 项表示的是"health，width，eighth（*eytθ*）"、"sixth、xth（*eskθ*）"这类词的型式。虽然"nth" power 或"fth" power（数学中的"第……次方"）的发音对于我们来说轻而易举，但是要发出型式所不允许的"sth" power 或"hth" power 却颇费力气。"Hth"表示为"*eycθ"，星号意味着这种形式不会出现。但是，第 14 项表示可以有 *mθ* 和 *mpf* 两种形式出现，后者出现在"humph"或"oomph"（*umpf*）中。第 15 项中的成分可以加在任何成分之后，*t* 和 *s* 跟在清音后边，*d* 和 *z* 跟在浊音后边。所以，"towns"发 *tawnz* 的音，按照第 10、11、15 项所规定的内容在元音之后加上了 *wnz*；而"bounce"的发音则是 *bawns*，按照第 10 和 12 项的内容加上了 *wns*。如此形成的辅音连缀有些很常见，另一些则极少见，但在英语中是可能的。如果查利·麦卡锡[①]忸忸怩怩地尖声说，"Thou oomphst，dost thou not?"（你很有魅力，不是吗？）或是莎士比亚时代的演员狂呼："Thou triumphst!"（你胜利了！），那是因为这个结构式产生了 14 项加 15 项得出来的古怪的辅音连缀 *mpfst*。无论伯根先生[②]还是莎士比亚先生都无力改变这种结构式。

适用于整个结构的宏观原则是不能有重叠的音出现。不管结构式如何，两个相同的辅音是不能放在一起的。根据第 15 项，我

---

① 查利·麦卡锡（Charlie McCarthy），见下面一个有关伯根的脚注。——译者注

② 埃德加·伯根（Bergen，Edgar 1903—1978），美国著名口技表演者及广播喜剧演员。伯根是其口技表演中的傀儡查利·麦卡锡的配角，并以此而闻名。《埃德加·伯根-查利·麦卡锡表演》是美国广播联播公司 1937—1957 年间的一个长期节目。——译者注

们可以在“flip”后边加上 *t*，得出 flipt(“flipped”)；但我们却不能在“hit”后边加上 *t*，得出 *hitt*。这个型式中期待得出 *hitt* 的地方，我们只会发现“hit”(I hit it yesterday，I flipt it yesterday，昨天我打了它)。在有些语言中，辅音是可以重叠出现的，如阿拉伯语中有类似 *hitt*，*fadd* 的词，而且成对的辅音中每个都单独发音。克里克印第安语中允许出现连续三个同样的辅音，如 *nnn*。

这个结构式所勾勒出来的型式控制英语单词形式的方式的确很特别。比方说，沃尔特·温切尔[①]或某位大做广告的商人编造了一个新词，用来指一种新的早餐玉米糊，这个新词肯定脱胎于以上型式的模子，就好像我一拉操纵杆，这个模子就在他脑子里打下印记一样。因此语言学和物理学一样具有预见力。我能够在一定范围内预言温切尔会做什么或不会做什么。他可能会发明 *thrub* 这样一个新词，但他不会发明 *srub*，因为结构式不允许产生 *sr*。另一个结构式表明，假如温切尔发明了一个以 *th* 开头的词，如 *thell* 或 *therg*，*th* 的发音将和“thin”中的一样，而不是和“this”或“there”一样。温切尔不会发明以后面两个词中的 th 音开头的新词。

如果一串辅音符合这种型式的结构式，无论它多么难听，我们也可以挣扎着把它发出来。我们可以轻易说出“thirds”或“sixths”，虽然“sixths”中含有难发的四个辅音连缀 *ksθs*。而更简单一些的“sisths”因为不符合这一型式，所以发起来更加困难。“Glimpst (glimpsed)”中含有第 3 项的 *gl*，第 8 项的 *i*，第 12 项加

---

① 沃尔特·温切尔(Winchell, Walter 1897—1972)，美国记者，广播节目主持人，以创造名言警句著称。——译者注

第 15 项的 *mpst*，而“dlinpfk”却由于多种原因被排除掉：第 3 项不允许有 *dl*，而且无论哪几项组合都不可能得出 *npfk*。但是，一位语言学家发 *dlinpfk* 会与发“glimpsed”一样容易。结构式不允许在词尾出现 *mb*，所以“lamb”这个词的发音和它的拼写有所不同，发的是 *lam* 的音。“Land”的情况类似于“lamb”，但因为这是一个公式所允许的结构，我们舌头打着结也要把它按拼写形式读出来。由此不难看出，目前在某些严肃的教科书中仍能看到的解释——一种语言这样或那样是“为了声音的和谐”，实际上与“自然厌恶真空”并无二致。

以上结构式的精确性在其他几百个结构式中也同样存在。它表明，语言学公式虽然不是数学公式，但仍然十分精确。需要记住的是，以上结构式与英语（或其他一些语言）中处理词义的一些语法型式相比，就像一个简单的加法与一整页微积分相比。一般说来，处理非常复杂的型式时，采用数段连续的精确语句和简单公式会更加方便，在组织安排上，可以使后边每个新出现的语段都以前面出现过的语段为前提，而不必试图将所有的内容都包括在一个非常复杂的公式中。

语言学也是一门实验性科学。它的数据来自控制条件下长期的观察。如果这些条件被系统地改变，就会产生确定的不同结果。实验是在一整套理论指导下进行的，与物理学、化学实验一样。通常情况下，语言学实验不需要机械设备，而是运用和发展技术。实验并不一定意味着量化。语言学中很少会用到测量、称重、读指针等方法，因为在型式的王国中，量和数的作用微乎其微。型式的王国中没有变量，而是从一种结构到另一种结构的突变。数学科学要求精确的测量，而语言学所要求的是精确的“型式化”（patternment)—— 一种关系的精确性，不考虑维度的关系的精确性。量、维度和强度都是象征性的，因为实际上它们并不属于这个没有空间的关系世界。我也许可以用以下比喻：线和角的精确测量对于画正方形或其他规则的多边形来说十分必要，但这种测量无论多么精确都不可能帮我们画出一个精确的圆。不过，只需弄清圆规的工作原理，就可以立刻获得画出完美的圆的能力。同样，语言学发展出来的技术就像圆规一样，使这门科学能够在没有任何实际测量的情况下，**精确地**描述它所关注的种种型式。或者我也可以把语言学的这种情形比作原子内部的情形。原子内部成分的运动也是从一种构形到另一种构形的转换或交替，而不是可测量的位置的移动。既然是以交替形式出现，我们就必须用这样一种分析方法来研究量子现象：用一类条件下某个型式中的某一点取代另一类条件下某个型式中的某一点。这种方法类似于分析语言现象时所用的方法。

物理学和化学研究的是无生命的物质，其实验主要需要无生命的仪器和材料。现在这些实验的规模较大，每一步都要有精制的物质设备，需要在成套装置上投入大量资金。做这些实验十分昂贵，无论是从绝对意义上来讲，还是相对于科学家的数量来说。实验生物学也要用到很多无生命的器材，但它的基本实验器材是实验用的动植物及其食物、处所及生长所需要的设备。从所需量来看，这些实验也是昂贵的。无论是在物理学领域还是在生物学领域，只要有助于人类知识的增长与福利的提高，没有人会吝啬这些花销。

语言学所用的器材或工具比这些学科所用的要便宜得多。但这也需要钱。实验语言学家同生物学家一样，使用而且必须要有动物做实验。只不过他的实验用的“动物”是人。他们向语言学家提供语料，必须因此得到工作报酬。有时语言学家必须要去语料提供者所在的印第安人居留地或非洲村落；有时候把这些人请到他那里更省钱。这些人提供了实验性调查的田野，他们是工具，不是老师。通过这种方式学印第安人、非洲人或其他土著人的语言同学习布鲁克林方言、波士顿方言、里士满方言和伦敦方言一样重要。

语料提供者是最基本的实验工具，但语言学家还可以借助机械性工具来提高研究质量、加快研究进度，就像生物学家借助显微镜、X光仪和其他昂贵的仪器来研究动植物一样。正确使用品质良好的留声机播放装置，对语言学家帮助很大。商用仪器也可以帮忙做很多事情。

虽然语言学是一门古老的科学，但强调对非书面形式的言语进行分析的现代实验语言学，却可以视为最新的科学之一。据我们所知，公元前数个世纪，印度一位名叫波你尼[①]的学者创立了语言学，或者说为今天的语言学奠定了基础。在语言学的最初形式中，已经孕育了当今这门科学的最新发展。在研究语言问题时，波你尼很重视代数形式，即型式符号。他用一种很现代的公式来表示梵文的必要型式。是希腊人贬低了这门科学的意义。他们的行为显示，作为具有科学头脑的思想者，他们同印度人之间还有多么大的差距。而希腊人的糊涂影响了世界长达2000年之久。语言学作为一门现代科学，应该是从19世纪早期西方世界重新发现波

① 波你尼(Pāṇini，公元前4世纪)，印度古代语法学家，所著《波你尼经》包含一个完整、科学的语法体系。在欧洲，《波你尼经》促成了印欧语系比较语言学的产生。——译者注

你尼开始的。

但是，就从事研究所必要的设备、可供使用的语料提供者数量，以及所需工具、书籍等的数量而言，语言学还处于幼年期。比如，我在上面提到的用于机械设备的资金，目前还只是个美丽的梦。造成这种情况的原因，也许是因为语言学未能像其他科学一样得到公众的了解和支持。实际上，其他科学所得到的支持也是公正地争取来的。现在我们大家都知道，物理学、化学和生物学的研究是颇具效力而且非常重要的。但是，一般人还不了解语言学研究的强大效力及重要性。他们不知道，语言学原理支配着人与人之间的种种沟通与理解。总有一天，语言学会坐在法官的席位上，而其他学科则将其研究结果拿到它的法庭上来，等待它裁决这些结果究竟意味着什么。当这一天到来的时候，语言学就会像其他精确科学一样，拥有自己的宏伟而装备精良的实验室。

（王志欣　译）

语言与逻辑*

在英语中，“我把树枝拉到一旁”(I pull the branch aside)和“我有个多余的脚趾”(I have an extra toe on my foot)这两个句子很不一样。除了主语代词和现在时标记是英语句法规定的共性，两个句子可以说没有共同点。一般的乃至科学的说法是，两个句子不同，是因为它们所谈论的内容有根本的内在差异。我们的自然逻辑学家凡夫先生会这样说；老派的形式逻辑学家或许也会同意他的说法。

现在我们请一位讲英语的科学观察家帮忙，他是位公正的观察家。我们请他直接观察上面两种现象，看看我们是不是忽略了二者间的某些相似性。观察家很有可能会肯定凡夫先生和逻辑学家的断言。他虽然不一定完全赞同老派形式逻辑学家的思想，甚至乐于证明他是错的，可是不得不失望地承认自己的失败。“我希望自己能让你们满意，”他对我们说，“可是我费尽了力气，也没发现这些现象有什么相似之处。”

然而此时我们的倔劲儿上来了：是不是火星人也会下同样的结论？一位语言学家告诉我们，不需要走火星那么远。我们尚未搜遍地球，看看各种语言对上述现象的分类是否都同英语的一样。

---

* Languages and logic. 原载 *Technol. Rev.*, 43:250-252, 266, 268, 272 (1941年4月)。

于是我们发现，在肖尼语中，上面两句话分别是 *ni-l'θawa-'ko-n-a* 和 *ni-l'θawa-'ko-θite*（θ 表示“thin”中的 *th* 音，' 表示换气停顿）。两个句子非常相像，实际上只是句尾不同。在肖尼语中，重要的、被强调的成分一般在结构的开头。两个句子都以 *ni-*（“我”）开头，这只是个前缀。接下来是关键词 *l'θawa*，这是肖尼语常用词，表示叉的形状，如图 15－1 所示。下一个成分 *-'ko* 的确切意思不太清楚，但它与后缀 *-a'kw̦* 的一个变体 *-a'ko* 在形式上吻合，表示树、灌木、树的一部分、树枝，或者任何具有类似形状的东西。在第一个句子中，*-n-* 表示“通过手的动作”导致或加强，或者既导致又加强了特定的基本状态（叉状）。句尾的 *-a* 表示主语（“我”）向某个适合的对象施加这一动作，所以第一个句子的意思是“我在它（树枝样的东西）分杈的地方把它分得更开”。在另一个句子中，后缀 *-θite* 的意思是“与脚趾有关”，在没有其他后缀的情况下，这一状况呈现于主语自

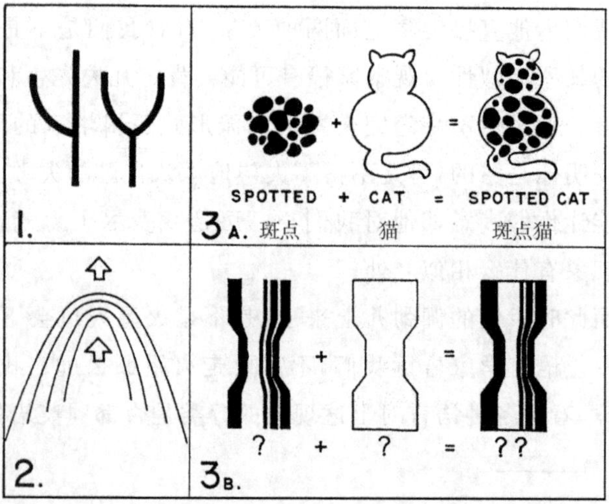

图 15　如文中所述，上图中表现的一些语言概念很难确切定义。

身。所以这句话的意思是“我有个多余的脚趾,从正常的脚趾旁叉开去”。

肖尼逻辑学家和观察家会将两种现象归为一类,因为它们有内在相似性。我们自己那位讲英语的观察家听到这一切之后,将自己的测量工具重新聚焦,再次进行观察,立刻兴奋地发现了相似之处。图 16 中是一个相似的例子:“我将他的头向后推”(I push his head back)和“我将它投入水中,它浮了起来”(I drop it in water and it floats)。这两个句子在英语中很不相同,但在肖尼语中却十分相似。

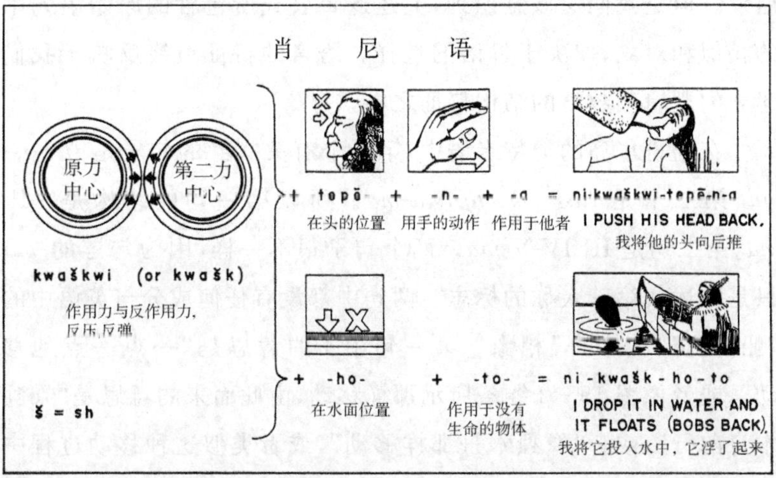

图 16 英语句子“我将他的头向后推”和“我将它投入水中,它浮了起来”很不同。但是在肖尼语中,相应的陈述却非常相似。这说明,在自然分析和事物分类中,语法决定了某些东西是否相似或归为一类(逻辑)。

语言相对论的观点改变了凡夫先生的断言。原来他说:“句子各不相同,是因为它们呈现不同的事实”,现在他认识到:“对语言不同的人来说,事实各不相同,因为语言背景提供了不同的事实形式。”

我们再来看另外一个例子。在英语中，“那艘船搁浅在沙滩上”(The boat is grounded on the beach)和“那艘船是由精选的人员装备的”(The boat is manned by picked men)好像很相似。二者都是在谈论一艘船，都描述了船与其他事物的关系。这是我们的看法。语言学家会指出两个句子在语法形式上的相似：“The boat + is + $x$ed + 介词 + y。”逻辑学家会将语言学家的分析转述为“A 处于与 y 关联的 x 状态”，或者 $f\mathrm{A}=x\mathrm{R}y$。这种符号象征方式使我们有了理性规则的有效手段，它刺激思维，给人以有益的启发。但是我们应该意识到，上述逻辑公式所包含的原始语句中的相似和对立，取决于母语的选择。语言的特征最终反映于我们建立的逻辑和数学的结构特征之中。

在温哥华岛的努特卡语中，第一个有关“船”的句子是 *tlih-is-ma*，第二个是 *lash-tskwiq-ista-ma*。所以第一句的结构是 I-II-*ma*，第二句是 III-IV-V-*ma*。两个句子很不一样，因为句尾的 *-ma* 只是陈述式第三人称的标志。两句中都没有任何成分与英语中的“船”甚至“独木舟”相像。第一句中 I 的意思是“一点一点地移动”，或者像图 15－2 线条所示那样移动，由此而来的意思是“乘独木舟前行”，或者“像独木舟那样移动”，或者类似这种移动过程中之一点的事件。它不是我们所说的某种“物体”的名称，而更像物理学中的矢量。同句中的 II 意为“在沙滩上”，所以 I-II-*ma* 的意思是“像独木舟那样一点一点移动的事件在沙滩上”，一般情况下指陆地上的船。在第二句中，III 意为“挑选”，IV 为“结果”，III-IV 合在一起是“被挑选出来的”；V 意为“作为船员在一只独木舟(船)里”。全句 III-IV-V-*ma* 的意思是“他们作为挑选出来的船员在一艘船里”,或者“这艘船具有由挑选出来的人组成的船员队伍”。整个事件涉及挑选出来的人,以及船员队伍的形成。

也许是以前学习化学工程的缘故,我有时喜好用化学概念做比喻。我这样说或许读者能够理解:就组句方式而言,肖尼语和努特卡语的句子像是化学化合物,而英语句子像是机械混合物。正如山地居民常喝的咸肉蔬菜汤,混合物几乎可以由任何物质集合而成,无须较大的外貌改变。化学化合物则只能由相互适合的成分构成,化合结果可能是汤,也可能是一簇结晶或一片烟雾。与此相似,在典型的肖尼语和努特卡语句子构成中,词语选取的依据主要并非其直接所指,而是这些词语能否通过多重方式的结合,引发新鲜有用的形象。对我们所熟悉的语言来说,这种选择词语和分析事物的原则十分陌生。

能在基本词汇层面用这种激发想象的重新组合来分析自然,这是努特卡语、肖尼语等多式综合语最突出的特征。这些语言的典型特征并非如一些语言学家所认为的那样,是结构成分的密不可分。肖尼语的 *l'θawa* 可以单独使用,但其意思是“它(或某物)的形状像叉子”。至少对我们的智力或我们的逻辑来说,这一孤立的陈述无法像在结构组合中那样生发出新鲜的意义。肖尼语和努特卡语并非仅使用化学式的综合。它们也大量使用一种较为外化的句法,但它没有基本的结构优势。即便我们的印欧语言,也不是完全不采用化学式的组合,但却很少用它们组句,只是对其可能性略留一二,而将结构优势赋予另一方式。因此,亚里士多德将我们的传统逻辑完全建立在后者之上,也就不足为怪了。

现在让我换用另一个比喻,这次不是化学而是绘画艺术。我们看到一幅很好的静物油画,好像是一只光亮的瓷碗和一只毛桃。但如果进行忽略整体的分析，就好像透过纸板上的一个小洞仔细观察画面，那我们就只能看到奇形怪状的片片油墨，看不出碗和水果的形状。油画的这种综合性与化学式的句法一样，揭示了某些蕴涵于艺术和语言之中的基本心理要素。图 15－3A 则典型地表现了艺术和语言中的机械方式。图中第一个成分是一片斑点，对应于形容词“斑点的”(spotted)，第二个成分对应于“猫”(cat)。将它们拼合在一起，便有了“斑点猫”(spotted cat)。对比一下图 15－3B 所示的方法。此处对应于“猫”的图形本身意义相当模糊，大约是“袖章似的”，而第一个成分的意义则更加模糊。但是当二者结合在一起，便引发出一个滚筒样的物体形象，像一个转动的轴承。

两种方法的相似之处，是对形式进行系统的综合，这也是所有语言普遍使用的方法。我在图 15－3B 的成分下面标了问号，以指出很难找出它们与英语之间的对应，以及这种方法可能在传统逻辑中找不到。然而由于有了对其他语言的观察，也由于现代逻辑学家自己提出了发现新逻辑的可能，我们能够看到新逻辑对现代科学的意义。新的逻辑最终会帮助我们理解，为什么电子、光速，以及其他物理学研究对象的成分，其运动好像没有逻辑规律；一些以往常识完全无法解释的现象，其实是真实的。现代思想家早已指出，在科学的一些重大前沿问题面前，所谓机械的思维方式已经陷入死胡同。如果我们的语言从未让我们体验其他思维方式，甚至我们当中最先进的哲学家和数学家也不能提供其他思维方式(他们当然无法在没有语言体验的情况下做到这点)，那么要我们抛弃机械的思维方式是非常困难的。这是因为，机械思维也许正是凡夫先生日常使用的西方印欧语的一种自然句法，亚里士多德及其中世纪和现代的追随者将其定型并不断强化。

在1940年4月的本刊中,我发表了一篇题为《科学与语言学》的文章。该文谈到,由于在儿童期就轻松自如地、下意识地获得了语言,我们以为语言和思维完全是直接、透明的。我们自然而然地认为在它们当中蕴涵着自明的、放之四海而皆准的思想法则。我们知道所有答案!但是仔细观察之后,这些答案就变得一文不值。我们用语言来达到对于某事的一致意见,比如我说:"请把门关上",听者和我都明白"门"指我们所处环境中的某个部分,并且我期待产生某种结果。我们对于自己如何达到这种理解的解释,虽然在日常社会层面相当令人满意,但无非是关于特定事物(比如门)的更多的一致意见(陈述),它们又转而被关于社会和个人交流动机的陈述进一步强化。这其中没有思维的法则。然而语句结构的规律性让我们感觉到,法则隐藏在后面某个地方。"于是我跳了起来,对他说,我说,看着这里,你为什么不……!"对此类句子之理解的解释,显然逃避了"他"与"我"交流的真实过程。有关人际交流之社会和情感动机的心理—社会描述,也同样在重复老套方法,尽管有趣,仍然回避了真正的问题。同样,通过生理学和"刺激",从语句层面跳到社会情境层面,也回避了问题所在。

尽管"人为什么能够理解"在相当长的时间内仍会是秘密,但"人如何理解"或理解的逻辑——其法则或规律的背景——则可以被揭示。答案便是我们母语的语法背景,这不仅包括如何建构命题,而且包括如何分割自然、切分流动的经验从而组成命题的成分。这一事实对科学非常重要,它意味着科学能够有一个理性的或逻辑的基础,尽管它是相对的,不是凡夫先生的自然逻辑。虽然这一基础随语言的不同而变化,虽然这些变化的维度仍需总体描述，但它无论怎样都是有着可循法则的逻辑的基础。科学思维和推理的基础，不应仅仅被视为社会适应和情感需要满足的过程。

我还想说明另一点：语言具有极大的重要性，这并不是说传统上称为“心智/思维能力”(mind)的实质背后没有任何东西。我从自己的研究中发现，有着关键作用的语言，在某种意义上是更深层意识过程的表面装饰，这些意识过程在任何交流、暗示、象征等可能发生的活动之前都是必需的；必要的时候，它们还会在没有语言和符号帮助的情况下影响交际，尽管不是真正达到一致意见。我说语言是“表面性的”，如同所有化学过程相对更深层的物理存在都可说是表面性的。我们将更深层的物理存在称为原子内的、电子的、电子内的，等等。没有人会认为这意味着化学不重要——事实上我要说的是，在明确的操作意义上，越表面的东西可能越重要。也许根本就没有大写的“语言”！“思维的问题是语言的问题”是错误的概括，较为正确的说法是“思维的问题是不同语言的问题”。各式各样的语言是现实存在，不能把它们概括为普遍的大写“语言”，称其为“从属语言”(sublinguistic)或“超语言”(superlinguistic)可能更合适一些。它们即便与我们现在称为“心智、心理”(mental)的东西差异很大，也不是完全不同。对语言做这样的概括不仅不会削弱，反而会增强以寻求真理为目的的跨语言研究的重要性。

为了解生物种类的世界，植物学家和动物学家发现有必要对世界所有地区的现存种类进行描述，并研究化石以增加时间的维度。接下来他们认为有必要进行种类之间的比较和对比，以描述其纲目科属、进化关系，建立形态学、分类学。在语言科学中，相应的工作也正在进行。工作的远期目标，是建立新的语言和思维技术。在自然语系的分类方面,已经取得了许多成就,语言学家寻找每一语系中各语言的共同发源,追溯这一语系在漫长时间中的演化。此类研究称为"比较语言学"。可以称为"对比语言学"的研究对未来的思维技术具有更重要的意义,它描绘各种语言在语法、逻辑以及经验概括分析方面的巨大差异。

正如我在1940年那篇文章中所说,对自然的切分是语法的一部分,然而语法学家对此的研究还极少。我们之所以将流动、扩散的事件做目前这样的切分和组织,主要是因为我们的母语规定如此,而不是自然本身已经切分成既定的模样给所有人看。语言的差异不仅在于如何组织句子,而且在于如何切分自然,以便将切好的模块放到句子中去。切分的结果是词汇单位。"词"(word)也许不是一个能很好表示这种单位的"词";有人建议用"词位"(lexeme);我们可暂且用"术语"(term)。通过这些多少具有明确性的术语,我们为经验赋予半虚假的孤立特征。英语中的术语,如"天空、山峦、沼泽"(sky, hill, swamp)使我们将连续的自然中某些难以捉摸的方面看作是独立的物体,就像桌子或椅子那样。所以英语以及类似的语言使我们相信,宇宙是与词相对应的独立物体和事件的集合。古典物理学和天文学就蕴涵了这样的图像——宇宙是由相互分离、不同大小的物体集合而成的。

古典逻辑学家也试图举例说明这一点,但这些例子大多没有说服力。他们用桌子、椅子以及桌子上的苹果来证明现实的物体性质,以及现实与逻辑的一一对应。人造物品以及人从植物中分离出来的农产品有罕见的孤立性,语言自然会赋予它们相当独立的术语。但真正的问题并非不同语言如何表述这些人为孤立起来的物体,而是它们如何表述连续的自然——它的运动、颜色、变化的形式;如何表述云、沙滩,以及远处鸟儿的飞翔? 因为,物理学对于宇宙的解释,与我们对自然的切分相吻合。

我们会发现自然切分与基本术语选择方面的差异。我们可能说"这是一眼滴水泉"(It is a dripping spring),从而从自然中分离出某物。阿帕切语的相应陈述建立在动词 *ga* 上:"是白的(包括清澈、无色,等等)。"加上前缀 *nō-*,便有了向下运动的意思:"白色(的东西)向下运动。"然后加上前缀 *tó*,即"水"和"泉"前缀。组合的结果对应于英语的"滴水泉",但它的综合意义是"像水或泉那样,白色向下运动"。这与我们的思维方式相距多么遥远!同样是 *ga* 这个动词,加上表示"具有这一特征之地"的前缀,就成了 *gohlga*:"这地方是白色、空旷的;一块空地、一片平原。"这些例子表明,有些语言采用我所说的化合物表达方式,相互独立的术语并不像英语中那样孤立,而是融会到一起,形成弹性的综合语句。这些语言不像英语及其亲属语那样竭力将宇宙描绘成相互孤立的物体,因而为我们展示了新的逻辑和新的宇宙图像的可能。

在印欧语和其他许多语言中都有一种突出的句型:句子一分为二,每一部分以一类词为中心——名词和动词,语法对这两部分有不同的处理。我在 1940 年那篇文章中已经指出,这两部分的区分并非从自然中来,而只是由于每种语言都必须有某种结构,而印欧语等语言恰好采用了这种结构。以亚里士多德为代表的古希腊人建立了这种对立,并将它作为理性的法则。从此,这一对立在逻辑中得到不同方式的陈述:主语与谓语、动作者与动作、事物与事物间的关系、物体与它们的特征、数字与运算。同样是由于语法的运作,我们确立了这样的概念:名词类可以独立存在,而动词类不能离开"东西"存在,就好像需要固定在一个木桩上。"体系化非常必要”已经成了这种信仰的口号，从来没有人对它进行深入的质疑。然而现代物理的发展趋势，特别是对“场”的强调，暗示了对这一信仰的挑战。在我们的数学中，上述对立表现为两类符号——一类包括 1、2、3、x、y、z 等，另一类包括 +、—、÷、$\sqrt{}$、log-。当然，如果考虑 0、1/2、3/4、π 的情况，也许不易将符号严格地分为两类。然而两组符号的区别一直都存在于思维之中，不论是否被明确地表达出来。

印第安语言告诉我们，只要有合适的语法，就可以造出不分主谓的聪明句子。任何主谓切分都只能是对某种英语译句或重述句的切分，而不是对印第安语原句的切分。这就好比试图将某种合成树脂分解成赛璐珞和白垩粉，因为它可用赛璐珞和白垩粉仿制出来。肖尼语所属的阿尔冈昆语系也使用一种英语那样的主谓二分句，但在这一语系中，更重要的是上文以及图 15 的例子呈现的那种句型。ni 在译句中的确是由主语表达的，但它的意思除了“我”之外还有“我的”，原句也可译为“我的手正将树枝拉到一旁”。ni-也可以不出现。在这种情况下，我们便需要在译句中创造一个主语，如“他、它、某人”，或者为英语译句的主语配上一个与肖尼语原句成分对应的概念。

在努特卡语中，不分主谓的句型是唯一的句型。该语言也使用“谓语关系”(predication)这一术语，但意思是“句子”。努特卡语没有词类区分；最简单的言语就是句子，即对事件或事件群的描述。长句是句套句(复合句)，而不只是句套词。图 17 表示一个努特卡语句——简单句而非复合句。这句话译成英语是主谓二分的：“he invites people to a feast(他请人大吃一顿)。”原句并非主谓二分，开始部分是 *tl'imsh*，即“煮”或“烹调”这一事件；然后是*-ya*

(“结果”)=“煮熟了的”;后接-*'is*“吃”=“吃煮熟的食物”;再接-*ita*(“那些人”)=“吃煮熟食物的人”;再接-*'itl*(“去找”);最后是陈述式第三人称标记-*ma*。整句连起来是 *tl'imshya'isita'itlma*,粗略地对应于“他,或某人,去找(邀请)吃煮熟食物的人”。

如上所述,英语的说话方式依赖于两个人为对立的类别:名词和动词,以及二分的自然观。除祈使句外,一般句子的动词前面都必须有名词。这一句式规则对应于一个哲学观,也是幼稚的观念:“动作者进行动作。”假使英语中有上万个“拿着”(hold)这样的表示位置的动词,上述观念也许就不会像现在这样独霸天下。但实际上大多数英语动词都遵循同一种切分方式——把动态的轮廓从自然中孤立出来,即我们所说的“动作”。

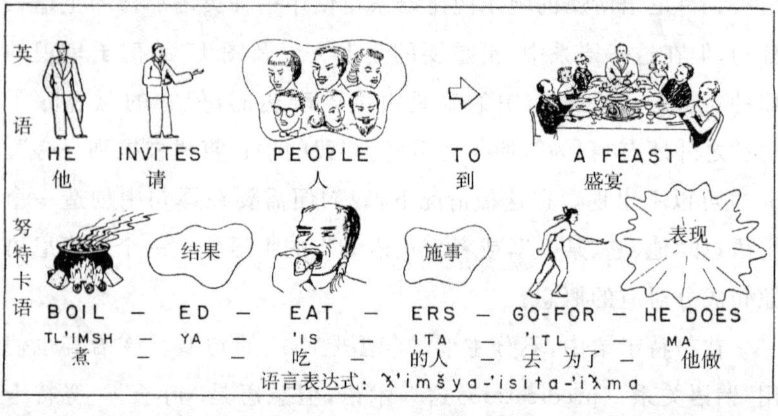

图 17 英语和努特卡语对同一事件的不同表述方式。英语句可分为主语、谓语两部分,努特卡语的句子不可主谓二分,但却是完整、有逻辑性的。另外,努特卡语的句子只有一个词,包括词根 *tl'imsh* 和五个后缀。

由于遵从多数原则,我们在每个句子中都能找到“动作”,甚至“我拿着它”也不例外。只要稍微想一想就会明白,“拿着”并不是动作，而是表示相对位置的状态。可是我们把它想成甚至实际看成是动作，因为语言对它的规定与更为普遍的涉及移动和变化的表达方式（如“我打它”）并无二致。

由于我们的动词之前必须有名词，我们总是在自然中看到虚幻的动作者。我们必须说“它闪了一下”（It flashed）或“亮光闪了一下”（A light flashed），设定一个动作者“它”或“亮光”，从而完成我们称为动作的“闪”。然而闪和光全然是一体！霍皮语对同一现象的描述只用一个动词 *rehpi*：“闪光（发生了）。”此处没有主语和谓语的区分，甚至没有成分相应于拉丁语 *tona-t* 中的后缀-*t*（“it thunders”，打雷了）。霍皮语中可以有、而且的确有独立于主语的谓语，这使霍皮语很有潜力发展成为理解宇宙中某些现象的逻辑系统，尽管这种潜力可能永远不会被开发。正如我们习惯做的那样，深深打上印欧语烙印的现代科学自然经常看到动作和力，但有时这些“动作”和“力”适合看成状态。另一方面，“状态”是名词，因而享受主语或物体类别传统上的优越地位；所以，一旦可以操纵名词类的概念，科学特别倾向于谈论状态。也许，对于原子或分裂的细胞这样的“状态”，更好的讨论方式有赖于方便地操纵贴近动词的概念，而不囿于动作者-动作的二分预设。

“请用明白、简单的英语表述。”说这种话的人能得到我的同情，特别是当他们试图抵制空洞的形式主义，抵制装腔作势堆砌学术词汇的话语。但是，将思维仅仅局限于英语的模式，特别是局限于最简单的英语模式的时候，我们就会丧失一种思维的力量，这种力量一旦丧失便难以复得。“最明白的英语”恰恰包含了最多的有关自然的下意识预设。这也是基本英语一类方案的问题所在。基本英语可说是掏空内脏的英国英语，隐藏的预设在此起着前所未有的作用。这样一种语言竟被当作纯粹理性的内容本身，蒙骗轻信的世界。如果我们具有多语意识并以此优势来驾驭语言，便能更有效地表达思想，即便是用明白简单的英语。有人将未来构拟成只讲一种语言的世界，在我看来这是错误的理想。无论英语、德语、俄语还是任何其他语言充当这一角色，一元语言世界都会对人类思维能力的进化造成极大损害。西方文化已经通过自己的语言对现实做了某种暂时性、试探性的分析，如果没有更正，这一分析就会被当成是最终的、绝对的。要更正它，唯一的出路在于其他语言。这些语言经过长久的独立进化过程，达到了各自对现实的暂时性分析。它们有别于我们的分析，但是具有同样的逻辑性。

哈罗德·N. 李写过一篇很有价值的文章——《现代逻辑与自然科学的任务》。他在文中指出："以量化材料为基础的科学学科得以最有成效的发展，是因为我们对数学模式之外的规则系统知之甚少。但是我们可以肯定地说，存在着别样的规则系统，因为近半个世纪逻辑学的发展清楚地表明了这一点。如果逻辑学的发展能够提供足够的有关其他规则的知识，我们就可能在已经确立的许多科学学科中创造新的突破。有了新的规则系统，我们还可能为那些目前尚无严格科学方法的探索找到它们需要的方法。"[①]我们还要加上一点：要发掘与现代数学相似但不相同的新的规则系统，一个重要的方面，就是比以往更加深入地研究那些与我们的语言极不相同的语言。

---

① 见 *Sigma Xi Quart.*，28：125（1940 年秋）。

语言、心理与现实*

一

作为现代西方文化伟大启示者的科学，目前已经在不知不觉之中来到一片陌生的领地，这是显而易见的事实。它要么埋葬死人，消除等级，向越来越陌生的领域进发，揭示让墨守文化成规的人吃惊的事实和规律，要么就必定像克劳德·霍顿生动描述的那样，成为自身历史的剽窃者。很久之前，人们就眺望到了这一陌生领域的轮廓，并且给它起了一个流传至今并充满神秘色彩的名字——巴别塔。科学具有追求精确事实的光荣、悠久的历史，它在意想不到的语言规律事实面前终于限入困惑。这些事实从未被过去的古典科学承认、面临或作为事实理解过。相反，它们从后门进入科学的大厦，被当成“理性”自身的实质。

我们称为“科学思想”的东西，是西方印欧语的产物。它不仅发展出了一系列理论(dialectics)，而且还发展出了一系列方言(dialects)。**目前这些方言正变得相互之间无法理解**。例如“空

---

* Language, mind, and reality. 原载 *Theosophist*(印度马德拉斯省)，1942 年 1 月和 4 月期。经通神论协会同意重印于此。

间”(space)这个词的意义,对于心理学家和物理学家是不一样的,也不可能是一样的。即便心理学家下定决心,试图排除万难,完全按照物理学的意义使用“空间”一词,他们也无法做到这一点,就像英国人不可能使用英语的“sentiment”(情绪、伤感)一词,来表达法语中拼写相似但功能相异的“le sentiment”(意识、爱情)的意义。

上述差异不仅造成了一些或许能由资深翻译家解决的具体问题,还造成了一些更大的麻烦。所有的语言和严密的科学方言(sublanguage)都蕴涵着某些观念,蕴涵着某些模式化了的对其他各种不同观念的抗拒。如果我们不是将语言当作相对的现象审视,而是认为它理所当然,以个人方言之偏盖语言总体之全,那么上述情况就会特别严重。这种对其他可能性的抗拒不仅将具体的科学学科人为地相互隔离,而且也阻碍了整体意义上的科学精神在发展道路上向前迈出伟大的下一步——这一步需要有科学史上从未有过的观点,需要与传统决裂。科学理论当中有某些僵化的语言模式,它们往往也蕴涵在孕育了这些科学的欧洲文化当中,并被当作纯粹的“理性”本身长期受到崇拜。这些僵化的模式已经走上穷途末路。即便科学也开始意识到,这些僵化的模式不知为何无法正确聚焦,无法观察到现实当中可能有重要意义的某些现象,对于这些现象的观察将影响到人们对整个宇宙的进一步理解。

所以,西方学术发展的重要一步,是重新审视自身思维的语言背景,或者说任何思维的背景。我之所以同通神论读者讨论这一问题,并不是想证实或肯定任何通神论教条①,而是因为,在我所

① 通神论或通神学(theosophy),倾向于神秘主义的宗教哲学。通神论的基本原理包括:1)存在着无所不在的、永恒的、无限的、不变的本原,它超乎人的思维能力;2)宇宙永恒;3)万人灵魂与普在超灵根本为一体。超灵本身是未知之根的一个方面;作为它的火花的每一灵魂反复投生,轮回不已。——译者注

接触的所有群体当中,通神论者似乎最热衷于思想——新的思想。如果西方文化能够在当代野蛮的纷扰中幸存下来,有些人必定要被推上领导地位,重新规划全人类的未来。我的任务就是向所有这样的人解释一种思想。

这个思想非常极端,很难用一个现成的方式表达出来。我宁愿先不为它命名。这一思想就是,一个本体的世界——一个超空间的、更高层次的世界,正等待所有科学去发现;它将在此过程中结合和统一各门学科。这一等待发现的领域,首先是关系模式或关系型式(patterned relations)的王国,它纷繁复杂,但又与语言丰富而系统的结构有着清晰可辨的联系;例如纯数学和音乐,它们从根本上说与语言同类。这一思想既比柏拉图的哲学更古老,同时又与最革命的思想家的观念一样新鲜。它蕴涵于怀特海[①]的同伦论,蕴涵于相对论物理的四维连续体以及将每一时空点上世界的属性概括出来的黎曼-克里斯托弗尔张量[②],也蕴涵于现代科学理论中最富有启发性、我认为也是最具独创性的理论表述之一——邬斯宾斯基的《第三工具》。[③] 关于这一话题我唯一可能的新贡献,就是未知的、更广阔的世界在语言中的前兆,我们置身并从属于这一未知世界,而物理现象不过是它的表面或表皮。现代

① 亨利·怀特海(Whitehead, Henry 1904—1960)英国数学家,对同伦论的发展起了重要作用。同伦论是关于拓扑空间中一类特殊映射的理论,是对欧几里得空间的扩展。——译者注

② 指由德国数学家黎曼(Riemann, Bernhard 1826—1866)和瑞士数学家克里斯托弗尔(Christoffel, Elwin Bruno 1829—1900)发展出的几何理论。这一理论拓展了有关空间的概念,在爱因斯坦的广义相对论中得以应用。——译者注

③ 彼得·邬斯宾斯基(Ouspensky, Peter D. 1878—1947),俄国哲学家。其《第三工具》提出了继亚里士多德的《工具论》、培根的《新方法论》之后的第三种理解世界的方式,指出人类感知世界的局限,引起巨大反响。——译者注

科学正开始采用数学的方法探索现实，这只不过是探索世界与语言关系的一个特例。

这一思想还意味着，我所讲的型式，在宇宙构成的意义上的确是根本性的，而且，这些型式构成整体，就像格式塔心理学中的形态那样，蕴涵在处于连续过程中的总体之内。因此，宇宙的图景有着序列的、层次结构的特点，是平面或层面的延伸。由于不能充分认识这种连续性，诸门科学各自从世界当中切割下一块作为研究对象，这些被切下的部分可能横跨不同的自然层面，或者在涉及现象性质转换的重要层面之前突然截止，或者超出传统观察方法的范围。

但是在语言学这门科学当中，语言范畴之事实迫使人们承认连续的平面，每一平面都建立在明确的观察到的型式之上。就好像我们观察布满花边图案的一面墙，发现这些花边组成了一幅更清晰但仍很精致的小花图案。仔细观察这一小花图案的布局，我们又发现其中有许多空隙，连续的空隙构成了另一个涡形图案，而一组一组的涡形又构成了字母，字母按一定的顺序连接起来组成了字，字的排列又显示了诸多不同的东西，依此以连续的交叉型式构成更宏大的图案。我们最终发现，这面墙是一部伟大的智慧之书！

首先，在严格的语言现象“之下”，是由声波构成的物理、声学现象层面；在此之上是生理-语音层面，由振动肌肉和发声器官构成，其规律运动的结果是某种语言的辅音、元音、口音、声调系统；再上面是词素音位层面，前一层面的“音位”或“音素”在这一层结合成“词素”（词以及比词小的词缀等）；在它之上是形态层面；然后是一个复杂的、在相当程度上潜意识的型式层，被人为地称为句法；在句法之上还有其他层面，对它们的全面了解将来可能会让我们惊讶不已。

言语是人类上演的最好的一出戏。它是人在进化舞台上自己的“一幕/行为”(act),人在宇宙背景前亮相,并的确“做着他的事情”。但是我们猜想上帝有眼,他看得出人们用种种伎俩制造高潮的方法是偷来的——从宇宙之中偷来的!

关于自然与语言有内在联系的思想,虽然对西方现代世界来说很陌生,但是对于诸多比西欧文化历史悠久的文化来说,早已十分熟悉。在印度,它的一个表现形式就是曼怛罗[1]和曼怛罗艺术。在最简单的文化层面,曼怛罗只是原始魔术的化身,就像最原始的文化所具有的魔术那样。在高层文化中它具有不同的、非常深刻的意义,涉及语言与宇宙规律之间的内在联系。在更高的层面,它成为“曼怛罗瑜伽”。此处的曼怛罗变为复杂的意识模式,能够帮助意识进入本体模式的世界,在此它起着关键的驱动作用。它于是可以驱使人的肌体传递、控制、增强各式各样的能量,在通常情况下,这些活动只能在无法观察到的低级程度上进行。

与以上情况有些相似,物理学家可用某个数学公式,将线圈、锡纸盘、隔板等惰性相当大的闲散装置,调整至某种结构,使其能向远方的国家传送音乐;这一公式使物理学家的意识达到未受训练的人感到陌生的层次,于是,将物体调整到十分精巧的结构便被视为可能,能量的不寻常表现也被视为可能。其他的数理公式使发电厂内磁铁和线的巧妙组合成为可能,当磁铁(更准确地说,是磁铁内部和周围微妙的力的场)运动起来时,能量就通过我们称为

---

① 曼怛罗(Mantram),印度教和佛教的咒语。用来达到生活或宗教修养上的目的,同时也有更深刻的意义。例如,据说发“唵”就可以得到三大神的护佑。“嗡嘛呢叭咪吽”是中国西藏地区佛教修持常用的曼怛罗。——译者注

电流的方式显示出来。我们并不将无线电台或电厂的设计看作语言过程，但是它们无论如何是语言过程。这其中的必要数学就是语言机制，没有它对基本模式做准确而具体的描述，组装起来的各种装置就会不成比例，互不协调，无法运作。不过，这里所用的数学是专门的公式语言，用来表达特别类型的能量在金属体内的运动，也就是我们现在所称、所定义的电。曼怛罗的公式语言是另外一种专门语言，用来表达另外一种能量的运动，它重新组织神经系统和腺体的状态，或者更准确地说，生物体内部和周围微妙的“电能”或“醚能”。在这种巧妙的型式组合发生之前，这些有机体的部分只不过是“闲散装置”，就像散置的磁铁和电线那样，无法产生运动的能量。但是在适宜的型式之中，它们则与零散状态的属性大不相同，能够增强和激活潜在的能量。

由此看来，东方人对于语言的曼怛罗和瑜伽使用方法，也正是突出了语言的结构化和型式化的基本作用。这就把问题引到了我想讨论的最重要的一点。我们必须更多地了解语言！我们已经有足够的了解，意识到语言并非大多数普通人或科学家所以为的那样。我们在说话时几乎毫不费力，对正在使用的极其复杂的语言机制毫无觉察，这一事实造成了一个幻觉：我们以为自己知道语言是怎样运作的，以为完全没有什么未解的语言之谜；我们知道全部答案。呜呼，多么错误的结论！这就好像一个人未经正误的感官印象，使他获得的宇宙图像十分简单、可感觉、令人满意，但这与事实相去甚远。

让我们来想一想，世界怎样呈现在一个完全不了解科学对宇宙的发现的人面前，无论他具有多少智慧和人生经验。在他眼里，地是平的；太阳和月亮是体积相当小的发光物体，每天从东面的边沿跃上来,移至上空,然后落下西面的边沿;显然它们是在地下的某个地方过夜。天空是由某种蓝色物质构成的倒扣的碗。星星是很小且相距很近的物体,好像是有生命的,因为它们晚上从天空“出来”,就像兔子或者响尾蛇从洞穴里出来一样,到了黎明又溜了回去。“太阳系”对于他来说没有意义,“万有引力”这一概念也难以理解,不,根本就是胡说。在他看来,物体并不是因为万有引力而下落,而是“因为没有任何东西支撑”,也就是说,他无法想象它们除了下落还能怎样。他无法想象没有“上”和“下”、甚至没有“东”和“西”的空间。在他看来,血液并不循环,心脏也不会泵血;心是盛放爱、善良、思想的地方。“冷却”不是热的去除,而是“冷”的增加;叶子是绿的,这并非因为化学物质叶绿素的存在,而是因为“绿”的存在。要说服他放弃这些观念是不可能的。对于他这些都是再简单不过的、固定不变的、毋庸证明的常识;这些常识令他满意,因为它们在他和伙伴之间构成一个自足的交流系统。也就是说,它们在语言方面足以满足他的社会需求,因而不会改变,除非他感觉到新的需求,并找到了相应的语言表达方式。

此人对物质世界的范围和规律可说是一无所知。不过,从粗俗的野蛮人到博学的学者,我们所有人有关语言的概念,也正像他有关物质世界的概念一样。只有语言学这门科学开始对这一王国进行探索,其大多数成果仍不为其他科学领域所知。无论是普通老百姓还是科学家,人们对于施加于自己身上的语言之力的了解,并不多于野蛮人对万有引力的了解。人总以为自己在谈话活动中是自由的,不受限制的,以为这一活动简单、透明,自己完全可以解释。但是这些解释最终不过是陈述了迫使他进行交流的需求,与交流的过程无关。由此他会说自己在思考,“在产生想法的过程中"找到表达的词语。但是他为什么会在表达之前有这样或那样的想法？对这一问题，他的解释最终又只不过是自己当时的社会需求。这一回答是陈词滥调，丝毫没有洞察之光。不过此时他认为，没有什么必要洞察自己的谈话过程，因为他完全可以随意操纵自己的谈话以满足社会需求。由此他错误地暗示，对于所有理性的动物来说，思维都同样是显性的、简单明了的活动，语言是直截了当的表达工具。

实际上，思维是非常神秘的，而目前对我们理解思维帮助最大的正是对语言的研究。语言研究显示，一个人思维的形式受制于他没有意识到的固定的模式规律。这些模式就是他自己语言的复杂的系统，它目前尚未被认识，但只要将它与其他语言，特别是其他语族的语言做一公正的比较和对比，就会清楚地展示出来。他的思维本身就是用某种语言进行的——英语、梵语或汉语。[①] 而且，所有语言都是一个与其他语言不同的庞大的型式系统，这个型式系统包含了由文化规定的形式和范畴，个人不仅用这些形式和范畴进行交流，而且也通过它们分析自然、注意或忽略特定种类的关系和现象、引导推理过程、构筑自己意识的房屋。

以上原则对西方科学来说是陌生的，而且有无可争辩的事实做基础。而且，印度的哲学以及现代通神论对此思想或与此相似的思想也很熟悉。不过，由于梵语的哲学术语中没有与我所说的"语言"意义完全等同的词来广义地指称语言规律，所以这种相似

---

① 此处需预先为下文做一些铺垫。"用语言思考"并不意味着一定要用词。一个未开化的乔克托人可以同最高超的文学家一样轻松地对比时态或者两种经验的性，虽然他从未听说过有关对比的"时态"和"性"这样的词。许多时候思维根本不涉及词，而是操纵整体形式变化、词类以及个人意识焦点"之后"或"之上"的语法规律。

性往往被遮蔽。语言规律包含了所有象征、所有象征过程、所有指称和逻辑过程。像“名”(*Nāma*)这样的术语指的是这些规律的次一级层面——词汇层、语音层。与我所说的广义“语言”最接近的术语也许是“意”(*Manas*)[①],英语中模糊的“mind”(心理、思想)一词还无法与它对应。意在广义上是世界的层级结构中的一个主要层面——正如“意的层面”(manasic plane)这一表达方式所述。对讲英语的人来说,用“心理/心智层面”(mental plane)来理解“意的层面”会偏离本义。英语中的“mental”是个不幸的词,在我们的文化中它的功能往往不过是取代睿智的解释,它所蕴涵的不是通过型式表现的宇宙结构规律,而是一种模糊的边缘状态。不过,意有时只是指个人的心理;根据弗里茨·孔兹先生的看法,《沉默之声》当中一个名句所表达的就是此义:“心理(the mind)是残杀真实的大凶手。”

据说意有两个主要层面,分别叫作色(*Rūpa*)和无色(*Arūpa*)。较低层的是“名称与形式”的王国,即名(*Nāma*)与色(*Rūpa*)。[②] 此处“形式”是指空间结构(“我们的”三维空间)。这与宇宙模式之意义上的空间远不是同一个范畴。名或“名称”不是语

① “意”(Manas),佛教名词,有多种解释。可用作意识之略称,或泛指一切精神活动。亦用来指意识赖以发生的内在根据,“六识”(眼识、耳识、鼻识、舌识、身识、意识)之一。在此,意与有形的前五识不同,是无形的。《俱舍论》卷一:“如五识界,别有眼等五界为依,第六识别无所依,为成此依,故说意界。”“六识身无间灭已,能生后识,故名意界。”——译者注

② “色”(Rūpa)即物质实体,用来指称它的概念名称为“名”(Nāma)。“无色”(Arūpa)即没有物质实体,无形无名。无色界、色界、欲界是佛教中三个生存境界。无色界是最高境界,其中的生存不受形体的限制。色界是次级境界,其中的生存受形体的限制,但不受情欲干扰。欲界是最低境界,其中的生存受到形体和情欲的限制。——译者注

言或语言的规律，而只是其中的一层，即“词汇化”的过程，也就是以词为整体经验当中的一部分命名，这样一来，这些部分就相对于整体经验具有某种带虚幻色彩的独立。例如“天空”(sky)这个词，在英语中可以像“板”(board)那样接受各种处理，如 the sky，a sky，skies，some skies，piece of sky(“限定”或“不定”、“可数”与“不可数”)等等；这些处理实际上只适合于相对分离的、固体的东西，它们给我们的是一种视觉幻影。“山丘”(hill)和“沼泽”(swamp)使得我们将高度的区域性变化和土壤的构成看作独立的物体，几乎同桌子和椅子一样。每一种语言都以自己独特的方式，将延续和流动的经验做人为的切分。词与言语并不等同。我们就会看到，对词起支配作用的句子结构型式，比词更加重要。

由此，色与名——形状切分和词汇——是语言规则的一部分，不过是较为初级的、无法自足的一部分。它依赖于更高层的结构，也就是其组合模式(combinatory scheme)出现的层面。这就是无色界——最佳型式世界。无色，“无形的”，并不是说没有语言形式和结构，而是说并不以宇宙中的某种空间或视觉形状为参照，而正如我们已经看到的，对于“山丘”和“沼泽”来说，这种参照是词汇层的一个重要特征。无色界是一个型式的王国，可以在较低层的物质时空中“实现”，但是它们本身独立于时间和空间。这样的型式与词的意义不同，但是与意义在句子中出现的方式有些相似。它们不像个别的句子，但是像句子的模式(scheme)，以及句子结构的设计。我们个人有意识的“心理”(minds)，可以在有限的程度上，通过使用数学或语法公式理解这些型式，在这些公式当中，词、值、量等等可以被替换。下面我们将提供一个相当简单的例子。

只有在“意识的文化”的可能性之内，无色界的“心理”层面才可以在扩展的意识中被直接接触到。在邬斯宾斯基的著作《宇宙的新模式》当中，人们可以窥见这位哲学家得到的非凡心理状态的惊人景象，不过只是一幅简图轮廓，因为这些完全“非词汇”的远景无法很好地诉诸语言。他谈到完全由“数学关系”构成的“移动的象形文字”王国，谈到这样的“象形文字”可以不断扩展，直到覆盖宇宙的整个一部分。邬斯宾斯基对数学的偏爱，以及他对非欧几里得几何、超空间、时间与意识关系等专题的研究，可能导致了他对数学类推的强调。数学是一种特殊的语言，由含有数字1、2、3、4、…、x、y、z等的特殊句子发展而来。但是所有语言的所有其他类别也同样是某个重大系统的潜在核心。很少有人会持续地注意到它，但许多数学家和语言科学家一定都有这样的经历：在短暂的一瞬间，“看见”一整个关系系统，而过去从未想过它可能组成一个整体。这一整个硕大的系统，其和谐和科学之美在一瞬间使人陶醉在美学享受之中。例如，“看见”英语的所有基本音（“音素”/“音位”）以及音的组合，由某个复杂但系统的法则组织成英语中所有可能形式的单音节词——有意义或无意义的、实际存在的或从未想过的；这一系列可能的组合必然地排除其他所有形式，就像某种溶液的化学公式排除所有其他物质，只允许某类形状的晶体的产生。这种发现可能是一种独特的体验。

由于篇幅所限，我无法表述这一法则或型式的完整公式——一个所谓的“词素音位结构公式”。不过，我可以将这一公式缩略成以下形式[①]：

---

① 关于这一公式的完整形式及其解释，见拙文《作为精确科学的语言学》，载 *Technol. Rev.*，1940年12月，马萨诸塞州·剑桥·麻省理工学院。

$O, C-ng, C_1C_2, C_3C_4, \ldots$

$s \pm C_mC_n + V + (V_1)\ O, \pm (r, w, y)$；

$C-h, C'_1C'_2, C'_3C'_4, \ldots$

$C'_mC'_n \pm (t/d, s/z, st/zd)$。

这个公式要求按照莱昂纳德·布龙菲尔德《语言论》所描述的标准音位拼法来标注或“拼写”英语中的词，在这一系统中，双元音必须表述为一个单元音(V)，后面根据词的发音接一个 *w* 或 *y*(r,w,y)，由此“note”标注为 *nowt*(在有的方言中为 *newt*)，“date”为 *deyt*，“ice”为 *ays*。这种分析在物理或声学层面是正确的，因为如果将留声机当中“ice”的录音倒放，就得到类似 *sya* 的声音，而且，如果将 *sya* 完好地录入留声机并倒放，便会听到机器说“ice”。对于英语来说，这一分析在比声学层高两级的结构层也恰巧正确，因为 *ays* (ice)中的 ys 与 else 中的 *ls* 或 *els*、*sins* (since)中的 ns、*hats* 中的 *ts* 等是相似的型式，都是两个辅音组合在一起的普遍构造方式。

现在，如果我们将公式中的逗号读成“或者”，公式就会变成一长串子公式。其中最简单的就是 $O+V+C-h$(注意它是如何包含在大的公式当中)，它的意思是，词可以不以辅音开头，而以任何一个元音开头，后面接有除了 h 以外的任何一个辅音。由此我们便得到“at,or,if”等词。将大公式中的第一个项换到下一个符号的位置上，就得到 $C-ng+V+C-h$，意思是说这个像前面那样结尾的词，可以用除了 ng(如在“sing”中。这个音应由一个符号表示，但是为了尊重出版社，我还是采用了通常的双符标注)之外的任何一个英语单辅音开头。由这一型式得出一大批词，如 hat,bed,dog,man，而且还允许我们创造新词，例如 tig,nem, zib，但是按照上述规则造不出 *ngib* 或 *zih*。

以上结构型式相当简单。但从现在开始它们会变得很复杂！这一缩略的公式需要附有一系列辅音集合，就像许多洗衣清单一样，每一张单都由 C_1、C_2 等符号当中的一个表示。C_1C_2 这一公式意味着可以从 C_1 这张单子中任选一个辅音作为一个词的开头，接下去从 C_2 当中任选一个音，此时能选的范围恰好只有 *r* 和 *l*。如果 C_1 当中包含 *p*，*b*，*f*，那么就可得出 pray，play，brew，blew，free，flee 等词，以及没有意义的 frig，blosh 等等。现在假设我们想要创造以 *sr*，*zr*，*tl* 或 *dl* 开头的词。我们在 C_1 当中寻找，可是惊讶地发现其中没有 *s*，*z*，*t* 或 *d*。我们好像无路可走！我们拾起另外几张单子，可它们也毫无用处。我们无法根据公式将单子上的音组成我们所需要的这些词首组合。很显然，不存在这样的英语词，而且，任何即将成为刘易斯・卡罗尔或爱德华・利尔[①]的作家新秀都会出于某种神秘的原因拒绝创造这样的词。这说明，即便是在毫无边际的一阵胡思乱想当中，造词也绝非全凭自由想象，而是严格地使用预先模铸好的材料。如果要一个人创造出某种新词，而他的语言中并没有相应的型式，那么他一定无法接受，因为巧妇难为无米之炊！

如此，以上公式概括了英语中单音节词或像词的形式的所有组合，排除了所有不存在和不可能的组合。这些可能的组合包括“glimpsed”中的 *mpst*，“sixths”中的 *ksths*，“he fifthed it”中的 *ftht*，有些奇怪但仍然可能的说法“thou *munchst* it greedily”中的

---

① 爱德华・利尔（Lear，Edward 1812—1888），英国风景画家，以写打油诗闻名。——译者注

nchst，以及其他许许多多“那些原本粗涩，但在我们口中却变得圆顺”、“会让昆体良[①]目瞪口呆”的声音。同时，这一公式排除了许多听着顺耳但是对我们来说（由于不符合型式而）困难的组合，例如 *litk*，*fpat*，*nwelng*，*dzogb*，等等。这些音在有些语言当中是可能且容易发的，但在英语当中则不是。

我们看到，在单音节词当中蕴涵着复杂的结构，其复杂程度超出人们的想象。古老的俗语用“用单音节词讲出来”来隐喻简单，而从更具洞察力的角度来看，这纯粹是胡说！不过从这一角度也可看到，这句古老的俗语也许在无意中揭示了一个真理：那些轻松流利地使用复杂的语言系统的人，在这些系统面前完全是瞎子和聋子，除非有人花大力气向他们指出其存在。

此处非常适用一句英语格言：“有上必有下。”在位于语言下层的音位层面，有意义的行为受制于意识焦点之外的模式。在语言的较高层面，我们称为思维表达的东西，情形也是一样。在本文的第二部分我们将会看到，思维遵循特定语言设定的轨迹网络，这种组织结构会系统地关注某些时段的现实，某些方面的智能，并会系统地忽略被其他语言关注的侧面。个人对所讲语言的这种组织方式全然没有意识，丝毫无法挣脱它的束缚。

二

在本文的第一部分我们谈到，在语言和心理现象中，有意义的行为（或者说相互联系的行为与意义）受制于特定的系统或组织结

---

① 昆体良（Quintilian，约 35—96），古罗马修辞学家，以雄辩著称。——译者注

构，即每种语言特有的形式原则“几何”。这种组织结构强加于狭窄的个人意识范围之上，个人意识纯粹是木偶，其语言活动受控于意识之外的、无法挣脱的型式的束缚。人的大脑/心理(mind)会选择词语，但却难以觉察型式，就好像被一个更高级、更附有智慧的大脑玩握于掌心。这个更高级的大脑或高层心理(higher mind)不大清楚房子、床、汤锅这样的概念，但能够将概念系统化、数学化，其范围和层次没有任何学校的数学家可以企及。

这就涉及一个关于人类大家族(human brotherhood)的伟大事实：人类在这方面是共同的。从语言的系统性来看，巴布亚蛮人有着与爱因斯坦相当的数学能力，反过来，无论是科学家还是乡巴佬，学者还是部落汉，大家都以同样不清醒的方式运用自己的意识，陷入同样的逻辑僵局。他们对控制自己的美丽而坚固的系统浑然不察，就像牧童完全不知道宇宙射线的存在。他们对于自己谈话和推理过程的理解不过是肤浅的、功利性的，就像小女孩对于收音机的理解，不过是在睡觉前打开来可以听故事的东西。人们似乎还倾向于将自己的无知奉为美德，对更好地理解心理机制的努力大加责难。如果批评者本人是个乡巴佬，便会将这种努力斥为“脱离实际”或者“空洞的理论”；如果他披着正统科学家的外衣，便会将这种努力斥为“形而上学”、“神秘主义”、“认识论”。西方文化对语言研究者的承认和奖励是最吝啬的，尽管这有悖于人类探索语言的自然倾向——虽然语言很神秘，但却是最吸引人的题目，人们乐于对它进行随意的谈论和猜想，不停地讨论词语的意义，他们喜好议论奥什科什人眼里波士顿人的怪诞言语，或者波士顿人眼里奥什科什人的怪诞言语。

高级层面的心理好像可以成就任何纯粹智力的伟业，但却不能进入个人的“意识”层面。也就是说,它不关注具体事物,不关注个人的、此时此地情境中的自我。某些梦境和特殊心理状态可能使我们认为高层心理在自己的层面上是有意识的,它的意识会偶尔“穿透”到个人层面。但是,除了在瑜伽这样的特别技术中,它一般与个人意识没有联系。我们可以将它称为高层自我,看作出现于每一种语言的特征。它与个人自我在一点上高度相像,即,它的系统围绕三个或更多代词“人称”类别的核心而组织起来,这些类别又以我们称为第一人称单数的代词为中心。这个高层自我可作用于任何语言系统——一个小孩能以同样的轻松和效率学习任何语言,无论是由各有声调的重读单音节构成的汉语,还是有许多一词之句的温哥华岛的努特卡语,例如 *mamamamamamahln'iqk'okmaqama*(出于他们与白人相像的特征,他们每个人都这样做了)。[①]

由于高层心理具有系统、构型的性质,语言的“型式化”(patternment)总是高于并制约“词汇化”(名)或命名。因而具体词的意义并不像我们天真幻想的那么重要。语言的核心是句子,而不是词,正如数学的精髓是等式和函数,而不是具体的数字。我们的常识误以为任何具体的词都有“确切的意义”。我们已经看到,高层心理处理的符号并没有固定的所指,而是像空白支票那样,根据需要被填写,它们表示特定变量的“任意值”,就像本文第一部分公式中的C和V,或者代数中的x、y、z。西方人有个奇怪的概念,认为代数是我们先辈的巨大发现,然而人类的下意识千百万年来一直在做同类的事情!同样道理,古玛雅人或古印度人创造令人眼花缭

① 这个句子只有一个“名”或词根,即 *mamahl*,“白种族人”。其他的都是可指任何事物的语法成分。努特卡语中,用“娃娃”的词根或名配上同样的语法成分,形成的句子就是“出于他们与娃娃相像的特征,他们每个人都这样做了”。

乱的天文数字循环，也只不过是人类本性的表现。不过，我们不要误认为词语站在变量符号的对立面，即便是在低层的个人心理平面。词语是有确切意义并代表特定事物的，它只是变量的一个值。

即便是低层心理（lower mind），也在某种程度上具有语言的代数特征，词语介于变量符号的纯粹型式化（无色）与真正确定的量之间。词语中的意义部分，可能被我们称为“所指”的部分，只是相对确定的。词语的所指受制于它们所在的句子和语法型式。这个所指成分可被缩小到令人惊讶的微小程度。“我大老远一路走到那里，就是为了见杰克”，这句话当中只有一个确定的具体所指：“杰克。”其他的都是没有具体附着物的型式，即便是“见”，显然也不能理解为表面意义——接受视觉形象。

换一个例子来看，在关于大小的词语所指中有不同类别——小、中、大、巨大，等等，但是客观的大小是没有类别的，只是纯粹的相对性连续体。然而在我们的思维中却总是把大小分类，这是因为语言已经将经验分类并贴上相应的标签。数词所指的并非计算意义上的数字，而是具有弹性边界的数的种类。如此，英语中的“少数”(few)根据所指物的大小、重要性及稀有性调节其边界。用它指国王、战船、钻石的时候可能是三四个，而指豌豆、雨滴、茶叶则可能是三四十个。

我们可能会说，“对于大、小这样的词来说当然如此，因为他们显然是相对的，但是狗、树、房子等词就不一样了，每一个词都有一个具体的所指。”不然。这些词与“大”、“小”是一样的。由特定的人在特定时间所说的“Fido”可能是指具体的事物，但是“狗”指的是具有弹性边界的种类。这种类别的边界在不同的语言中是不同的。你也许会以为“树”在所有地方对所有人都有相同的意义，你错了。在波兰语中,“树”这个词还包括“木头”的意思。语境和句子型式决定了波兰语中这个词语(或任何语言中的任何词语)所指的事物。在亚利桑那州的一种美洲印第安语——霍皮语中,表示“狗”的词 *pohko* 包括任何一种宠物或家养动物。因此“宠物鹰”在霍皮语中的字面意义便是“鹰-狗”;当语境确定的时候,霍皮人便可能将这只鹰称为某人的 *pohko*。

也许有人会将以上例子看作“原始”语言的奇想(没有任何语言是“原始的”),那么让我们来看看我们自己的可爱的英语。以“hand”(手)这个词为例。在“his hand”(他的手)中,它指的是人体的某个部位;在“hour hand”(时针)中则指非常不同的物体;在“all hands on deck”(全体水手)、“a good hand at gardening”(园艺好手)中是另一种意思;在“he held a good hand (at cards)”(他有一手好牌)中的意思又不相同;而在“he got the upper hand”(他占了上风)当中,它并不指任何具体的事物,而是融化在某种倾向的型式当中。再来看看各种短语中“bar”(棒、条)的不同意义:“iron bar(铁条), bar to progress(进步的障碍), he should be behind bars(他应该被关进监狱), studied for the bar(为获律师资格而学习), let down all the bars(成功的辩护), bar of music(小节线), sand bar(沙滩), candy bar(糖条), mosquito bar(蚊帐), bar sinister(表示私生子的盾形符号), bar none(无人除外), ordered drinks at the bar(在酒吧买饮料)。”

不过,你也许会说,这些都是流行俗语,不是科学的、逻辑的语言。哦,真是这样吗?“Electrical”(电的)被认为是一个科学的词语。你知道它指的是什么吗?你知道“electrical apparatus”(电器)中的“electrical”与“electrical expert”(电气专家)中的“electrical”不一样吗？在“电器”中它指的是器械中的电流，在“电气专家”中它可不是指专家身体中的电流。像“group”（组）这样一个词可以指时段序列，也可以指地板上的一摞物体，它的所指成分由此并不重要。科学词语的所指往往具有很方便的模糊性，根据所在型式的变化而明显地变化。具有启发意义的是，这一特点绝不意味着循规蹈矩，而是智性言谈的表征，而且，说来你也许会惊讶，是诗与爱的语言表征！其实这是必然的需要，因为科学、诗歌、爱都远远超脱于字面所指和乏味细节的奴隶世界，试图拓展个人自我的狭隘视野，由此上升至无色界，即无限和谐、同情和秩序的世界，不变真理和永恒事物的世界。所有的词在其字面形式意义上都相当可怜，“力、平均、性别、过敏、生物的”等科学词语也无疑同样可怜，在某种意义上，其所指并不比“甜、美妙、销魂、迷人、全心全意、梦幻感”更加明确。你也许听说过“star dust”（星尘），那究竟是什么呢？众多星星、闪烁的粉尘、火星的土壤、银河、白日梦境、诗的幻想、自燃铁、螺旋状星云、匹兹堡的郊区，还是一首流行歌曲？你不晓得，也没有任何一个人晓得。这个词——因为它是一个词汇单位（lexation），而非两个——并没有自己的所指。有些词就是这样的。[①]我们已经看到，在意义当中，所指的地位并不重要，型式（patternment）的地位更加重要。科学据说是对于真理的追求，而实际上像爱一样，是一种神圣的疯狂。音乐不也是一样吗？音乐是完全建立在型式上的准语言，只是没有词汇罢了。

有些时候，所指上的型式变化造成十分有趣的结果：一个型式

---

① 比较一下“kith”和“throe”。令人不解的是，它们只是在“kith and kin”（亲友）、“in throes of”（极端痛苦）这样的型式组合中才有意义。

创造出与原来的词汇所指完全不同的意义。低层心理陷入一片混乱之中，无法抓住主导形式，只好盲目乐观地依赖自己偏好的显性解释，甚至"看见"、"听见"支持这一解释的证据。纯粹由于英语的语音组合规则（见本文第一部分所描述的公式），由"asparagus"（芦笋）产生了"sparagras"；而由于"sparrer"是"sparrow"（麻雀）的一种方言形式，于是便有了"sparrow grass"（麻雀草），而且麻雀与这"草"的关系有了宗教的解释。"Cole slaw"（柯尔白菜片）是从德语 *Kohlsalat*（"白菜沙拉"）来的，但由于重音型式的相像，它很容易被修改成"cold slaw"（冷白菜片），在一些地区产生了一个新词"slaw"，还有一道新的佳肴"hot slaw"（热白菜片）！孩子们总是在玩着重新组合型式的游戏，但是成人的范例迫使他们的语言转回规范的轨道；孩子们将学会 Mississippi（密西西比）不是 Mrs. Sippy（西皮太太），equator（赤道）不是 menagerie lion（动物展览中的狮子），而是 imaginary line（想象中的线）。有些时候，成人社群不具有这种更正所需的特别知识。在新英格兰的一些地方，某类波斯猫被称为 Coon cats（库恩猫），这个名称创造了这样一个概念：Coon cats 是猫（cat）与"coon"（racoon，浣熊）的杂交后代。对于生物学一无所知的人往往对此深信不疑，因为语言的重音型式（动物名 1 修饰动物名 2）使他们在猫的身上"看到"（或如心理学家说的"投射出"）客观的浣熊特征，如蓬松的尾巴、长毛，等等。我知道一个实例，一位养了只漂亮库恩猫的女士向她的朋友抗议道："怎么，你看看他嘛——他的尾巴、好玩的眼睛，难道你看不出来吗？""别傻啦！"知识比较丰富的朋友说："想想自然历史吧！浣熊不能与猫交配，它们属于另一个家族。"可是那位养猫的女士坚信自己的想法，于是找了位著名的动物学专家来为自己做证明。

据说动物学家以坚定的外交口气说："如果你认为是这样，那就这样认为吧。"女士对她的朋友喊道："他比你还残忍！"她仍然坚信自己的宠物是一只善调戏的浣熊与一只任性的猫相遇的结果！幻(Māyā)[①]正是以同样的方式，在更广的范围中编织起网络，自我与外界隔绝导致幻觉。就我所知，库恩猫是从一位库恩船长处得名的，他最先用自己的船将这些波斯猫带到缅因州。

在更微妙的事情上，我们都不知不觉地将特定语言中的关系投射到万事万物上，并且看到它们，如同那位养猫女士在她的猫身上看到了一种语言关系：Coon ＝ racoon（库恩＝浣熊）。我们说"see that wave"（看那个浪头），与"看那座房子"的形式一样。但是如果没有语言的投射，没有人可以看到单独一个浪头。我们看到的是一个在不断起伏运动中的表面。有些语言是不说"a wave"（一个浪头）的，在这方面它们更贴近现实。霍皮语说 *walalata*"许多波浪运动发生了"，不过它仍然可以像英语那样将注意力聚焦于波浪运动的一处。但是，由于没有任何波浪是可以单独存在的，与英语单数相对应的 *wala* 并不是英语中"一个浪头"的对应词，它的意思是"一次水的拍击发生了"，就像容器里的液体突然震动那样。

在英语中，"I hold it"（我拿着它）的形式完全等同于"I strike it"（我打它）、"I tear it"（我撕它），以及许多其他指改变物体状态的动作的命题。然而"hold"（拿着）实际上并不是动作，只是一种表示相对位置的状态。但是我们的思维认为这是个动作，我们甚

① 幻(Māyā)，印度哲学术语，原指魔力，神利用它使人相信实际上是幻象的东西，后来引申为如此呈现的虚妄的现实。——译者注

至看到这个动作,因为语言对这一命题的设定,完全等同于另一类更常见的命题——有关动作和变化的命题。我们将"hold"归为动作,因为"名词+动词=动作者(施事)+他的动作"这一公式在英语的句子中根深蒂固。所以在许多情况下,我们被逼着在现实中找出虚假的动作主体,仅仅因为我们的句型要求除了祈使句外,动词前面必须有名词。我们被强迫说"it flashed"(它闪了一下)或者"a light flashed"(一点亮光闪了一下),将"它"或"一点亮光"设为动作者,去完成我们称为动作的"闪"。但是,闪和亮光是一回事;并没有做什么事情的东西,也没有做的行为。霍皮语只说 rehpi。霍皮语中的动词可以没有主语,这使霍皮语具有逻辑系统的力量,以理解某些大千世界中的现象。科学语言是以西方印欧语而非霍皮语为基础的,正像我们所实践的那样,它有时强行将状态看作动作和力。科学家与养猫太太一样,下意识地将特定语言的形式投射到宇宙之上,并且在自然之中看到它们,你难道不认为这是可能的吗?如果我们的语言有所改变,我们对宇宙的欣赏力也会改变。

低层心理的典型特征是,陷入一个用自己的方法无法企及的广阔世界,用自己怪诞的语言天赋编织幻(Māyā),或幻想(illusion),对现实做暂时性的分析,继而将它作为最终的分析。西方文化在这方面走得最远,它认为暂时性的分析是十分透彻的,而且最坚决地认为它是最终分析。对于幻想的笃信深深植根于西方印欧语,对于西方人来说,走出幻想的出路在于对语言获得更广的理解,而仅靠西方印欧语是无法获得这种理解的。这便是西方意识的"曼怛罗瑜伽",我们现在准备迈出的伟大的一步。对于西方人来说,这可能是获得"意识的文化",从而得到巨大启示的最适合的途径。

这种对语言的理解，将促使我们达到人类兄弟情谊的一个高级阶段。这是因为，对于多种语言的科学的了解(并不一定学会讲这些语言，分析其结构即可)，乃是人类兄弟情谊之一课。这种情谊是人类的普遍准则——作为“意之子”(Sons of Manas)的同胞之情。它使我们超越自身的种种界限——文化、民族、被贴上“种族”标签的生理特征，等等。置身于千姿百态的语言系统当中，欣赏它们的规律、和谐、系统之美，体味它们各自的微妙以及对现实分析之透辟，我们会发现：人人平等。那些物质文化、野蛮、文明、伦理道德等等的进化阶段，与这一事实毫不相干。对一个文明的欧洲人来说，这种平等非常不可思议，令人震惊，简直就是一粒苦药丸！但这是事实，最粗野的蛮人也能够在下意识中轻松地操纵一个语言系统。这个系统如此复杂，如此纵横交错，对它的理性分析如此困难，即便我们最伟大的学者，也需要花费毕生的精力才能将其机制描述出来。“意”的层面和“高层自我”是赋予所有人的，人类语言的进化已经完成，早在如今可见的最古老的建筑遗迹出现很久以前，这一令人骄傲的业绩已经传遍全球。

掌握语言学知识意味着理解各式各样美丽的逻辑分析系统。我们认为怪异的社群眼中的世界，通过语言学知识的掌握在新的意义上变得可以理解。怪异变为一种看问题的新方法，它往往能使事物更加清晰。以日语为例，我们从日本政府政策得到的对日本人的外部印象，似乎都可归结为兄弟般的团结，但是从美学的、科学的角度来欣赏他们的语言，我们的印象便会改变。这就是在四海一家的精神层面实现亲属关系。日语中有个很可爱的形式：句子可以有两个不同层面的主语。我们对于英语动词带两个不同层面的宾语非常熟悉，一个相邻的，一个较远的目的；或者按照一般的说法，一个直接宾语，一个间接宾语。我们也许从来没有想过，这样的结构也可应用于主语。然而日语中的实际情形便如此。这两个主语——让我们称它们为主语1、主语2，分别以小品词 *wa* 和 *ga* 来标志，如果用图来表示，那么便从每个主语都连出一条线，两线相交于同一个谓语。而英语的句子可能只有一条线将唯一的主语与谓语连在一起。比如表达“日本多山”(Japan is mountainous)，在日语中说“日本$_1$山$_2$(有)许多”[1]，或者“日本，在山方面有许多”。英语中的“John is long-legged”(约翰腿长)在日语中说成“约翰$_1$腿$_2$(是)长”。这种组织形式使表达同时具有简洁性和确切性。日语不像英语那样使用模糊的“mountainous”(多山)，它能够用同样紧凑的结构，区分两种“多山”的情况：山多，但并不都很高；山高，但并不很多。这一型式很有逻辑性，它使日语极具简洁、科学地表达思想的潜能。

一旦开始科学的、公正的语言研究，我们就会在其貌不扬的文化和人民当中，发现美丽、高效、科学的表达方式，它们对于西方印欧语及其思维方式来说十分陌生。讲阿尔冈昆诸语言的人是非常淳朴的印第安猎人或渔民，但是这些语言简直是分析和综合的奇迹。阿尔冈昆语中有一种精细的语法技巧称为排除式。它们的代词有四种人称，而非三种，从我们的角度来看，可以说有两种第三人称。这样一种设置对复杂情形的简要描述很有帮助，用我们的语言则不得不使用烦琐笨拙的表达方式。让我们用附加在词语上

---

① 此处“有”(are)置于括号中，因为“有许多”(be many)是用一个动词式的词表达的。日语一般不用复数。

的数字 3 和 4 来表示它们的第三和第四人称。阿尔冈昆人会这样讲述威廉·退尔[①]的故事："威廉·退尔叫来他的$_3$儿子，让他$_4$把他$_3$的弓箭找给他$_3$。于是他$_4$把它们$_4$拿给了他$_3$。他$_3$让他$_4$站稳不动，将一个苹果放在他的$_4$头上，然后拿起他的$_3$弓箭，告诉他$_4$不要害怕。接着，他$_3$将它$_4$从他的$_4$头上射下来，没有伤他$_4$一根毫毛。"在对复杂案件的法庭调查中，这样的设置会十分有益于描述的具体化，摒弃"前者方面"(the party of the first part)、"前文所述的约翰·多伊一方"(the aforesaid John Doe shall, on his part)这样的赘述。

奇舍瓦语是一种与祖鲁语相联系的语言，讲这种语言的人是东非某个部落中未受过教育的黑人。奇舍瓦语有两种过去时态，一种表示对现在有影响的过去，另一种表示对现在没有影响的过去。在外部情境中被记录的过去，区别于仅仅存在于心理记忆中的过去。于是一种新的时间观展现于我们面前。让我们用 1 表示前者，用 2 表示后者，而后来思考奇舍瓦语的精细区别：我来到$_1$这里；我去了$_2$那里；他病了$_2$；他死了$_1$；耶稣死$_2$在十字架上；上帝创造了$_1$世界。"我吃了$_1$"意味着我不饿了；"我吃了$_2$"意味着我饿。如果有人请你吃东西，你说"我已经吃过了$_1$"，那没问题，但如果你用另一种过去时，那你就是在侮辱对方。一个讲奇舍瓦语的通神论者可能会用时态 1 讲述单子[②]的退化，正是这一退化使世界处于现在的境况，他会用时态 2 描述很久以前的天体系统，它们现在

---

① 威廉·退尔(Tell William, 13 世纪末至 14 世纪初)，瑞士传奇英雄，是为政治和个人自由而斗争的象征。他蔑视奥地利统治者，曾被迫向放在他儿子头上的苹果射箭。——译者注

② 单子(monad)，指一个含有最高实在性的无限小的身心合一体。——译者注

已经解体，其进化过程已经完成。如果他谈论转世，那么他会用时态 2 描述发生在过去的仅处于自身参照框架之内的投胎，但是他会用时态 1 来明指或暗示其“羯磨”或“业”(Karma)。[1]如果他们做哲学家或数学家的话，这些原始的人们所赋有的语言，可能会使他们成为我们当中有关时间的最出色的思想家。

再来看看科尔德阿兰语，这是爱达荷州一个同名小印第安部落所讲的语言。这种语言没有英语那样简单的“致使”(cause)概念，即“使某人/物做某事”。科尔德阿兰语的语法要求说话者区分（他们当然会自动区分）由三种使役动词形式标志的三种原因过程：(1)成长，或者内部原因导致的成熟；(2)从无到有的增加；(3)二级增加，即受到第二种过程影响的事物。由此，“它被弄成甜的”(it has been made sweet)这样一个概念，若是李子自然成熟，用第一种形式；若是在咖啡中加糖，用第二种形式；若是在薄饼上加糖浆，则用第三种。如果是在一个比较复杂的文化中，他们的思想家将这些目前处于下意识层面的区别构筑成可通过科学观察验证的关于因果关系的三分理论，可能会为科学提供一种有价值的智力工具。我们也许可以人为地模仿这样一个理论，但我们不能应用它，因为我们并不生活在那样的情境中，不能够在日常生活中毫不费力地做相应的区分。在科学家试图将某些概念用到实验中之前，这些概念需要有日常语言的基础。即便爱因斯坦的相对论也在西方印欧语言（以及其他语言）中有这样的基础——这些语言在表达时间概念时用了许多空间词语和型式。

---

① “羯磨”或“业”(Karma)，在印度哲学中，指一个人过去的行为对他的来生或再生的影响。“业”的学说反映的信念是：今生只是生命锁链（轮回）中的一环，它是人在前生的行为所决定的。——译者注

语言在心理因素方面的意义，也体现于现代语言学之外的其他一些领域，如音乐、诗歌、文学文体、东方曼怛罗。我上面所谈的关系到具有哲学意义的“意”层面，即“高层无意识”或“心灵”(soul，荣格之定义)的层面。下面要谈的则关系到“心理”(psyche，弗洛伊德之定义)[①]，“低层”的无意识，特别作为“现实毁灭者”的意，伽摩[②]的层面，情绪或感觉(*Gefühl*)的层面。在包括名-色和无色的序列关系中，这一无意识的心理层面远离无色，在名-色一边，而名或词汇化在某种意义上沟通这几个极端。因此，这种低层心理与语言的音素层相关联，这种关联并不是词语与音素那样的结构关联，不是音素在词语中所起的基本构成单位作用(元音、辅音、重音等)，而是音素的感觉内容。这是一种普遍现象，一种感觉的(*Gefühl*-type)经验联系方式，它在实验室的试验中显现出来，并可独立于语言出现，对所有人来说大都如此。

如果宇宙中没有系列的或层级的秩序，那么我们就会说，这些心理实验与语言学实验相互矛盾。在心理学实验中，被试将有关明亮、寒冷、尖利、坚硬、高大、轻巧、迅速、尖声、狭窄等体验联结成一个系列；将相反的灰暗、温暖、柔韧、柔软、钝拙、低矮、沉重、缓慢、低声、宽广的体验联结成另一个系列。无论表示这些相关体验

① 此处及本文后部分所言弗洛伊德意义上的“心理”(psyche，psychic)包括人的无意识，有较多“低层”的生物本能色彩，它与“高层”的“心理”/“心智”(mind，mental)以及带有宗教超验色彩的“心灵”/“灵魂”/“灵性”(soul)相对立。“Psyche”这一概念在汉语中也常被译作“精神”，但它是生理、医学意义上的“精神”，而非文化、意识形态意义上的“精神”。本文的英文题目是“Language，Mind，and Reality”，其中的“Mind”(心理)似取宽泛之意，包括了“高层心理”和“低层心理”。——译者注

② 伽摩(Kāma)，印度神话中的爱神。在吠陀时代，他体现宇宙之欲即创造冲动，是原始混沌的最初产物。伽摩也用作一般概念，指欲望、情欲、肉欲。——译者注

的词语是否相像，以上现象都会发生，但是一般人可能只是在某个词语的元音或辅音与以上系列相似时，才会注意到与词语的联系，而当词语的发音与系列对立、矛盾时，则会忽略这种联系。对相似关系的注意是文学文体敏感性的一个要素，有时候也被误称为语言的"乐感"。对矛盾现象的注意则难得多，这需要从幻想中解放出来，虽然它似乎非常"缺乏诗意"，但它的确是在迈向"高层之意"，迈向比物理声音之和谐更高的和谐。

我们要强调的是，语言的词汇化使人们更鲜明地意识到某些模糊的低层心理感觉，它实际上导致了低于自身层面的意识，这像是一种魔力。语言中似有瑜伽的功力，它可以独立于低层心理事实，驾驭它们，展示它们，或者掩盖它们，按照自己的规则铸造丰富多彩的词语，无论声音的低层心理表象是否与之相符。如果声音相符，其低层特征就被强化，从而受到普通人的注意。如果声音不符，无论这种不一致有多大，其低层心理特征都会发生变化以遵从语言的意义。这一点普通人不会注意到。

在实验室实验中，元音 *a*（如在"father"之中），*o*，*u* 与灰暗-温暖-柔软系列相联系，*e*（英语"date"中的 a），*i*（英语"be"中的 *e*）与明亮-寒冷-尖利系列相联系。同样，辅音也像普通人朴素感觉中的那样，有其相应的心理联系。事实上，当一个词的语音特征与其意义相符合，我们就会注意到它，例如英语中的"soft"和德语中的"sanft"（柔软）。不过如果二者不相符，就没有人会注意到。德语中的 *zart*（*tsart*）"柔和"发声非常"尖利"，尽管它的元音是 a，不懂德语的人会将它与明亮-尖利的一串意义相联系，但讲德语的人觉得它"听上去"很柔和，而且可能温暖、灰暗……英语中的 deep（深）是更好的一个例子。它的语音联想应类似于词语 peep（窥视),或非词语 veep,treep,queep 等,即明亮、尖利、迅速。但是在英语中,它的意义偏偏错误地指向相反的经验类别。这一事实完全掩盖了它的客观声音,使它主观上“听起来”与灰暗、温暖、沉重、柔软等相似,就好像它的声音联想本来如此。要发现词语中偏向心智(mental)与偏向低层无意识心理(psychic)的两种“音乐”间的冲突,就需要进行摆脱幻想束缚的、或许是缺乏诗意的语言学分析。意能够忽略低层心理层面的特征,正如它能够忽略公式中的x是代表汽车还是代表羊。它能够将自身型式的某些部分投射于经验之上,由此扭曲或放大幻想,或者给人以建构科学理论和研究方法的启示。

根据波怛阇利[①]的定义,瑜伽意味着完全停止多样化的低层心理活动。[②]我们已经知道,这种活动主要由不自觉的个人-社会反应构成,遵循无色划定的轨道,而无色的运作完全是在个人意识层面之上或之后。无色无法被意识到的原因,并非它本质上不同(如一个被动的系统那样),而是因为人格的关注焦点正是前面所说的多样化的低层心理活动,无论从进化的还是习惯的角度看都如此。这种活动的静滞和关注的停止虽然相当困难,需要长期的训练,但它却是对意识的极大扩展、启发和整理,在此过程中,智性(intellect)功能显现出难以想象的速度和准确性。这一点已经为东、西方多种来源的可靠材料证明。对于语言和语言学原则的科

---

① 波怛阇利(Patañjali 活动时期公元前 2 世纪—公元 5 世纪),印度教两大经典《瑜伽经》、《大疏》的作者署名。《瑜伽经》论述了瑜伽思想,《大疏》为语法学家波你尼辩护,同时也驳斥了他的一些提法。——译者注

② 见布雷格登对《瑜伽经》的解释,*An Introduction to Yoga*, Claude Bragdon, New York, 1933。

学研究，至少可以部分地促进智性朝这一方向迈进。当我们理解一个庞大的语言型式时，我们已经在一定程度上将关注焦点从多样化的低层心理活动移开。这样的理解具有治疗的功效。许多神经症现象不过是词语系统的强迫性运作，如果我们将这一过程和模式揭示给病人，就可以将他们从其中解脱出来。

由此我们再次回到本文第一部分提到的一个观点：语言中的种种关系型式也许只是一个摇摆不定、扭曲、苍白、没有实体的原因世界的映射。语言是由词汇化-切分（名-色）和有层级的型式构成，其中后者更具背景性特征、更隐蔽，但更稳固、更具普遍性。与此相同，物理世界也许是由看似分离的物质（原子、晶体、生物体、行星、恒星等）组合起来的，但按照这一说法仍不能完全被理解，倒不如说世界源自一个原因场，这个原因场本身有着多种型式和层级。目前科学正悬跨在原因场的栏杆上，越过栏杆就会发现原因场的特征。随着物理学探索向原子内部的深入，分离的物质形式和力逐渐融于纯粹形式的关系之中。传统意义上物质的位置，例如电子的位置，变得不确定、不连续；正像音素或任何其他语言型式那样，物质可能在多个结构位置出现或消失，可以说它们没有位置。人们一开始认为它的所在是一个连续变量，仔细观察之后发现只是一种替换性选择；它由情境“实现”，由无法测量的结构支配；它没有三维的形体——是无形的“无色”。

目前的科学尚无法理解此类事物的超验逻辑，因为它还没有从普通逻辑虚幻的必要性中解脱出来，而这些必要性归根结底不过是西方印欧语语法型式的需求：实体的必要性不过是某个句位对名词的需求；力、吸引力等的必要性不过是另一些句位对动词的需求，等等。如果能够度过目前面临的黑暗，科学将在下一步发展中采纳语言学的原则，将自己从虚幻的语言需求中解放出来。人们误将这些虚幻的必要性当作理性本身，已经太久了。

参考文献

A. 沃尔夫发表的文章

写作年份

1925 "Purpose vs. evolution." Letter to the editors of the *New Republic*, issue of December 19, 1925.

1927 ["On the connection of ideas."] Printed for the first time in this volume.

1928 "Toltec history." Twenty-Third Intemational Congress of Americanists, New York, 1928: *Abstracts of Papers*, no. 109.

1928 "Aztec linguistics." Twenty-Third International Congress of Americanists, New York, 1928: *Abstraas of Papers*, no. 116.

1928 "An Aztec account of the period of the Toltec decline." *Proceedings of the Twenty-Third International Congress of Americanists*, New York, 1928, pp. 122 – 129.

1929 "The reign of Huemac." *American Anthropologist*, 31:667 – 684 (1929).

1931 "A central Mexican inscription combining Mexican and Maya day signs." *American Anthropologist*, 34:296 – 302 (1932).

1933 "The Maya manuscript in Dresden." *Art and Archaeology*, 34: 270 (1933).

1933 *The Phonetic Value of Certain Characters in Maya Writing*. Cambridge, Mass.: Harvard University Press, 1933 (*Papers of the Peabody Museum*, vol. XIII, no. 2). With an introduction by Alfred M. Tozzer. xii, pp. 48.

1935 Review of A. L. Kroeber, *Uto-Aztecan Languages of Mexico*. *American Anthropologist*, 37: 343-345(1935).

1935 "The comparative linguistics of Uto-Aztecan." *American Anthropologist*, 37: 600-608 (1935).

1935 "Maya writing and its decipherment." *Maya Research*, 2: 367-382 (1935).

1936 Appendix to J. Alden Mason, "The classification of the Sonoran Languages," pp. 197-198 in Robert H. Lowie (editor), *Essays in Anthropology in Honor of Alfred Louis Kroeber*. Berkeley: University of California Press, 1936.

1936 Notes on the "Glossary," pp. 1198-1326 in Elsie Clews Parsons, *Hopi Journal of Alexander M. Stephens*, Part 2. New York: Columbia University Press, 1936 (*Columbia Contributions to Anthropology*, 23).

1936 "The punctual and segmentative aspects of verbs in Hopi." *Language*, 12: 127-131 (1936).

1936 "Notes on the Tübatulabal language." *American Anthropologist*, 38: 341-344 (1936).

1936 "Loan-words in ancient Mexico." *Philological and Documentary Studies* (Middle American Research Institute, Tulane University of Louisiana), 1: 1-17 (1943). Also *Studies in Linguistics*, 5: 49-64 (1947).

1936(?) "An American Indian model of the universe." *International Journal of American linguistics*, 16: 67-72 (1950). [Reprinted in *Etc.*, *a Review of General Semantics*, 8: 27-33 (1950); also in *Collected Papers on Metalinguistics*, Foreign Service Institute, Department of State, Washington, D. C., 1952.]

1936(?) "A linguistic consideration of thinking in primitive communities." Printed for the first time in this volume.

1937 "The origin of Aztec TL." *American Anthropologist*, 39: 265 - 274 (1937).

1937 (with George L. Trager) "The relationship of Uto-Aztecan and Tanoan." *American Anthropologist*, 39: 609 - 624 (1937).

1937 "Grammatical categories." *Language*, 21: 1 - 11 (1945).

1937 ["Discussion of Hopi linguistics."] Printed for the first time in this volume.

1938 "Some verbal categories of Hopi." *Language*, 14: 275 - 286 (1938).

1938 Review of K. T. Preuss and Ernst Mengin, *Die Mexikanische Bilderhandschrift Historia Tolteca-Chichimeca: die Manuscripte* 46 - 58bis *der Nationalbibliothek in Paris*, Teil I, *Die Bilderschrift nebst Übersetzung* (Berlin, 1937). *American Anthropologist*, 40: 729 - 730 (1938).

1938 "Language: plan and conception of arrangement." Printed for the first time in this volume.

1939 "The relation of habitual thought and behavior to language." pp. 75 - 93 in Leslie Spier (editor), *Language, Culture, and Personality* (Menasha, Wis.: Sapir Memorial Publication Fund, 1941).

[Reprinted in *Collected Papers on Metalinguistics*, Foreign Service Institute, Department of State, Washington, D. C., 1952.]

1939 "The Hopi Language, Toreva dialect." pp. 158 - 183 in Harry Hoijer (editor), *Linguistic Structures of Native America* (New York: Viking Fund, 1946).

1939 "The Milpa Alta dialect of Aztec, with notes on the Classical and the Tepoztlán dialects." pp. 367 - 397 in Harry Hoijer (editor), *Linguistic Structures of Native America* (New York: Viking Fund, 1946).

1939 "Gestalt technique of stem composition in Shawnee." Appendix, pp. 393 - 406, to C. F. Voegelin, *Shawnee Stems and the Jacob P. Dunn Miami Dictionary*. Indianapolis: Indiana Historical Society, 1940 (*Prehistory Research Series*, vol. I, no. 9, April 1940).

1940 "Blazing icicles."[Article on fire prevention] Hartford, Conn.: Hartford Fire Insurance Company, n. d. [Reprinted from the *Hartford Agent*.]

1940 "Decipherment of the linguistic portion of the Maya hieroglyphs," pp. 479 - 502 in *The Smithsonian Report for* 1941, Publication 3669 (Washington: U. S. Government Printing Office, 1942). [Also in Spanish,"Interpretation de la parte lingüistica de los geroglificos Maya." *Tzunpame, Órgano de Publicidad del Museo Nacionaly Auexos* (*San Saluador*), 5:50 - 73 (August 1945), and *Suplemento* (Figures 1 - 4).]

1940 "Phonemic analysis of the English of eastern Massachusetts." *Studies in Linguistics*, 2: 21 - 40 (1943).

1940 "Linguistic factors in the terminology of Hopi architecture." *International Journal of American Linguistics*, 19: 141 - 145 (1953).

1940 "Science and linguistics." *Technology Review* (M. I. T.) 42: 229 - 231, 247 - 248 (1940).

[Reprinted in S. I. Hayakawa, *Language in Action* (New York: Harcourt-Brace, 1941), pp. 302 - 321; T. Newcomb and E. Hartley, *Readings in Social Psychology* (New York: Holt, 1947), pp. 210 - 218; and *Collected Papers on Metalinguistics* (Foreign Service Institute, Department of State, Washington, D. C., 1952).]

1940 "Linguistics as an exact science." *Technology Review* (M. I. T.), 43: 61 - 63, 80 - 83 (1940).

[Reprinted in *Collected Papers on Metalinguistics* (Foreign

Service Institute, Department of State, Washington, D. C., 1952).]

1941 "Languages and logic." *Technology Review* (M. I. T.), 43: 250 - 252, 266, 268, 272(1941).

[Reprinted in *Collected Papers on Metalinguistics* (Foreign Service Institute, Department of State, Washington, D. C., 1952).]

1941 "Language, mind, and reality." *The Theosophist* (*Madras, India*), 63: 1. 281 - 91 (January 1942); 63: 2. 25 - 37 (April 1942).

[Reprinted in Etc., *a Review of General Semantics*, 9: 167 - 188 (1952).]

1940—1941 Articles in the journal *Main Currents in Modern Thought*:

1: 1. 3 - 5 (1940): *Review of Living Light*, by E. N. Harvey (Princeton University Press, 1940).

1: 1. 9 - 10 (1940): "We may end the war that is within all wars that are waged to end all war."

1: 1. 12 - 13 (1940): Digest of review in *American Anthropologist*, October-December 1940, of the *Work of the Gods in Tikopia* (Polynesia), by Raymond Firth, as reviewed by E. G. Burrows.

1: 1. 14 (1940): Digest of "Notes on the demonstration of 'wetter' water," by C. R. Caryl in *Journal of Chemical Education*.

1: 1. 15 (1940): [Concerning descriptive linguistics at Yale.]

1: 3. 4 (1941): (with F. Kunz) [Commentary regarding logic and science.]

1: 3. 6 (1941): "H. G. Wells."

1: 3. 12 - 13 (1941): "Interpretations of isotopes."

1: 3. 15 (1941): "The Hurrians of Old Chaldea."

1: 4. 10 - 11 (1941): Review of *The Ways of Things*, by

W. P. Montague (Prentice-Hall, 1940).

1: 4. 13 – 14 (1941): "A brotherhood of thought."

1: 15. 12 – 14 (1941): "Dr. Reiser's humanism." (Review of *The Promise of Scientific Humanism*, by Oliver L. Reiser, New York, 1940).

1: 6. 16 (1941): [Note on shrinking glass.]

1: 7. 14 – 15 (1941): (with F. Kunz) "Toward a higher mental world."

Unknown ["On psychology."] Printed for the first time in this volume.

B. 沃尔夫尚未发表的手稿(选编)

写作年份

c. 1928 "A contribution to the study of the Aztec language." 43 pp. A detailed linguistic and literary treatment of the second poem found in D. G. Brinton's compilation (*Ancient Nahuatl Poetry*), with Appendix A, Original text of the poem, and Appendix B, A list of the most common roots in the Aztec language. Manuscript 157, Franz Boas collection (See *Language Monograph* no. 22, 1945). Another copy in family papers.

1928 "Investigations in Aztec linguistics and Toltec history. Part II. The phenomenon of oligosynthesis in Nahuatl of Aztec." 13 pp. [This paper was given before the Twenty-third International Congress of Americanists, New York, September 1928.] Among family papers.

1928 "Notes on the oligosynthetic comparison of Nahuatl and Piman, with special reference to Tepecano." 23 pp. Among family papers. [This manuscript was submitted as a supporting document when the author applied for an SSRC Research Fellowship, December 1, 1928.]

1930 "Stem series in Maya and certain Maya hieroglyphs." 28 pp. Among family papers. [This is a revision, dated October 30, 1930, of a paper read before the Linguistic Society of America, Cleveland meeting, December 1929. It was further revised and published as *The Phonetic Value of Certain Characters in Maya Writing*. (1933)]

1930 "Notes on two recent findings from central Mexico." 7 pp. MS in the library of Peabody Museum, Harvard University. [This is the text of a paper read before the American Anthropological Association, Cleveland meeting, December 1930. It is a summary of material later prepared (1) in the article "A central Mexican inscription combining Mexican and Maya day signs" (1931), and (2) in the unpublished manuscript listed below for the year 1931, "Pitch tone and the saltillo in modern and ancient Nahuatl."]

1931 "The problem of American history before Columbus," 55 pp. Among family papers. Annotated in pencil. "Read before Conn. Historical Society. Hartford, Conn., Apr. 7, 1931."

1931 "Pitch tone and the saltillo in modern and ancient Nahuatl." 54 pp. Manuscript 275, Franz Boas collection (See *Language Monograph* no. 22, 1945).

1932—1935(?) "First report on Hopi." 4 pp. MS 276, Franz Boas collection (See *Language Monograph* no. 22, 1945).

1933 "Recent determinations of phonetic characters in Maya writing." 8 pp. Among family papers. [Read before Linguistic Society of America, Washington meeting, December 1933. Amplifies and goes beyond analysis published (1933) in the Peabody Museum papers.]

1935 "The Hopi language." 59 pp. Original among family papers, with note "corrected and corrections rechecked BLW." Carbon copy is Manuscript 192, Franz Boas collection (See *Language Monograph* no. 22, 1945).

1935(?) "First steps in the decipherment of Maya writing." 112 pp. Among family papers. [Mentioned in "Maya writing and its decipherment" (1935) as being worked on- "it may be a year before publication."]

1936 "A comparative decipherment of forty-one ancient Maya written words." 10 pp. MS among family papers. [Text of paper read before American Anthropological Association, Washington meeting, December 1936.]

1938 "The reading of Maya glyph C of the Supplementary Series and other glyphs." Abstract and pencil draft of paper. MS among family papers.

1939 "Classification of the languages of North America north of Mexico." Typewritten MS, 3 pp., dated December 1939, among papers of G. L. Trager. [Apparently the basis of a talk, "Linguistic groupings north of Mexico," before American Anthropological Association, Chicago meeting, December 1939.]

1940 "The 'parts of speech' in Hopi." 15 pp., handwritten, MS among family papers. Annotated "finished Oct. 12, 1940."

C. 与沃尔夫著述有关的书籍和文章(选编)

Andrews, E. Wyllys. "The phonetic value of Glyph C of the Maya supplementary series." *American Anthropologist*, 40: 755 - 758 (1938).

Brown, Roger W., and Lenneberg, Eric II. "A study in language and cognition." *Journal of Abnormal and Social Psychology*, 49: 454 - 462 (1954).

Carroll, John B. Foreword to Whorf's "Language, mind and reality." *Etc.*, *a Review of General Semantics*, 9: 167 - 168 (1952).

Carroll, John B. *The Study of Language*. Cambridge: Harvard University Press, 1953.

Chase, Stuart. "How language shapes our thoughts." *Harper's Magazine*, April 1954, pp. 76－82.

Chase, Stuart. *The Power of Words*. New York: Harcourt, Brace, 1954.

Doob, L. W. *Social Psychology*. New York: Holt, 1952.

Feuer, Lewis S. "Sociological aspects of the relation between language and philosophy." *Philosophy of Science*. 20:85－100 (1953).

Hackett, Herbert. "Bibliography of the writings of Benjamin Lee Whorf." *Etc., a Review of General Semantics*, 9: 189－191 (1952). (The present bibliography represents a revision and expansion of Hackett's bibliography.)

Hackett, Herdert. "Benjamin Lee Whorf." *Word Study*, 29: 3. 1－4 (1954).

Hoijer, Harry. "The relation of language to culture." pp. 554－573 in A. L. Kroeber (editor), *Anthropology Today*. Chicago: University of Chicago Press, 1953.

Hoijer, Harry (editor). *Language in Culture; Conference on the Interrelations of Language and Other Aspects of Culture*. With papers by F. Fearing, J. H. Greenberg, C. F. Hockett, H. Hoijer, N. A. McQuown, S. New-man, C. F. Voegelin, J. F. Yegerlehner, and Florence M. Robinett. Chicago: University of Chicago Press, 1954. (Also published as Memoir 79 of the American Anthropological Association.)

Kluckhohn, Clyde, and Leighton, Dorothea. *The Navaho*. Cambridge: Harvard University Press, 1946.

Kluckhohn, Clyde. "Culture and behavior." Chapter 25, pp. 921－976 in Gardner Lindzey (editor), *Handbook of Social Psychology*. Cambridge: Addison-Wesley Press, 1954.

Kluckhohn, Clyde, and MacLeish, Kenneth. "Moencopi variations from Whorf's Second Mesa Hopi." *International Journal of American Linguistics*, 21: 150－156 (1955).

Lenneberg, Eric H. "Cognition in ethnolinguistics." *Language*, 29: 463－471 (1953).

Long, Richard C. E. "Maya and Mexican writing." *Maia Research*, 2: 24－

32 (1935).

Long, Richard C. E. "Maya writing and its decipherment." *Maya Research*, 3: 309 – 315 (1936).

Mason, J. Alden. "The native languages of Middle America." pp. 52 – 87 in *The Maya and Their Neighbors*. New York: D. Appleton-Century Co., 1940.

Murdock, George P., et al. *Outline of Cultural Materials*. New Haven: Institute of Human Relations, Yale University, 1938.

Osgood, Charles E., and Sebeok, Thomas A. (editors). *Psycholinguistics: A Survey of Theory and Research Problems*. Indiana University Publications in Anthropology and Linguistics, Memoir 10, 1954. (Also issued as a supplement to vol. 49, *Journal of Abnormal and Social Psychology*, 1954.)

Thompson, J. Eric S. "Pitfalls and stimuli in the interpretation of history through loan words." *Philological and Documentary Studies* (Middle American Research Institute, Tulane University of Louisiana), 1: 2 (1943).

Thompson, J. Eric S. *Maya Hieroglyphic Writing: Introduction*. Washington, D. C.: Carnegie Institution of Washington (Publication 589), 1950. Appendix III: "Whorf's attempts to decipher the Maya hieroglyphs."

Thompson, Laura M. *Culture in Crsis*. New York: Harper, 1950. [Chapter 8, pp. 152 – 172, includes excerpts from Whorf's writings.]

Tozzer, Alfred M. (editor). *Landa's Relación de las cosas de Yucatan*. Cambridge, Mass., 1941 (*Papers of the Peabody Museum of American Archaeology and Ethnology*, Harvard University).

Trager, George L. "Comments on B. L. Whorf's 'Phonemic analysis of the English of eastern Massachusetts.'" *Studies in Linguistics*, 2: 41 – 45 (1943).

附录：

译词对照表

A

阿尔冈昆语系	Algonkian languages
阿卡德语	Akkadian
阿灵顿	Arlington
阿帕切语	Apache
阿萨巴斯卡语	Athabaaskan languages
阿维措特	Ahuitzotl
阿兹特克-塔诺诸语言	Azteco-Tanoan languages
阿兹特克语	Aztec
安德鲁斯,怀利斯·E.	Andrews, Wyllys E.
奥格登,C. K.	Ogden, C. K.
奥什科什	Oshkosh
奥斯古德,查尔斯·E.	Osgood, Charles E.
奥义书	Upanisad

B

巴比伦语	Babylonian
巴布亚	Papuan
拜尔	Beyer
班图诸语言	Bantu languages
报告型	reportive

贝恩斯	Baynes
贝尔纳，詹姆斯	Byrne，James
贝希斯敦铭文	the Behistun inscription
必然型	necessitative
变音	sandhi
宾格	objective case
并列（结构、关系）	paratactic
波怛阇利	Patanjali
波姆，雅克	Boehme，Jacob
波你尼	Panini
伯格森，亨利	Bergson，Henry
伯根，埃德加	Bergen，Edgar
博厄斯，弗朗兹	Boas，Franz
不确定型	indeterminate
布尔布尔，查尔斯·布拉瑟·德	Bourbourg，Charles Brasseur de
布莱克，威廉	Blake，William
布朗，罗杰·W.	Brown，Roger W.
布雷格登，克劳德	Bragdon，Claude
布龙菲尔德，莱昂纳德	Bloomfield，Leonard
布鲁克林博物馆	Brooklyn Museum
布洛克，伯纳德	Bloch，Bernard

C

擦音	spirant
蔡斯，斯图尔特	Chase，Stuart
操多语者	multilingual，polyglot
操多语者，使用多种语言的人	polyglot
策尔塔尔语	Tzeltal
常规型	nomic
传令长	Crier Chief
陈述	assertion

呈现中的	manifesting
承认(让步型)	concessive
持续	duration
持续体	durative aspect
重叠	reduplication
词范畴	word category
(语法)词干	stem
词根	root
词汇单位	lexation
词基	base
词素	morpheme
词位	lexeme
词位范畴	lexemic category
次音节符号	subsyllabic sign
从属(结构、关系)	hypotactic

D

大流士	Darius
大佩纽蒂语群	Macro-Penutian language stock
戴克,沃尔特	Dyk, Walter
丹尼斯,韦恩	Dennis, Wayne
单子	monad
德累斯顿	Dresden
《德累斯顿抄本》	*Dresden Codex*
等语义的	isosemantic
地点格	locational case
《第三工具》	*Tertium Organum*
动词化,动态化	verbation
动觉	kinesthesia
动作	action
独词句	holophrastic sentence

独立语气	independent mood
多财释	bahuvrihi
多次体	frequentative aspect
多式综合语	polysynthetic language
夺格	ablative case

E

二元组	binary grouping

F

法布尔·多利维,安托尼	Fabre d'Olivet, Antoine
法塞特,F. G. 小法塞特	Fassett, F. G. Jr.
凡夫先生	Mr. Everyman
反复体	iterative aspect
反顾形式	retrospective form
反应,反应特征	reactance
《方士秘录》	*Chilam Balam*
方位词	locators
方位格	locative case
非独立型语气	dependent mood
非限定	indefinitive
分类范畴	taxonomic category
冯特,威廉	Wundt, Wilhelm
否定	negative
福伊尔,刘易斯·S.	Feuer, Lewis S.
复合	compound
复合构词	composition
复合语义词干	compound theme

G

伽摩	Kāma
盖尔语	Gaelic
感叹	interjection
格伦,埃德蒙·S.	Glenn, Edmund S.
功能词	operator
宫契卡尔科	Xochicalco
共时型	concursive
关键词位	occurrent
关联型	correlative
关系系统	rapport-systems
惯常体	usitative aspect
国际美洲人大会	International Congress of Americanists

H

哈克特,赫伯特	Hackett, Herbert
哈里斯,Z. S.	Harris Z. S.
哈斯,玛丽	Haas, Mary
哈特福德火险公司	Hartford Fire Insurance Company
海达语	Haida
赫克斯利,朱利安	Huxley,Julian
赫克托耳	Hector
赫罗兹尼,贝德里奇	Hrozny, Bedrich
赫梯语	Hittite
胡里人	Hurrians
华生,约翰·B.	Watson, John B.
怀特,彼得·T.	White, Perter T.
怀特海德,艾尔弗雷德·N.	Whitehead, Alfred N.
幻	Māyā

惠特尼,威廉·多特	Whitney, William Dwight
霍顿,克劳德	Houghton, Claude
霍卡语系	Hokan languages
霍皮语	Hopi
霍屯督(诸语言)	Hottentot (languages)
霍耶尔,哈利	Hoijer, Harry

J

基本词根合成语	oligosynthetic language
基本英语	Basic English
基利安,J. R. 小基利安	Killian, J. R. Jr.
基歇尔,阿瑟那修斯	Kircher, Athanasius
及物性	resolution
挤压	extrusion
《技术评论》	*Technology Review*
渐近体	progressional aspect
交织字母	monogram
羯磨,业	Karma
进行体	progressive aspect
具体范畴	specific category
均质欧洲语	SAE (standard average European) languages

K

卡列尔语	the Carrier language
卡罗尔,刘易斯	Carroll, Lewis
卡罗尔,约翰·B.	Carroll, John B.
卡迈克尔,伦纳德	Carmichael, Leonard
开式誊本	open transcription
凯那德,E. A.	Kennard, E. A.

科尔德阿兰语	Cœur d'Alene
科普特语	Coptic
科塔语	Kota
可能型	potential
克拉克洪，克莱德	Kluckhohn, Clyde
克雷默，C. S.	Kremer, C. S.
克里克印第安语	Creek Indian language
克娄巴特拉	Cleopatra
客体化	objectify
肯定	affirmative
肯尼迪，G. A.	Kennedy, G. A.
空间体	spatial aspect
孔兹，弗里茨	Kunz, Fritz
库库尔坎	Kukulcan
夸扣特尔人	Kwakiutl
昆体良	Quintilian

L

拉姆，斯里	Ram, Sri
莱顿，多萝西娅	Leighton, Dorothea
兰达，迪戈·德	Landa, Diego de
朗，理查德·C. E.	Long, Richard C. E.
雷德菲尔德，娜扬·路易丝	Redfield, Nayan Louise
黎曼-克里斯托弗尔张量	Riemann-Christoffel tensor
李，哈罗德·N.	Lee, Harold N.
里奥格兰德	Rio Grande
利尔，爱德华	Lear, Edward
联觉音组	phonesthemes
链续体	segmentative aspect
列维-布鲁尔，卢西安	Lévy-Bruhl, Lucien
林耐，卡尔·冯	Linne, Carl von

流音	liquid
鲁宾逊,詹姆斯·哈维	Robinson, James Harvey
伦纳伯格,埃里克·H.	Lenneberg, Eric H.
罗哈斯,马里阿诺	Rojas, Mariano
罗林森爵士	Rawlinson, Sir Henry Creswicke
罗塞塔石碑	Rosetta Stone

M

马德拉斯(省)	Madras
马扎尔语	Magyar
《玛雅研究》	*Maya Research*
玛雅语	Maya
麦卡锡,查利	McCarthy, Charlie
麦夸文,诺曼	McQuown, Norman
曼怛罗	Mantram
梅森,J.奥尔登	Mason, J. Alden
《美国人类学家》	*American Anthropologist*
《美国语言学国际学刊》	*International Journal of American Linguistics*
美国语言学学会	Linguistic Society of America
《美洲印第安语言手册》	*Handbook of American Indian Languages*
门肯,H. L.	Mencken, H. L.
蒙提祖马	Montezuma
孟德尔,格雷戈尔·J.	Mendel, Gregor J.
米德尔顿	Middletown
米塞·索克·瓦维语系	Mixe-Zoque-Huave languages
米硕诺伊	Mishongnovi
描写范畴	descriptive category
名	Nāma
名词化	nominalization, nomination

命令语气	injunctive
莫尔,F. C.	Moore, F. C.
莫雷洛斯州	Morelos
莫利	Morley
《莫图词典》	*Motul Dictionary*
默多克,乔治·P.	Murdock, George P.
默纳沙	Menasha
目的	goal

N

内向结构	endocentric
内在元音	inherrent vowel
那豪特尔语	Nahuatl
纳瓦霍语	Navaho
尼蒂纳特语	Nitinat
纽曼,斯坦利	Newmann, Stanley
《纽约时报》	*New York Times*
努特卡语,努特卡人	Nootka
诺斯替教	Gnosticism
诺维洛	Novelo

P

排除式	obviative
《派若西阿纽斯抄本》	*Codex Peresianus*
派生	derivation
派尤特	Paiute
佩纽蒂语系	Penutian languages
皮博迪博物馆	Peabody Museum
皮马语	Piman
皮特曼速记法	Pitman shorthand

偏正结构	bahuvrihi
普遍时	generalized tense
普雷斯科特	Prescott
普洛维顿斯	Providence
普洛温斯城	Provincetown
普韦布洛印第安人	pueblo

Q

期待型	expective
奇努克语	Chinook
奇舍瓦语	Chichewa
起始体	inceptive aspect
恰帕斯州	Chiapas
强调成分	intensive
乔尔蒂语	Cholti
乔克托语	Choctaw
强度	intensity
倾向	tendency
情态	modality
情态词	modalizer
丘迈耶	Chumayel
劝告型	advisory

R

荣格,卡尔	Jung, Carl
融合	fusion

S

萨贡	Sahagun

萨摩亚语	Samoan
萨丕尔，爱德华	Sapir，Edward
萨维尔	Saville
塞比奥克，托马斯·A.	Sebeok，Thomas A.
塞勒	Seler
塞音	stop
色，色界	Rūpa
闪族语	Semitic languages
商博良	Champollion，Jean François
上标符	superscript
上米尔帕	Milpa Alta
社会科学研究委员会	Social Science Research Council
声调	tone
声门化腭塞音	glottalized palatal stop
省略	eclipsis
施皮尔，莱斯利	Spier，Leslie
施事	agent
施事（动作者）	actor
施事型	agentive
狮子的荒漠	desierto de los leones
史尔哈斯，保罗	Schellhas，Paul
使役动词形式	causal verb-forms
瞬止-链续体	punctual-segmentative aspect
瞬止体	punctual aspect
咝音	sibilant
斯密生博物馆	Smithsonian Institution
《斯密生博物馆报告》	*Smithsonian Report*
斯平登，赫伯特·J.	Spinden，Herbert J.
斯特蒂文特，埃德加·霍华德	Sturtevant，Edgar Howard
斯沃德斯，莫里斯	Swadesh，Morris
苏美尔语	Sumerian
缩略句	abbreviated sentence
缩约	contraction

T

塔克斯，索尔	Tax, Sol
塔诺语系	Tanoan languages
太阳-太阴历	solar-lunar calendar
汤普森，J. 埃里克·S.	Thompson, J. Eric S.
汤普森，劳拉	Thompson, Laura
陶斯语	Taos
特波兹特卡特尔	Tepoztecatl
特波兹特兰(村)，特村	Tepoztlan
《特-卡提西阿纽斯抄本》	*Codex Tro-Cortesianus*
特拉格，乔治	Trager, George
特拉微卡	Tlahuica
特朗布尔，詹姆斯·哈蒙德	Trumbull, James Hammond
《特雷里阿诺-瑞门西斯抄本》	*Codex Telleriano-Remensis*
特诺奇蒂特兰	Tenochtitlan
特佩卡诺语	Tepecano
提悉民	Tizimin
体	aspect
替换范畴	alternative categories
天城体文字	Devanagari
条件型	conditional
通感	synesthesia
《通神论者》	*The Theosophist*
通神协会	Theosophical Society
通神学，通神论	Theosophy
同音异义词	homonym
投射体	projective aspect
图伯图拉巴尔语	Tübatulabal
图雷恩大学	Tülane University
推论格	illative case

退尔，威廉	Tell，William
托尔特克	Toltec
托马斯，居鲁士	Thomas，Cyrus
托纳拉玛特尔	tonalamatl
托泽，艾尔弗雷德·M.	Tozzer，Alfred M.

W

瓦尔皮	Walpi
瓦卡什语言	Wakashan languages
外向结构	exocentric
威尔士语	Welsh
威尔斯，赫伯特·乔治	Wells，Herbert George
韦尔马克	Huemac
韦斯利安大学	Wesleyan University
维德斯菲尔德	Wethersfield
维勒卡特，J. 安塔纽·C.	Villacorta，J. Antonio C.
维勒卡特，卡勒斯·A.	Villacorta，Carlos A.
未呈现的	unmanifest
谓语成分	predicator
谓语关系	predication
温切尔，沃尔特	Winchell，Walter
温斯洛普	Winthrop
沃尔夫，本杰明·李	Whorf，Benjamin Lee
沃尔夫，哈利·丘奇	Whorf，Harry Church
沃尔夫，雷蒙德·本	Whorf，Raymond Ben
沃尔夫，罗伯特·佩卡姆	Whorf，Robert Peckham
沃尔夫，萨拉·爱德娜(·李)	Whorf，Sarah Edna (Lee)
沃尔夫，西莉亚·李	Whorf，Celia Lee
沃尔夫河	Wharfe River
沃尔科特·希尔路	Wolcott Hill Road
沃格林，查尔斯	Voegelin，Charles

沃金森图书馆	Watkinson Library
沃兹沃思图书馆	Wadsworth Atheneum
乌尔斐拉	Ulfilas
乌斯马尔城	Uxmal
邬斯宾斯基	Ouspensky
无色,无色界	Arūpa
无生命的	inanimate
无效型	impotential

X

西瑞丁	West Riding
希伯来语	Hebrew
系数范畴	modulus categories
显型	phenotype
显性类别;显性范畴	overt classes;overt categories
《现代思想新潮》	*Main Currents in Modern Thought*
线性书写体	linear script
响音	sonant
相违释	dvandva
小品词	particle
肖尼语	Shawnee
心像	recept
型式	pattern, patterning, patternment
型式化	patternment
形态学	morphology
形态音位学	morphophonemics
修大·瑞亚尔,弗瑞·安塔纽·德	Ciudal Real,Fray Antonio de
序列型	sequential
选择范畴	selective categories

Y

亚纳语	Yana
延伸性	extension
延续体	continuative aspect
言谈方式	fashions of speaking
扬，托马斯	Young，Thomas
一般范畴	generic category
一符多音	polyphony
伊察姆纳	Itzamna
依主释	tatpurusha
疑问	interrogative
已呈现的	manifested
意	Manas
意的层面	manasic plane
音色音位学	timbre phonemics
音位变体	allophone
引用型	quotative
隐型	cryptotype
隐性类别；隐性范畴	covert classes；covert categories
英格利希，霍勒斯·B.	English，Horace B.
《尤卡坦记事》	*Relación de las cosas de Yucatán*
犹他-阿兹特克语系	Uto-Aztecan languages
犹他语	Ute
有生命的	animate
与格	dative case
语气	mode，mood
语言相对论原则	linguistic relativity principle
语言型式	linguistic patterns
语义词干	theme

语义学	semasiology
(元音)交替	ablaut
约克夏	Yorkshire
韵律音位学	prosodic phonemics

Z

暂时体	momentaneous aspect
泽克西斯	Xerxes
詹姆斯,威廉	James, William
张量	tensor
赵元任	Chao, Y. R.
直陈型	indicative
制约型	inhibitive
重复	reduplication
《朱什抄本》	*Zouche Codex*
主格	nominative case
转移关系型	transrelative
状态	status
状态化	stativation
最短句	minimal sentence

图书在版编目(CIP)数据

论语言、思维和现实：沃尔夫文集/(美)沃尔夫著；(美)卡罗尔编；高一虹等译.—北京：商务印书馆，2012(2023.12 重印)
(西方语言学名家译丛)
ISBN 978-7-100-08273-0

Ⅰ.①论… Ⅱ.①沃… ②卡… ③高… Ⅲ.①语言学—文集 Ⅳ.①H0-53

中国版本图书馆 CIP 数据核字(2011)第 062886 号

权利保留，侵权必究。

西方语言学名家译丛
论语言、思维和现实
——沃尔夫文集
〔美〕本杰明·李·沃尔夫 著
约翰·B.卡罗尔 编
高一虹等 译

商 务 印 书 馆 出 版
(北京王府井大街36号 邮政编码100710)
商 务 印 书 馆 发 行
北京虎彩文化传播有限公司印刷
ISBN 978-7-100-08273-0

2012 年 6 月第 1 版 开本 880×1230 1/32
2023 年 12 月北京第 3 次印刷 印张 12⅛

定价：58.00 元